KB269833

시스템 사고

시스템으로 생각하기

시스템 사고

시스템으로 생각하기

김동환

선학사

시스템 사고 | 시스템으로 생각하기

2004년 9월 5일 **초판 1쇄 발행**
2006년 3월 25일 **초판 2쇄 발행**
2009년 3월 10일 **초판 3쇄 발행**
2011년 8월 31일 **초판 4쇄 발행**
2015년 9월 5일 **초판 5쇄 발행**
2018년 2월 28일 **초판 6쇄 발행**
2021년 7월 15일 **초판 7쇄 발행**

지 은 이 김동환
펴 낸 이 이찬규
펴 낸 곳 선학사
등록번호 제10-1519호
주   소 462-807 경기도 성남시 중원구 사기막골로
         45번길 14 우림 2차 A동 1007호
전   화 02-704-7840
팩   스 02-704-7848
이 메 일 sunhaksa@korea.com
홈페이지 www.북코리아.kr

값 13,000원

ISBN 89-8072-154-4 (03350)

■ 저자 서문

　돌이켜 보니 공부를 시작한 지 20년 가까이 된다. 짧다면 짧고 길다면 긴 시간이다. 여러 갈래의 공부를 했던 기억들이 뇌리를 스친다. 그런 와중에도 시스템 사고를 계속 붙들게 해 주신 분들에게 고마운 마음이 든다. 민주화운동의 한가운데에서 약자의 비폭력운동을 말과 몸으로 알려 주신 이문영 교수님에게서 시스템 사고의 단초를 발견할 수 있었다. '거꾸로 도는 회로'라는 이문영 교수님의 별명은 필자에게 던져진 평생의 화두이다. 한국시스템다이내믹스학회의 김도훈·손태원·문태훈 교수님, 안남성·곽상만 박사님, 김상욱·박헌준·배득종·정익재·최남희 교수님, 데니 박, 이미숙 간사님 그리고 여러 회원님과의 학문적인 교류가 있었기에 시스템 사고에 관해 계속해서 연구할 수 있었다. 한국전자통신연구원의 하원규 박사님은 시스템 사고를 정보통신정책과 유비쿼터스 혁명에 적용할 수 있는 귀중한 기회를 마련해 주었다. 전공은 다르지만 늘 초고를 읽고 격려해 주는 윤견수 교수님은 언제나 큰 힘이 되어 주었다.

　이 책은 학부와 일반대학원 그리고 행정대학원에서 강의했던 노트를 정리·확대한 것이다. 국내외를 막론하고 시스템 사고에 관한 마땅한 교재가 없었기 때문에, 강의노트와 참고자료만으로 수업을 진행하여 강의를 듣는 학생들에게 늘 미안한 마음이 들었다. 이런 마음을 줄여 보기 위하여 이 책을 서둘러 집필한 셈이다. 이렇듯 부족한 강의를 계속할 수 있는 기회를 주신 중앙대 박명수 총장님, 한영환·구광모·이상윤·황윤원 교수님, 먼저 하늘 나라에 가신 조일홍 교수님, 그리고 이규환·박홍식·이용규·조성한·홍준현·심준섭·전영한 교수님께 깊은 감사를 드린다. 이 책에 삽입된 그림을 그려 주었을 뿐만 아니라 초고에 대하여 날카로운 비평을 준 제자 김헌식에게도 감사하며, 이 책의 초고를 읽고 수정해 준 대학원생들에게도 감사한다. 마지막으로 이 책을 읽어 주실 모든 분에게 감사드린다.

2004년 8월 김동환

■ 차 례

제1부
시스템 사고의 조감도 11

1　시스템 사고의 뿌리 —— 12

2　시스템 사고의 좋은 점 —— 14

3　시스템 사고의 구성원리: 주역의 관점 —— 21

4　시스템 사고의 절차 —— 33

5　시스템 사고의 미래 —— 37

제2부
파동의 사고 wave thinking 41

1　생명의 신호 —— 42

2　변하지 않는 유일한 법칙은 변한다는 것 —— 44

3　파동, 변화 그리고 불확실성 —— 46

4　파동은 기회이다 —— 48

5　파동의 기회와 저주 —— 51

6　엘리어트 파동이론 —— 53

7　파동경영 —— 55

8　파동타기 —— 58

제3부
인과적 사고 causal thinking **61**

1 예측이 아니라 이해가 중요하다 —— 62

2 구조와 행태 —— 64

3 구조가 행태를 결정하고, 행태가 구조를 변화시킨다 —— 69

4 단순한 구조와 복잡한 행태 —— 72

5 인과관계와 도식 —— 75

6 인과관계와 상관관계 —— 77

7 언어 속의 인과관계 —— 80

8 생각의 지도thinking map —— 82

9 인과지도causal map —— 85

10 비선형 인과관계 —— 87

11 비선형 인과관계와 비대칭적 인과관계 —— 90

12 비선형 인과관계와 꽉 막힌 변수 —— 94

13 여러 원인과 결과: 열등요인과 우등요인 —— 96

14 역설적인 인과관계 —— 99

15 인과관계 발견을 위한 태도 1:
추상적 사고에서 구체적 사고로 —— 101

16 인과관계 발견을 위한 태도 2:
드러난 관계에서 숨겨진 관계로 —— 104

17 인과관계 발견을 위한 태도 3:
원하는 인과관계에서 사실적 인과관계로 —— 107

18 인과관계의 혼돈 1: 인과관계의 모순된 부호 —— 110

19 인과관계의 혼돈 2: 인과관계 부호의 역전 —— 114

20 인과관계의 혼돈 3: 인과관계의 방향성 —— 116

21 상호의존성 —— 120

제4부
피드백 사고 feedback thinking **123**

1   피드백 동물 —— 124

2   피드백의 개념 —— 126

3   피드백이 동력이다 —— 128

4   의사결정에 내재된 피드백 —— 130

5   피드백 구조의 인식 —— 133

6   피드백 구조의 무지로 인한 비극 —— 138

7   의인화의 미신 —— 142

8   부분과 전체의 상이성: 돌발적으로 나타나는 특성 —— 145

9   음의 피드백 루프와 양의 피드백 루프 —— 148

10   인구의 성장과 억제 —— 151

11   지배적 피드백 루프 —— 154

12   지배적 피드백 루프의 전환 —— 157

13   시장의 가격조절 메커니즘과 대기행렬 시스템 —— 164

14   투기적인 시장의 경우 —— 166

15   미미한 원인 —— 169

16   양의 피드백 루프와 임계질량: 티핑 포인트 —— 173

17   선순환과 악순환 —— 177

18   성장의 한계limits to growth —— 181

19   음의 피드백 루프와 통제control —— 184

20   음의 피드백 루프+시간지연=과잉행동overaction —— 187

21   음의 피드백 루프+시간지연=요동fluctuation —— 191

22   사회적 이슈로 등장하는 파동 —— 195

23   시장실패의 두 가지 메커니즘: 투기와 파동 —— 198

24   처방의 부작용과 희생양 —— 201

25   응급처방의 악순환: 중독에 이르는 길 —— 206

26   목표의 후퇴: 개구리 신드롬 —— 212

27   과열경쟁으로 인한 앙등효과 —— 214

28   빈익빈 부익부 —— 219

29 자기실현적 예언 —— 228

30 자기실패적 예언 —— 237

31 피그말리온 효과 —— 241

제5부

전략의 발견 245

1   전략의 다섯 가지 주제 —— 246

2   전략의 객체 1: 변화에 저항하는 시스템 —— 250

3   전략의 객체 2: 저항의 최소화 —— 255

4   전략의 주체 1: 약자의 겸손=물처럼 흐르는 전략 —— 258

5   전략의 주체 2: 약자의 비폭력=불처럼 희생하는 전략 —— 265

6   전략개입지점 1: 양의 피드백 루프와 과감한 전략 —— 271

7   전략개입지점 2: 음의 피드백 루프와 기다림 —— 279

8   전략개입지점 3: 떠벌리기와 몸사리기 —— 285

9   전략개입시점 1: 타이밍의 중요성 —— 291

10 전략개입시점 2: 타이밍의 포착과 피드백 루프 —— 294

11 시스템 재설계 1: 피드백 루프의 창조적 설정 —— 300

12 시스템 재설계 2: 피드백 루프의 창조적 파괴 —— 304

13 시인과 시스템 사고 —— 308

■ 부록: 시스템 사고의 기본틀(Toolbox) —— 313

■ 찾아보기 —— 319

제1부

시스템 사고의 조감도

1 시스템 사고의 뿌리

2 시스템 사고의 좋은 점

3 시스템 사고의 구성원리: 주역의 관점

4 시스템 사고의 절차

5 시스템 사고의 미래

1 시스템 사고의 뿌리

시스템 사고는 시스템의 작동메커니즘을 직관적으로 파악하여 시스템을 효과적으로 변화시킬 수 있는 전략을 발견하기 위한 사고방식이다. 시스템 사고는 시스템에 관한 사고인 동시에 시스템적인 사고방식을 의미한다. 시스템 사고는 모든 종류의 시스템에 적용할 수 있는 사고방식이며, 시스템에 관한 지식을 체계화시켜 주는 사고방식이다.

시스템 사고는 시스템 다이내믹스(system dynamics)에 그 뿌리를 둔다. 시스템 다이내믹스는 1950년대 말 MIT의 포리스터(Jay Forrester) 교수가 개발한 학문이다. 시스템 다이내믹스는 시스템의 구조를 모델화하여 이를 컴퓨터에서 시뮬레이션함으로써 정책효과를 분석하는 방법론이다. 시스템 다이내믹스 방법론은 기업의 경영전략은 물론이고 정부정책을 컴퓨터에서 시뮬레이션하여 그 효과를 분석하는 유용한 방법론으로 각광을 받았다.

그러나 강력한 분석력에도 불구하고 시스템 다이내믹스는 사회 전반으로 확산되는 데 어려움을 겪었다. 시스템 다이내믹스의 방법론이 일반인에게 너무 어려웠기 때문이었다. 이를 극복하기 위하여 시스템 다이내믹스의 방법론을 보다 쉽게 만들고자 하는 노력이 지속적으로 전개되어 왔다. 특히 1980년대 중반 시스템 다이내믹스의 모델링을 도와 주기 위한 소프트웨어인 '스텔라(STELLA)'가 개발되어 일반인은 물론이고 초등학생들까지 시뮬레이션을 수행할 수 있게 되었다. 그러나 여전히 시스템 다이내믹스는 일반인에게는 이해하기 어려운 방법론으로 인식되어 왔다.

급기야 몇몇 시스템 다이내믹스 학자들은 시스템 다이내믹스에서 일반인이 이해하기 어려운 컴퓨터 시뮬레이션 부분을 제외하고 일반인이 이해하기 용이한 부분만을 추릴 필요가 있다는 데 동감하기 시작하였다. 시스템 다이내믹스의 교훈 중에서 일반인에게 전달하기 용이한 부분을 간추려서 '시스템 사고'라고 하기 시작한 것은 1980년대 이후부터였다. 특히 1970년대 초반 로마클럽 보고서인 『성장의 한계(*Limits to Growth*)』를 저술함으로써 환경문제에 관하여 세계적인 관심을 불러일으켰던 메도즈(Donnella Meadows)는 1980년대 중반 이후 시스템 사고의 관점에서 사회적 이슈를 논평하는 칼럼을 신문에 게재함으로써 시스템 사고의 대중화를 선도하였다. 또한

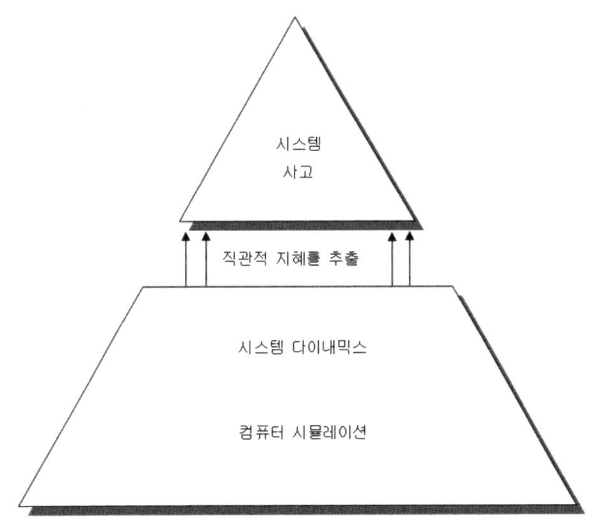

〔그림 1〕 **시스템 사고와 컴퓨터 시뮬레이션**

1990년대에 들어와 셍게(Peter Senge)는 베스트 셀러의 반열에 올랐던 『5세대 경영(*The Fifth Discipline*)』을 저술함으로써 기업경영에서 시스템 사고가 활용될 수 있는 가능성을 각인시켜 주었다.

시스템 사고는 시스템 다이내믹스에서 일반인이 이해하기 어려운 부분을 삭제하여 유용한 교훈과 지혜를 추출하여 체계화시킨 것이라 할 수 있다. 따라서 종종 시스템 다이내믹스를 '딱딱한 방법론(hard methodology)', 시스템 사고를 '부드러운 방법론(soft methodology)'이라고 하기도 한다. 결국 시스템 사고는 시스템 다이내믹스의 직관적인 지혜를 뽑아 낸 것이라고 할 수 있다.

2 시스템 사고의 좋은 점

시스템 사고는 컴퓨터 시뮬레이션을 위한 사전적인 분석도구로 활용되어 왔다. 시스템 다이내믹스 학자들은 시스템 사고를 활용하여 시스템의 전반적인 구조를 직관적·포괄적으로 이해하였으며, 이러한 이해를 바탕으로 컴퓨터 시뮬레이션 모델링을 수행하여 왔다. 그러나 많은 사람이 예비적인 분석 절차에 불과하던 시스템 사고의 유용성을 절감하였다. 굳이 컴퓨터 시뮬레이션까지 진행하지 않더라도 시스템 사고 자체 만으로도 시스템에 관하여 중요한 통찰력을 얻을 수 있다는 점을 깨달은 것이다

컴퓨터 시뮬레이션은 복잡한 시스템을 정확하게 이해하도록 도와주지만 컴퓨터 시뮬레이션 분석은 많은 노력과 시간을 필요로 한

다. 컴퓨터 시뮬레이션을 사용하지 않는 시스템 사고는 시스템에 대한 정확한 이해를 양보하는 대신, 시스템에 대한 통찰력을 직관적으로 얻고자 한다. 컴퓨터 시뮬레이션이 엄격한 분석을 지향한다면, 시스템 사고는 빠르게 움직이는 현장의 생동감을 포착하고자 한다. 컴퓨터 시뮬레이션이 학문적인 논의에 치중한다면, 시스템 사고는 현장의 목소리에 즉각적으로 반응하고자 한다. 시스템 사고의 장점을 조금 더 살펴보자.

첫째, 시스템 사고는 배우기 쉽다.

시스템 다이내믹스의 컴퓨터 모델링을 공부하고 이를 적용하는 데는 적어도 1년 정도의 집중적인 학습이 요구된다. 그러나 시스템 사고는 단기간에 학습할 수 있다. 학습이 빠른 사람이라면 1~2일이면 시스템 사고의 대강을 이해할 수 있을 것이다. 이 책을 하루만에 독파하는 것은 그다지 어려운 일이 아니다. 고속버스나 기차 또는 비행기 안에서 지루한 시간을 달래는 마음으로 이 책을 빠르게 넘겨 본다면, 시스템 사고의 대강을 이해할 수 있을 것이다. 학습이 조금 더 딘 사람이라고 할지라도, 차근차근 이 책을 읽어 나간다면 1주일이면 시스템 사고를 이해할 수 있을 것이다. 이렇듯 시스템 사고는 쉽게 배울 수 있기 때문에, 전문가가 아니더라도 시스템 사고의 탁월한 분석력을 실제 사회에서 어렵지 않게 활용할 수 있다. 아무리 좋은 분석 도구라고 할지라도 배우기 어렵다면 그림의 떡에 불과하다. 하지만 시스템 사고는 배우기 쉽다는 장점이 있다.

둘째, 시스템 사고는 적용하기 쉽다.

배우기만 쉽고 적용하기 어렵다면 그러한 분석도구는 쓸모 없을 것이다. 필자는 여러 가지 분석도구를 배웠지만, 현실문제에 대하여 쉽게 적용할 수 있는 분석도구는 별로 기억 나지 않는다. 과학적 관리기법이나 수리적 방법론은 배우기도 어려웠지만 적용하기는 더 어려웠다. 현실문제를 수학적 등식으로 표현하는 일이 쉽지 않을뿐더러, 그렇게 표현된 수식으로부터 의미 있는 결론을 도출하기도 어려웠다. 통계학은 배우기에는 그다지 어렵지 않았지만, 적용하기는 어려웠다. 컴퓨터에 입력시킬 자료를 획득하는 데 많은 시간과 노력이 요구되었다. 단순한 설문조사를 수행하려고 하여도 적어도 1주일 정도의 시간이 투입되어야만 한다. 보다 복잡한 문제를 분석하고자 하면, 최소한 1개월 이상의 노력을 기울여야 할 것이다. 이에 비해 시스템 사고를 적용하는데에는 그다지 큰 비용이 들지 않는다. 아무리 복잡한 문제라고 하더라도, 시스템 사고를 적용하면 1일~1주일만에 문제의 본질을 파악할 수 있다. 시스템 사고는 빠르게 배우고 빠르게 적용할 수 있는 분석도구이다.

셋째, 시스템 사고는 본질을 다룬다.

아무리 배우기 쉽고 적용하기 쉽다고 하더라도, 문제의 본질을 다루지 못하고 지엽적인 내용만을 다룬다면, 그러한 분석도구는 문제해결에 별 다른 도움을 주지 못한다. 많은 학자가 복잡하고도 현학적인 분석도구를 사용하여 정치·행정·사회·경제·경영 부문의 문제를 분석하지만, 문제의 본질을 외면한 채 현실과 동떨어진 지표에만 매달려 탁상공론을 일삼는 경우가 많다. 또한 긴급한 현안으로 떠오른 정책이슈에 대하여 지극히 상식적인 논리를 반복하거나, 불필요한 말장난으로 귀중한 시간을 소모하는 경우가 많다. 시스템 사고는 문제의 본질을 다룬다. 시스템 사고는 '직관(insight)'을 사용하여 현실 문제의 본질을 간파하도록 유도한다. 문제가 왜 발생하였는지 그리고 그 문제를 해결하기 위한 효과적인 전략이 무엇인지를 알아내고자 한다.

넷째, 시스템 사고는 언제나 적용할 수 있다.

아무리 통계기법을 좋아한다고 하더라도, 분석할 데이터가 없는 경우에는 적용할 수 없다. 통계기법을 적용하기 위해서는 데이터가 마련될 때까지 기다려야 한다. 필자는 1990년대 초반 우리 사회의 정보화를 촉진시킬 수 있는 정책을 고안해야 하는 업무를 맡은 적이 있었다. 이 때 통계기법을 적용하고 싶어도 그럴 수가 없었다. 정보화가 아직 실현되지 않았던 때였기 때문에, 정보화에 대한 자료가 없었던 것이다. 정보화에 대하여 잘 모르는 일반인에게 설문지를 배포하는 것도 의미가 없었다. 이러한 상황에서 시스템 사고는 훌륭한 분석도구로 활용될 수 있었다. 시스템 사고는 자료가 완성되기를 기다리지 않기 때문이다. 시스템 사고는 자료-독립적인(data-free) 분석방법이다. 시스템 사고는 자료에 의존하는 분석도구가 아니라, 상식과 지혜에 의존하는 분석도구이다. 정책이슈에 어느 정도의 상식과 지혜가 있다면, 시스템 사고는 언제나 적용할 수 있다.

다섯째, 시스템 사고는 어디에나 적용할 수 있다.

아무리 좋은 분석도구라고 하더라도 그 분석도구가 문제에 적합하지 않을 수 있다. 정치적 갈등을 해소하기 위해 노력하는 사람에게 과학적 관리법은 의미가 없을 것이다. 공장에 새로운 기계를 설치하는 것이 좋을 것인지를 고민하는 사람에게 철학적인 분석방법 역시 무의미할 것이다. 그러나 시스템 사고는 거의 모든 영역에서 적용될 수 있다. 시스템 다이내믹스 학회에서 발표되는 논문은 생물학, 의학, 농학, 운영과학, 경영학, 조직학, 행정학, 정책학, 정치학, 철학 등 거의 모든 분야를 망라한다. 시스템 사고는 그 어떤 문제에도 쉽게 적용할 수 있다. 개인의 일상적인 문제에서부터 국가사회의 미래를 결정하는 중대한 정책에 이르기까지 시스템 사고는 가리지 않는다. 개인문제를 해결할 수 없는 분석도구라면, 기업문제, 나아가 국가문제를 해결할 수는 없을 것이다. 시스템 사고는 거의 모든 영역의 문제에 효과적으로 적용할 수 있다.

여섯째, 시스템 사고는 공유할 수 있다.

시스템 사고의 가장 큰 장점은 공유할 수 있다는 점이다. 시스템 사고가 다양한 분야에서 적용되지만, 시스템 사고는 전문분야의 벽을 뛰어넘어 공유될 수 있다. 공학자와 경영학자가 자신들의 전문지식을 사용하여 대화하면, 아마도 서로 무슨 말을 하는지 이해할 수 없을 것이다. 그러나 시스템 사고의 용어로 대화하는 경우, 공학자와 경영학자는 서로의 문제를 쉽게 이해할 수 있다. 이런 일은 실제로 시스템 다이내믹스 학회에서 늘상 벌어지는 일이다. 시스템 다이내믹스 학회에서 경영학자와 행정학자들은 의학에 적용된 시스템 사고에 관하여 의학자들과 논의를 벌이기도 하였으며, 원자력 발전소의 건설과 운영 문제로 논의를 벌이기도 하였다. 이처럼 시스템 사고는 전문분야의 벽을 뛰어넘게 해 줄 뿐만 아니라 서로의 지식을 교환할 수 있도록 해 준다. 지식의 공유는 사람들 사이에도 적용되지만, 상이한 분야 사이에도 적용된다. 기업문제에 시스템 사고를 적용하여 획득한 지혜는 다른 영역 또는 다른 기업문제에 접목시킬 수 있다. 나아가 전혀 차원이 다른 국가적인 문제에도 접목시켜 볼 수 있다. 시스템 사고는 재활용할 수 있는 분석도구이다. 재활용할수록 시스템 사고는 세련되고 풍성해진다.

일곱째, 시스템 사고는 확장할 수 있다.

시스템 사고를 통한 분석은 한번으로 끝날 수도 있지만, 지속적으로 업데이트할 수도 있다. 새로운 사실관계가 발견될 때마다 즉각적으로 시스템 사고의 분석결과를 업데이트할 수 있다. 또한 시간을 두고 분석영역을 확장해 나갈 수도 있다. 예를 들어, 첫째 달에는 기업의 마케팅분야에 시스템 사고를 적용한다. 다음 달에는 기업의 생산분야에 시스템 사고를 적용하여 분석하고 그 결과를 첫째 달의 분석결과에 첨가시킬 수 있다. 시스템 사고의 분석결과는 레고 완구와 마찬가지로 조립하여 확장시킬 수 있다. 레고를 가지고 한 아이는 그네를 만들고 다른 아이는 인형을 만든다. 그리고 두 아이의 레고를 결합하여 그네타는 인형을 만들 수 있다. 이처럼 시스템 사고는 독립적으로 수행된 분석결과들을 결합하여 확장시킬 수 있다.

더 나아가 시스템 사고의 분석결과는 질적으로 확장시킬 수도 있다. 시스템 사고를 적용하여 분석한 결과를 컴퓨터 시뮬레이션 분석으로 발전시킬 수 있다. 사실상 시스템 사고는 컴퓨터 시뮬레이션을 수행하기 위한 전단계의 분석이라고 할 수도 있다. 시스템 사고의 분석만으로 불충분하다고 판단될 때에는 언제라도 컴퓨터 시뮬레이션 모델링으로 넘어갈 수 있다. 즉, 더욱 깊이 있는 분석으로 넘어갈 수 있다는 말이다. 이러한 질적인 확장은 전략적으로 이루어질 수도 있다. 먼저 시스템 사고를 적용하여 최대한 빨리, 그리고 최소비용으로 문제의 핵심을 파악한다. 그 문제가 그다지 심각한 결과를 가져오지 않을 것으로 판단되거나 그 문제의 해결책을 발견할 수 있다면, 시스템 사고를 적용하는 선에서 분석을 마무리 한다. 그러나 그렇지 않고 그 문제가 심각한 결과를 가져올 것으로 판단되고, 보다 정교한 해결책이 필요하다고 판단되면, 보다 많은 인력과 시간을 투입하여 컴퓨터 시뮬레이션 모델링을 수행한다. 이러한 단계에서는 외부의 전문가에게 모델링을 의뢰할 수도 있다. 이 때에 시스템 사고의 분석결과는 모델링의 방향을 제시하는 안내자의 역할을 수행할 뿐만 아니라, 모델링이 타당하게 이루어졌는지를 검토하는 잣대의 역할을 수행할 수도 있다.

시스템 사고는 과학적인 사고방식이지만, 딱딱하고 틀에 갇힌 사고방식이 아니라 직관적인 지혜를 추구하는 유연한 사고방식이다. 그러나 시스템 사고는 섣부른 비약이나 성급한 결론을 허용하지 않는다. 시스템 사고는 논리적·종합적인 사고를 강조한다. 시스템 사고는 이미 우리가 알고 있는 정보와 지식을 새롭게 조직화하여 시스템의 작동메커니즘을 직관적으로 이해하도록 도와 준다.

3 시스템 사고의 구성원리: 주역의 관점

시스템 사고는 첨단형 사고이자 미래형 사고이다. 컴퓨터 시뮬레이션을 중심으로 하는 시스템 다이내믹스 방법론이 연구·발전된 후 시스템 사고가 등장하였다는 점에서 시스템 사고는 현대적 사고방식이라고 할 수 있다. 그러나 시스템 사고는 동시에 지극히 원시적인 사고방식이다. 시스템 사고를 수행하기 위하여 아무런 첨단 도구들이 필요하지 않다는 점에서 그러하며, 또 시스템 사고의 저변에 흐르는 원리는 수 천 년 전부터 면면히 흘러온 인류의 지혜와 맞닿아 있다는 점에서 그러하다.

시스템 사고의 원리는 시스템 다이내믹스의 원리와 동일하다. 그런데 시스템 다이내믹스란 무슨 뜻인가? 시스템의 변화를 의미한다. 결국 시스템 다이내믹스와 시스템 사고는 시스템의 변화를 다루는 학문이라고 할 수 있다. 대부분의 학문은 변화하는 시스템을 다루기보다는 정지된 시스템을 다룬다. 정지된 시스템을 다루는 것이 쉽기 때문이다. 그러나 현실 속에서 우리가 관심을 갖는 것은 정지된 시스템이 아니라 변화하는 시스템이다. 현장에서 뛰는 사람은 변화하는 시스템에 관심을 두지만, 학자는 정지된 시스템에 관한 이론을 제공한다. 이러한 격차로 인하여 현장의 사람은 학자의 이론을 공허하다고 생각한다. 그리고는 더욱 공허한 것처럼 보이는 예언가를 찾아간다. 올해 결혼할 수 있을지, 어떤 주식을 언제 사는 것이 좋을지, 우리 기업의 올해 운수가 어떤지, 이번 선거에서 우리 정당의 후보가 당선될 수 있을지, 전쟁에서 승리할 수 있는지 등 현장에서 제기되는 중요한 문제는 시스템의 변화를 묻는 질문이다.

현대의 학문은 '시스템의 변화'라는 주제를 어려워하고 두려워한다. 그러나 우리의 조상은 그렇지 않았다. 실제의 생활에서 변화에 관한 지혜가 필요한 만큼, 우리 조상은 변화를 연구하였다. 아마도 사서삼경 중의 하나인 『주역(周易)』은 시스템의 변화를 다루는 가장 오래 된 이론일 것이다. 『주역』에서 역(易)이란 변화를 의미하는 말이다. 주역을 영어로 번역할 때에는 『변화의 책(*Book of Change*)』이라고 한다. 『주역』이란 세상 만사의 변화에 관하여 주(周)나라 때 정립된 이론이라는 의미이다. 시스템 다이내믹스와 시스템 사고가 변화를 연구하는 현대의 학문이라면, 『주역』은 변화를 연구한 고대의 사고방식이라고 할 수 있다. 시스템 다이내믹스와 시스템 사고가 미국을 중심으로 한 서구의 지성이 구축한 것이라면, 『주역』은 중국을 중심으로 한 동양의 지성이 수천 년 전에 구축한 이론체계라고 할 수 있을 것이다.

시스템 사고와 『주역』은 그 뿌리는 다르지만, 시스템의 변화에 주목한다는 점에서 공통된 관심을 지닌다. 여기에서 흥미로운 질문을 제기할 수 있다. 서구에서 발전한 현대의 시스템 사고는 동양에서 오래 전에 완성된 『주역』과 얼마나 비슷한가라는 질문이다. 결론부터 말하면, 상당히 비슷하다는 것이 필자의 견해이다. 시스템 사고 강의의 첫 시간에 필자는 항상 시스템 사고와 『주역』의 유사성을 강조한다. 그 이유는, 첫째 시스템 사고와 『주역』의 유사성을 이해함으로써, 시스템 사고는 생소한 사고방식이 아니라 우리의 피 속에 녹아 흐르고 있는 전통적인 사상과 일맥상통하는 친숙한 사고방식으로 받아들일 수 있고, 둘째 우리에게 익숙한 주역의 관점에서 시스템 사고를 접근함으로써 시스템 사고를 보다 쉽게 이해할 수 있으며, 셋째 실제로 시스템 사고와 『주역』은 기본적으로 유사한 원리를 공유하고 있기 때문이다.

시스템의 변화를 이해하기 위한 『주역』의 기본원리는 태극도에서 찾을 수 있다. 태극도는 주역의 기본원리를 집약적으로 요약한 도식화이다. 놀라운 점은 태극도에 표현된 원리가 시스템 사고의 기본원리와 동일하다는 점이다.

태극도는 세 가지 요소로 구성되어 있다. 태극도의 세 가지 구성요소는 시스템 사고의 세 가지 구성요소이기도 하다.

1) 파동 = 태극도의 가운데를 관통하는 부드러운 곡선

이것은 부드러운 변화를 의미하는 부드러운 파동이다. 이 파동을 따라 시선을 옮기면, 태극도 왼쪽의 영토가 확장되다가 어떤 고비를 넘기면서 감소하는 모습을 보게 된다. 거꾸로 시스템의 오른쪽 영토는 쇠퇴하다가 다시 부흥한다. 왼쪽과 오른쪽의

〔그림 2〕 **태극도**

영토가 교대로 성장하기도, 쇠퇴하기도 한다. 결국 태극도의 가운데에 그어진 부드러운 파동은 시스템의 흥망성쇠를 의미한다.

이 파동은 끊임없는 변화를 의미한다. 태극도에서 보여 주는 파동은 아마도 가장 완전한 파동이 아닌가 한다. 변화가 멈추어 있는 지점은 보이지 않고 끊임없이 변화하고 있다. 변화가 딱딱하게 직선적으로 이루어지는 부분은 없고 비약이 없는 변화이다. 태극도의 파동은 가장 완벽한 부드러운 변화를 상징한다. 그렇다고 해서 그 부드러움이 우유부단함을 의미하지 않는다. 태극도의 파동은 지체하지 않는 변화의 엄격성을 보여준다. 그 변화는 완만하게 이루어지다가는 급격하게 가속되고는 한다. 태극도의 파동에는 잔잔한 시냇물이 모여 흐르는 조용함이 있으며, 그렇게 모인 시냇물이 절벽에서 한꺼번에 떨어지는 장엄함이 있다.

주역의 첫째 원리는 끊임없는 변화를 인정하는 데 있다. 시스템 사고 역시 시간에 따른 시스템의 변화를 관찰하는 데서 출발한다. 시스템은 변화한다는 자명한 사실, 그리고 그러한 변화에 초점을 두어야 한다는 당연한 요청을 『주역』과 시스템 사고는 동일하게 인정하는 것이다. 진정한 문제를 자신의 문제로 '인정'하는 것이야말로 그 문제를 해결하는 지름길이다. 변화의 흐름을 바라보고 이해하고, 장래의 추이를 전망하는 것, 이것이 중요하다는 점을 인정하고 시스템의 변화를 직시하는 것이야말로 『주역』과 시스템 사고의 출발점이자 종착점이다.

2) 음양(陰陽) = 변화의 두 세력을 의미하는 음과 양

『주역』에서는 변화의 가장 기본적인 인자로 음과 양을 들고 있다. 한자의 뜻으로 보면 음은 그늘이며, 양은 양지 쪽이다. 음지와 양지를 비교해 보라. 그늘은 변화가 최소한으로 억제된다. 햇볕이 드는 곳에는 온갖 풀, 꽃과 나무가 싱싱하게 자라고 온갖 곤충과 동물이 찾아들면서 급격히 변화된다. 결국 변화라는 차원에서 보면, 음이란 변화를 억제하는 인자를, 양이란 변화를 촉진하는 인자를 의미한다. 여자가 음으로 상징되고, 남자가 양으로 상징되는 것은 이러한 의미이다. 가정에서도 남자인 아버지가 온갖 변화를 몰고 오면서 평지풍파를 일으키면, 여자인 어머니가 뒷수습을 하면서 가정에 불어닥친 변화를 억제하는 모습을 본다. 변화를 억제한다고 해서 나쁘다는 의미는 아니다. 변화가 바람직한 상황도 있지만 그렇지 못한 상황도 있다. 변화를 촉진하는 것이 좋은 경우도 있지만 무리한 변화로 말미암아 시스템이 악화되는 경우도 있다. 음과 양은 좋고 나쁨을 의미하는 것이 아니라 변화를 억제하고 촉진하는 세력을 의미할 뿐이다.

태극도는 변화를 억제하는 음의 세력과 변화를 촉진하는 양의 세력 사이의 상호작용으로써 시스템의 변화를 이해하려는 관점을 보여 준다. 이것의 상호작용은 경쟁이나 싸움으로 나타나기도 하지만, 음과 양의 조화로운 협동이나 상생으로 나타나기도 한다. 태극도는 음의 세력이 줄어든 만큼 양의 세력이 확장된다는 냉정한 경쟁관계를 보여 준다. 그러나 태극도를 자세히 보면 음의 세력과 양의 세력이 서로를 껴안고 있는 모습을 보게 된다. 음의 세력이 부족한 만큼 양의 세력이 안아 주고, 양의 세력이 부족할 때에 음의 세력이 보완해 준다. 태극도는 음과 양의 끊임없는 경쟁을 상징하는 동시에 상호의존성의 조화를 상징한다. 극단적으로 태극도는 음의 세력이 한창 강할 때에, 그 한 가운데에 양의 세력이 태어난다는 점을 말하고 있다. 마찬가지로 양의 세력이 최대로 성장하였을 때에, 그 한가운데에 음의 세력이 태동한다. 이는 가장 어두운 새벽에 떠오르는 별빛이 가장 밝게 빛난다는 말을 연상시킨다. 공산주의가 극에 달했을 때에, 그 공산권의 한가운데인 모스크바의 크렘린궁 안에서 자유를 향한 열망이 싹트기 시작했다. 마찬가지로 자본주의가 극에 달하여 그 폐해가 심각하게 드러났을 때에, 약자들에 대한 사회주의적 보호를 보장하려는 움직임이 의회의 한가운데서 태동하기 시작했다.

시스템의 변화를 음과 양의 관점에서 파악하려는 시도는 시스템 사고에서도 그대로 이어진다. 시스템 사고에서 음이란 영어의 네거티브(negative) 또는 마이너스(-) 기호를 의미한다. 또한 시스템 사고에서 양이란 포지티브(positive) 또는 플러스(+) 기호를 의미한다. 『주역』에서 음과 양이 가장 기본적인 인자이듯이, 시스템 사고에서도 음과 양은 변화를 이해하는 데 가장 기본적인 인자이다. 시스템 사고에서 음과 양에 대한 관념은 『주역』의 그것과 대동소이하다. 음은 변화를 억제하는 힘을, 양은 변화를 강화하고 촉진하는 힘을 의미한다. 음의 힘이 지배하는 시스템은 변화를 억제하는 안정적인 시스템으로 남아 있을 수 있지만, 양의 힘이 지배하는 시스템은 한번 발생한 변화가 증폭되면서 불안정 상태에 빠지게 된다.

하지만 『주역』에서 음과 양을 적용하는 방식과 시스템 사고에서 음과 양을 적용하는 방식에는 차이가 있다. 『주역』에서는 음과 양을 요소, 개체, 또는 시스템 전체에 적용하는 경향이 있다. 예를 들어, 여자는 음이고 남자는 양이라고 규정하는 방식이다. 그러나 시스템 사고에서는 요소나 개체 자체에 음과 양의 성질을 부여하지 않는다. 시스템 사고에서는 요소와 요소의 관계, 개체와 개체의 관계성에 음과 양의 성질을 부여한다. 이렇게 하는 것이 음과 양의 성질을 객관적으로, 그리고 일관성 있게 파악할 수 있도록 해 주기 때문이다. 예를 들어 남성적인 여자를 생각해 보자. 이 여자는 남성과 함께 있을 때에는 음의 성격을 가지겠지만, 여자와 함께 일할 때에는 양의 성격을 지닐 것이다. 이렇게 요소와 개체는 그것이 어떠한 상황에 있는가에 따라 음이 되기도 하고 양이 되기도 한다. 그러나 그 여자와 남자와의 관계, 그리고 그 여자와 다른 여자와의 관계에 초점을 맞추면, 음과 양의 성질을 일관성 있게 부여할 수 있다. 시스템 사고에서는 개체가 아니라 개체 사이의 관계에 음과 양을 부여함으로써 상황이 변하더라도 일관성 있는 분석을 수행할 수 있게 되었다. 관계성에 음과 양을 부여하는 방식은 인류가 수천 년에 걸친 경험과 고민을 통하여 발견한 사고방식의 위대한 혁신이라고 해야 할 것이다.

3) 피드백 = 순환을 의미하는 원

　태극도에 상징화되어 있는 주역의 셋째 구성인자는 태극도의 바깥 테두리를 형성하고 있는 원(circle)이다. 태극도의 테두리는 삼각형, 사각형이 아니고 마름모꼴도 아닌 원형이다. 이 원은 순환을 의미한다. 『주역』의 사상에서 순환은 시스템을 조망하는 기본적인 구도이다. 음양이 시스템의 변화를 몰고 오는 기본인자라면, 순환은 시스템 전체의 구조를 표상한다. 동양사상에서 순환은 두 가지 차원에서 이해될 수 있다.

첫째는 현상의 순환이다. 봄, 여름, 가을, 겨울이 반복되는 것은 계절의 순환이다. 봄에 뿌린 씨앗이 여름에 성장하고 가을에 수확을 거둬들여 춥고 황량한 죽음의 계절인 겨울을 난다. 이러한 현상의 순환은 거의 모든 시스템에 적용된다. 사람은 태어나 늙고 그러다가 병들어 급기야는 죽게 된다는 생(生)로(老)병(病)사(死)의 순환에서 자유로울 수 없다. 그리고는 다음 세대의 후손 역시 생로병사의 순환을 이어나간다. 개개의 기업이나 국가 역시 흥망성쇠의 순환을 반복한다. 이러한 현상의 순환은 기본적으로 파동의 형태를 지닌다. 순환은 파동의 지속적인 반복을 의미한다.

둘째는 관계의 순환이다. 시스템을 구성하는 요소가 다른 요소에 미치는 영향이 돌고돌아서 순환된다. 동양의 음양오행론에 의하면 우주만물은 본질적으로 오행(五行)으로 구성되어 있다고 본다. 오행이란 물[水], 나무[木], 불[火], 흙[土], 쇠[金]를 의미한다. 왜 시스템의 구성요소를 이러한 다섯 가지 요소로 대표할 수 있는가는 여러 가지 해석이 있을 수 있다. 무엇보다도 오행은 지하의 물이 지상의 나무로 자라 불이 되어 공중으로 올라가고 그 재가 지표로 내려와서 흙이 되고 지하로 내려가 자원으로 쌓이는 순환과정을 그리고 있다.

동양사상의 기본적인 관점은 오행 사이의 인과관계가 순환되어서 끊임없이 돌아간다는 거대한 순환성이다. 이러한 거대한 흐름은 상생의 순환과 상극의 순환으로 나뉘기도 한다. 먼저 상생(相生)의 순환을 살펴보자. 물이 나무를 성장시키고, 나무는 연료가 되어 불을 일으키고, 불은 모든 것을 재로 만들어 흙으로 되돌아 가게 하고, 흙은 오랜 세월을 거쳐 쇠를 농축시킨다. 그리고 다시 흙 속의 쇠와 같은 광물은 물을 모아 흐르게 하는 역할을 한다. 이렇게 '수-목-화-토-금-수'로 이어지는 상생의 사슬(chain)은 끊임없이 순환되는 관계이다.

상생의 순환과는 달리 상극(相克)의 순환이 존재한다. 상생이 촉진시키는 관계라면, 상극은 억제하는 관계이다. 물은 불을 끄고, 불은 쇠를 녹여 버리고, 쇠는 나무를 자르며, 나무는 흙 속으로 뻗어 나가면서 흙을 파헤친다. 그리고 흙은 물의 흐름을 억제한다. 이렇게 '수-화-금-목-토-수'로 이어지는 상극의 사슬 역시 끊임없이 순환되는 관계이다.

상생의 순환을 통하여 시스템의 변화가 촉진되고, 상극의 순환을 통하여 시스템의 변화가 억제된다는 것이 음양오행의 기본사상이라고 할 수 있다. 이러한 관계의 순환성을 강조하는 사상은 사실상 시스템 사고의 핵심이라고 할 수 있다. 시스템 사고에서는 순환을 '피드백

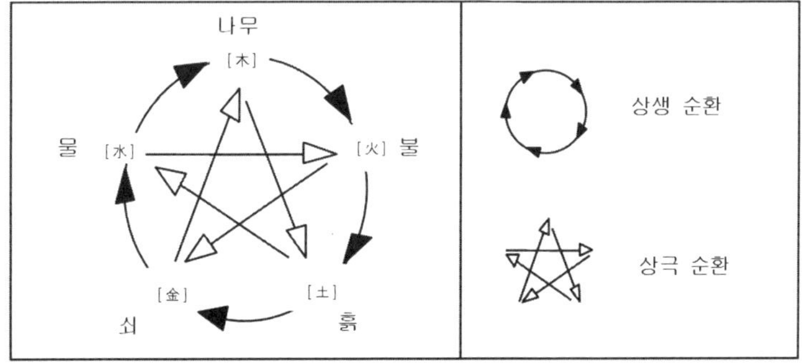

〔그림 3〕 **상생순환과 상극순환**

루프(feedback loop)'라 한다. 시스템 사고는 '피드백 사고(feedback thinking)'라고 할 만큼 피드백의 중요성을 강조한다.

피드백 루프는 시스템의 변화가 지속적으로 이루어지기 위해 반드시 필요한 구조이다. 원인과 결과의 연결고리가 순환적으로 이어져 있지 못하다고 생각해 보자. 첫째 변수에 어떠한 변화가 발생하면, 이 변화는 다음 변수에 영향을 미치고, 다음 변수의 변화는 또 그 다음 변수에 영향을 미친다. 그리고는 그것으로 끝이다. 피드백 루프가 형성되어 있지 않으면, 모든 변화는 일회적·일시적인 변화에 그친다. 그러나 피드백 루프가 형성된다면, 발생된 변화는 끊임없이 순환되어 새로운 변화를 유발시킨다. "김씨가 박씨에게 욕을 하면, 화난 박씨가 다시 김씨에게 욕을 하고, 격분한 김씨가 다시 박씨의 멱살을 잡고……" 하는 것과 같이 끝없는 이야기가 전개되기 위해서는 피드백 루프의 존재가 필수적이다. 피드백 루프는 변화를 지속적으로 창출시키는 엔진이라고 할 수 있다. 그렇기 때문에 시스템 사고에서는 피드백 관계를 핵심적인 구조로 간주한다. 시스템 사고를 얼마나 잘 하는가는 얼마나 많은 피드백 관계를 생각하는가에 따라 결정된다고 해도 과언이 아닐 정도이다.

끊어진 관계	A ──→ B ──→ C	일회적인 변화로 그침
순환되는 피드백 관계	A ──→ B ──→ C ⟲	끊임없는 변화의 연속

〔그림 4〕 **피드백 관계**

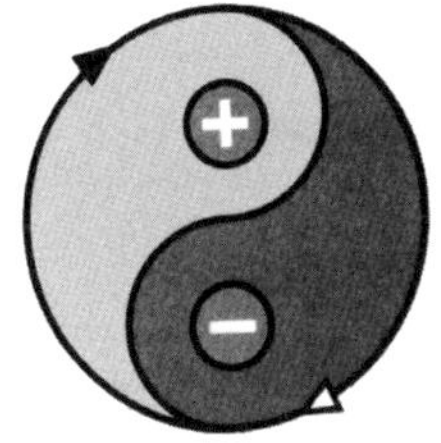

〔그림 5〕 『시스템다이내믹스』의 책표지

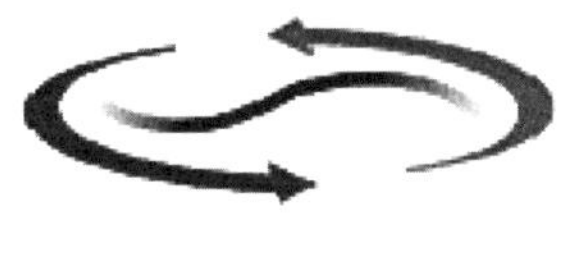

〔그림 6〕 한국시스템다이내믹스 학회 로고

이제까지 논의한 바와 같이 『주역』과 시스템 사고는 변화를 이해하기 위한 학문으로써 동일한 기본원리를 공유한다. 그것은 시스템의 변화와 파동에 초점을 두는 사고, 변화를 억제하는 음의 기운과 변화를 촉진하는 양의 기운을 분석하는 사고, 그리고 순환적인 관계성, 즉 피드백 루프를 찾아내려는 사고이다.

1999년 『시스템 다이내믹스』라는 책을 출판하면서, 책표지에 어떤 그림을 넣을지 동료들과 함께 고민한 적이 있다. 고심 끝에 태극도를 약간 변화시켜 시스템 사고의 핵심적인 구성요소를 표현하는 그림을 만들었다. 태극도와 마찬가지로 파동의 형태와 음양의 형태 그리고 원의 형태는 그대로 두되, 음과 양을 보다 명확히 표시하기 위하여 플러스(+)와 마이너스(-)의 기호를 붙였으며, 순환성, 즉 피드백 루프를 강조하기 위하여 원의 둘레에 화살표를 덧붙인 그림이었다. 이 표지그림은 시스템 사고의 기본적인 원리를 잘 표현해 주고 있다. 그리고 이 표지그림을 보다 추상화시켜 간결하고 세련된 형태로 전환시킨 것이 바로 한국 시스템 다이내믹스 학회의 로고이다.

피드백 루프의 강조는 모든 시스템 다이내믹스 학회의 공통적인

〔그림 7〕 세계 시스템 다이내믹스 학회 로고   〔그림 8〕 일본 시스템 다이내믹스 학회 로고

특성이다. 〔그림 7〕은 세계 시스템 다이내믹스 학회의 로고이다. 피드백 루프는 시스템 다이내믹스 정신의 에센스라고 할 수 있다. 〔그림 8〕은 일본 시스템 다이내믹스 학회의 로고이다. 일본인 특유의 간결함이 엿보인다. 이러한 간결함 속에서도 피드백 루프를 암시한다.

〔그림 9〕는 MIT 시스템 다이내믹스 그룹에서 수행하고 있는 시스템 다이내믹스 교육 프로젝트를 상징하는 로고이다. 어린 학생에게 어떻게 시스템 다이내믹스를 가르칠 것인가를 연구하는 프로젝트라는 점에서 장난스러운 동물이 등장하지만, 여전히 피드백 루프가 여행의 목적지라는 점을 말해 주고 있다.

〔그림 9〕 MIT 시스템 다이내믹스 그룹의 교육 프로젝트 로고

4 시스템 사고의 절차

시스템 사고의 기본적인 구성요소는 앞에서 보았듯이, 시스템의 지속적인 변화를 인정하는 파동의 사고(wave thinking), 음양의 인과관계를 바라보는 인과적 사고(causal thinking), 인과관계의 사슬이 순환되는 구조를 강조하는 피드백 사고(feedback thinking)라고 할 수 있다. 이러한 세 가지 사고방식은 시스템을 이해하는 데 반드시 필요한 구성요소이자 시스템 사고를 수행하는 세 가지 절차라고 할 수 있다.

그런데 시스템 사고를 현실에 적용하기 위하여는 한 가지 절차가 더 요구된다. 시스템을 충분히 이해했으면, 시스템을 자신이 원하는 방향으로 변화시킬 수 있어야 하기 때문이다. 그리고 이 때에 가장 적은 노력으로 가장 큰 변화를 달성할 수 있어야 한다. 이를 '전략의 발견'이라고 한다. 시스템 사고의 궁극적인 목적은 시스템을 자신이 원하는 방향으로 변화시킬 수 있는 가장 효과적인 전략을 발견하는 데 있다.

시스템 다이내믹스 학자는 효과적인 전략지점을 지렛대 지점(leverage point)이라고 하고는 한다. 놀이터에 있는 시소의 끝을 누르면 시소를 쉽게 움직일 수 있지만, 시소의 가운데를 눌러 움직이기는 어렵다. 이처럼 조그마한 힘을 가해도 쉽게 시스템의 변화를 유도할 수 있는 지점을 지렛대 지점이라고 한다. 시스템 사고에서는 어떠한 방식으로 지렛대 지점을 발견할 수 있는가? 이 책을 끝까지 읽고 나면 그 해답을 발견할 수 있을 것이다. 우선 지금은 힘을 증폭시킬 수 있는 피드백 루프가 그 해답이라는 점만을 밝히고 넘어간다. 힘을 증폭시킬 수 있는 피드백 루프를 찾아 그 루프에 힘을 가해야, 그 힘이 증폭되어 커다란 변화를 가져온다. 반대로 힘을 상쇄시키는 피드백 루프를 피하는 것이 또 다른 해답이다. 힘을 상쇄시키는 피드백 루프에 많은 노력을 기울여 보았자, 그 힘은 저항을 받아 금세 소멸되고 말기 때문이다.

이상에서 논의한 파동의 사고, 인과적 사고, 피드백 사고, 그리고 전략의 발견 등은 시스템 사고를 현실에 적용하는 순차적인 절차를 구성한다. 먼저 문제를 발견하는 단계에서는 파동의 사고가 요구된다. 문제는 주어지는 것이 아니라 발견하는 것이다. 해결하기 어려운 문제를 가지고 평생을 씨름하는 것은 어리석은 일이다. 거꾸로 사소한 문제를 가지고 심각하게 고민하는 것은 우스운 일이다. 훌륭한 문제를 발견하는 것이야말로 훌륭하게 일을 할 수 있는 출발점이 될 수 있다. 온 힘을 다해 공략할 만한 문제를 갖고 있는 사람이 행복한 일꾼이다. 좋은 문제를 발견해야만 좋은 해답을 발견할 수 있다.

종종 문제는 현실수준과 기대수준 사이의 격차로 정의되고는 한

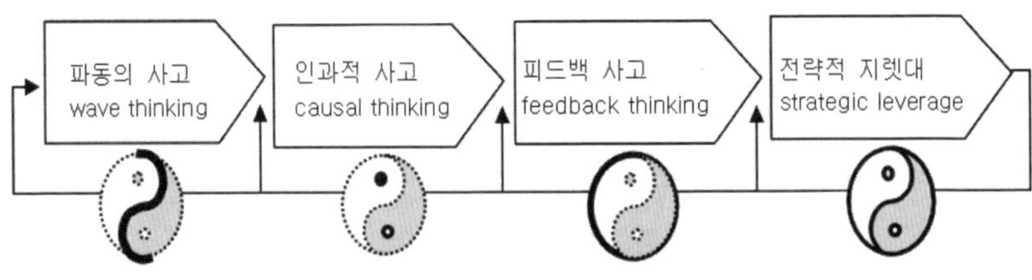

[그림 10] **시스템 사고의 절차**

다. 그런데 이러한 방식으로 문제를 정의하는 것은 정태적인 문제정의라고 할 수 있다. 시스템 사고에서는 정태적인 문제보다는 동태적인 문제를 중요시한다. "동태적인 문제란 시스템의 상태가 기대하는 방향으로 변화하지 않는 것"이라고 할 수 있다. 13평짜리 아파트에서 사는 사람이 30평짜리 아파트에서 살기를 바란다면, 이는 정태적인 차원에서 정의된 문제라고 할 수 있다. 그러나 시스템 사고는 이를 문제라고 하지 않는다. 한 가지를 더 물어 보아야 한다. 이 사람의 재산이 30평으로 늘려갈 수 있도록 증식되고 있는가, 아니면 13평도 유지할 수 없을 정도로 감소하고 있는가라는 질문이다. 만약 30평으로 늘려갈 수 있는 방향으로 변화가 이루어지고 있다면, 그리고 그 속도가 만족할 만하다면, 시스템 사고의 입장에서는 문제가 없다고 할 수 있다. 이처럼 시스템 사고에서 정의되는 문제, 시스템 사고에서 중요시하는 문제는 '변화'의 관점에서, 그리고 '시간'의 차원에서 규정될 수 있어야 한다.

동태적인 문제를 발견하기 위해서는 시스템이 변화한다는 점을 인정할 수 있고, 시스템의 변화가 기회를 줄 수 있다는 점을 이해할 수 있는 사고방식이 요구된다. 이것을 이 책에서는 파동의 사고라고 하며 제2부에서 다룬다. 변화의 차원, 시간의 차원을 무시하고서 문제를 정의하는 경우에는 정태적인 사고에 빠져들게 된다. 파동의 사고는 온힘을 다해서 공격할 수 있는 좋은 문제를 발견하도록 도와 준다.

공략할 만한 문제를 발견한 다음에는 문제의 핵심을 이루고 있는 변수(주체와 객체)들 사이에 어떠한 관계성이 존재하는지 살펴본다. 문제를 둘러싼 원인과 결과의 관계를 이해할 때, 문제의 원인을 발견하고 그 해결방안을 강구할 수 있다. 이 단계에서 요구되는 사고방식이 바로 인과적 사고이다. 이에 관하여는 이 책의 제3부에서 집중적으로 다룬다.

셋째 단계는 피드백 구조를 발견하는 데 초점을 둔다. 변수 사이의 개별적인 인과관계를 파악한 다음에는 이 사이에 어떠한 피드백 고리가 형성되는가를 살펴보아야 한다. 시스템 사고에서 다루는 문제는 일회적인 문제나 일시적으로 존재했다가 사라지는 문제가 아니라, 지속적으로 반복되는 문제이기 때문이다. 시스템 사고에서 강조하는 지속적인 변화의 흐름은 피드백 구조를 통해 이해될 수 있다. 피드백 사고에 관하여는 이 책의 제4부에서 논의할 것이다.

시스템 사고의 마지막 단계는 시스템을 치료하고 개혁할 수 있는 처방을 발견하는 단계이다. 시스템이 어떠한 구조에 의해 어떠한 흐름을 타고 움직이는지를 발견한 다음에는 자신이 원하는 방향으로 시스템을 변화시킬 수 있는 전략지점을 발견해야 한다. 이 단계에서 요구되는 사고방식이 전략적 사고이다. 전략적 사고는 앞단계에서 수행한 파동의 사고, 인과적 사고, 피드백 사고를 모두 종합한 이후에 수행할 수 있다.

시스템 사고를 적용하는 데 주의해야 할 점은 시스템 사고의 적용절차 자체도 피드백 과정을 거치면서 반복적으로 수행되어야 한다는 점이다. 앞에서 설명한 네 가지 단계는 한번에 완성되지 않는다. 전략을 모색해 본 다음에, 전략지점의 변화로 인해 시스템 전체의 흐름에 어떠한 변화가 발생될 것인지를 생각해 보아야 한다. 전략지점과 관련된 인과관계 중에서 이제까지 생각하지 못했던 인과관계가 존재하는지에 관해서도 생각해 보아야 한다. 전략지점의 도입으로 인하여 새로운 피드백 루프가 형성되지는 않는지, 또는 기존의 피드백 루프 중에서 더 이상 돌아가지 않는 것은 없는지 등을 살펴보아야 한다. 이러한 고려를 거쳐 다시 전략의 효용성을 검토해 보아야 한다.

시스템 사고는 하루 만에 완료될 수도 있지만, 오랫동안 지속적으로 되풀이하면서 가장 효과적인 전략을 모색하는 경우도 있다. 단기간에 발견한 전략지점은 종종 훌륭한 아이디어가 되기도 하여 그토록 짧은 시간에 그렇게 멋진 아이디어를 도출하였다는 점에 기뻐하기도 한다. 그러나 중대한 인과관계나 피드백 루프를 고려하지 못하여, 훌륭하다고 생각했던 전략이 실패로 판명되기도 한다. 그렇다고 해서 끝없이 전략을 구상하고 있을 수만은 없다. 너무 생각을 오래 하다가는 타이밍을 놓치기 십상이기 때문이다.

5 시스템 사고의 미래

많은 사람은 살아 있는 풍부한 정보를 외면한 채, 계량화되고 잘 정리된, 그러나 죽어 있는 정보를 찾는다. 종종 학자들은 연구할 자료나 정보가 부족하다고 불평한다. 그러나 저명한 행정학자이자 인공지능 창시자 중의 한 사람인 사이먼(Herbert Simon)은 우리에게 부족한 것은 정보가 아니라 정보를 조직화하고 이해할 수 있는 모델이라고 지적한 바 있다. 오히려 우리는 정보의 홍수 속에서 살고 있다고 할 수 있다. 인터넷에서 몇 번만 클릭하면 수없이 많은 자료를 모을 수 있는 것이 현실이다. 이미 우리의 머리 속에는 많은 정보들이 충분히 입력되어 있다. 새로운 정보를 더 구하는 것이 능사가 아니라, 머리 속에 있는 정보를 조직화할 수 있는 방법론이 필요한 시점이다.

시스템 사고는 새로운 정보를 제공하는 수단이 아니라, 이미 존재하는 자료를 조직화할 수 있는 분석도구이다. 시스템 사고는 잘 정리되고 계량화된 지표들을 넘어 여기저기 흩어져 있는 단편적인 정보를 모아 시스템에 관한 모델을 구축하도록 도와준다. 이러한 점에서 시스템 사고는 '풍부한 정보 그러나 빈약한 모델'이라고 할 수 있는 현대사회의 문제점을 해소하는 데 기여할 수 있을 것이다.

몇년 전에 서점을 기웃거리다가 존 콜먼이라는 사람이 쓴 『음모의 지배계급 300인 위원회』라는 책을 본 적이 있다. 아무도 알지 못하는 300명으로 구성된 위원회가 세계를 지배하고 있다는 책이다. 미국의 대통령이 중요한 정책결정을 할 때에도 이 300인 위원회의 허락을 받아야 하며, 이 300인 위원회가 세계금융시장을 장악하여 좌지우지한다는 것이다. 이 책은 전형적인 음모론의 하나에 해당하는 책이다. 그런데 이 책을 읽다가 필자는 깜짝 놀랐다. 다름 아니라 이 300인 위원회에 전략을 자문하는 두뇌집단(think tank)이 바로 시스템 다이내믹스 학자라는 것이다. 시스템 다이내믹스 학자가 소수에 지나지 않는데도 불구하고, 세계적인 영향력이 큰 것은 300인 위원회의 브레인이기 때문이라는 것이다. 황당하기 그지없는 존 콜먼의 주장은 음미해 볼 만하다. 존 콜먼의 주장은 역설적으로 시스템 다이내믹스와 시스템 사고의 파워를 말해 주기 때문이다. 또한 존 콜먼의 주장은 강력한 분석도구인 시스템 사고를 소수의 지배계급만이 소유하기보다는 많은 사람이 그 파워를 향유할 수 있어야 한다는 점을 말해 준다. 임금님만이 먹을 수 있는 귀한 음식이 있다면, 열린 사회에서는 그 음식을 보다 많은 사람들이 맛볼 수 있어야 할 것이다. 시스템 사고가 보다 많은 사람들에게 확산될 때, 시스템 사고는 지배계급의 브레인이라는 오해를 벗을 수 있을 것이다.

최근 타계한 메도즈는 시스템 사고를 일반인에게 전파하는 것이야말로 자신의 소명이라고 믿었으며, 또한 모든 시스템 다이내믹스 학자가 해야 할 일이라고 믿었다. 미국의 저명한 대학의 교수였던 메도즈는 교수직을 사퇴하고 수십 개의 신문사에 시스템 사고에 입각한 칼럼을 써서 시스템 사고를 일반인에게 알리고자 하였다.

또한 시스템 다이내믹스의 창시자인 포리스터는 1990년대 후반부터 미국의 초중등학교 학생들에 시스템 다이내믹스를 교육시키는 프로젝트를 진행하고 있다. 그 결과 수백 개의 초등학교에서 실제로 시스템 다이내믹스를 가르치고 있으며, 초등학교 학생들이 사회적 이슈를 컴퓨터로 모델링하고 시뮬레이션을 수행하기도 한다. 그렇다면 시스템 다이내믹스보다 훨씬 쉬운 시스템 사고를 초등학교에서 교육시키지 못할 이유가 없을 것이다. 아마도 장래에는 시스템 사고에 관한 지식은 선택이 아니라 의무가 될 것이다.

포리스터의 제자인 셍게는 『5세대 경영』이라는 베스트 셀러를 출판함으로써, 시스템 사고를 기업인에게 전파하는 데 크게 기여하였다. 기업인에게 시스템 사고는 더 이상 생소한 용어가 아니다. 이러한 상황에서 과거의 행태주의적 사고방식에 사로 잡혀 두뇌를 마비시키고 있을 수는 없다. 철기시대에 돌로 만든 칼을 가지고 싸우는 민족은 필연적으로 패배하고 사라질 수밖에 없다. 이제는 시스템 사고를 수행해야 할 때이다.

제2부

파동의 사고
wave thinking

1 생명의 신호

2 변하지 않는 유일한 법칙은 변한다는 것

3 파동, 변화 그리고 불확실성

4 파동은 기회이다

5 파동의 기회와 저주

6 엘리어트 파동이론

7 파동경영

8 파동타기

1 생명의 신호

살아 있는 생명은 파동을 지닌다. 숨을 들이 마시고, 멈추었다가, 내쉰다. 피가 몸의 구석구석에 도달하면서 맥박이 뛴다. 먹이를 쫓아 뛰어 다니다가 누워 휴식을 취하며 잠에 든다. 이 모든 활동에는 느리고 빠르고, 모이고 흩어지고, 움츠렸다가 펼쳐지는 파동이 내재되어 있다. 심지어 생명이 없는 산과 강조차도 파동을 보인다. 산맥은 그 자체로 거대한 파동의 흔적이다. 강물은 급하게 흐르다가 정지된 듯 하다가도 빠른 속도로 바다로 흘러 들어간다.

파동은 살아 있다는 증거이다. 병원의 중환자실에는 환자의 심장에서 들려오는 맥박을 측정하는 심전도 측정기가 있다. 이 기계가 파동을 보이는 한 안심할 수 있다. 그러나 이 환자가 죽음의 문턱을 넘어서는 순간 심전도에서 파동은 사라지고 긴 직선이 이어진다. 지루한 직선은 죽음의 신호이다. 파동은 생명체가 숨쉬고 있으며, 그 맥박

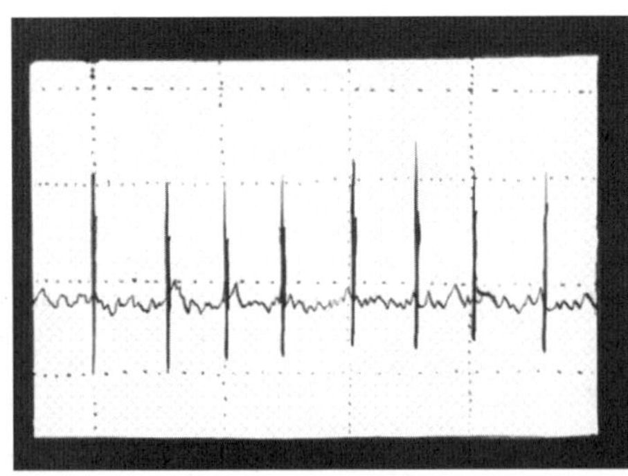

〔그림 1〕 **심전도**

이 요동치고 있음을 나타내는 자연의 메시지이다. 파동은 살아 있는 생명체의 지극히 자연스럽고도 근원적인 현상이다.

그러나 사회과학에서 파동은 예외적인 현상으로 취급되어 왔다. 사회과학의 꽃이라는 경제학은 온통 균형(equilibrium)의 개념으로 가득하다. 균형에서 벗어난 것은 비정상적·예외적인 현상으로 받아 들여지고는 한다. 균형을 강조하는 기존의 사회과학에서는 파동의 존재를 애써 무시하여 왔다. 심지어 파동은 죄악시되어 왔다. 파동이 아니라 균형이 당연시되어 왔다. 균형으로부터의 이탈은 비정상적인 상태로 해석되어 왔다. 이들은 파동이라는 자연스러운 현상을 애써 억제하면서 균형이라는 인위적인 현상을 강제하는 것이야말로 최선의 정책이라고 주장한다. 파동은 시스템의 질병을 의미하는 것으로 이해되고는 하였다. 이는 사실이 아니다. 파동이 아니라 균형상태의 직선이야말로 질병의 극한인 죽음을 의미한다.

자연은 직선을 싫어 한다. 직선은 인간의 작품이요, 자연은 곡선을 만들어 낼 뿐이라는 말이 있다. 꽃, 나뭇잎에도 파동이 있다. 비록

"흔들리지 않고 피는 꽃이 어디 있으랴
이 세상 그 어떤 아름다운 꽃들도
다 흔들리면서 피었나니
흔들리면서 줄기를 곧게 세웠나니
흔들리지 않고 가는 사랑이 어디 있으랴"

도종환, 「흔들리며 피는 꽃」에서

〔그림 2〕 **예쁘게 핀 꽃도 알고 보면 파동의 연속이다.**

생명체가 균형을 지향한다고 하더라도, 그 지향성은 단순한 직선이 아니라 끊임없는 파동으로 표현된다. 심전도 계기판의 완벽한 균형은 조용한 죽음의 신호일 뿐이다. 파동을 무시하는 사고는 죽음을 지향하는 사고일 뿐이다. 파동은 생명의 신호이다.

2 변하지 않는 유일한 법칙은 변한다는 것

변하지 않는 유일한 법칙은 변한다는 것뿐이다. 파동은 끊임없는 변화가 남길 수 있는 유일한 궤적이다. 성장이 무한정 이루어질 수 없으며, 쇠퇴가 무한정 이루어질 수 없다. 그러나 파동은 무한히 반복될 수 있다. 가장 복잡하고 지능적인 생명체인 사람이 만들어 낸 사회 역시 생명체처럼 움직인다. 기업조직, 정당조직과 정부조직, 시장을 통한 경제행위와 투표를 통한 정치행위, 그리고 정책을 통한 통치행위 등은 모두 파동을 보인다. 이러한 사회에서 파동에 익숙지 못한 사람은 생존하기 어렵다. 30년 전의 대기업이 지금도 대기업으로 존재하는가? 10년 전의 정치실세가 지금도 권력을 쥐고 있는가? 5년 전의 고위 공직자로서 지금도 정부에서 일하고 있는 사람이 있는가?

아무리 시스템이 급격하게 변화하더라도, 변화를 인식하지 못하는 사람이 많다. 우리에게는 한때 규모가 큰 기업체는 절대로 망하지 않는다는 대마불사(大馬不死)의 신화가 있었다. 현재의 정권이 수십 또는 수백 년 동안 계속 지배하리라고 믿는 사람은 아무 두려움이나 거리낌 없이 부정부패를 저지른다. 종종 첫사랑의 감정이 영원히 지속되리라고 생각하고, 실연의 아픔이 영원하리라고 생각한다. 연애하던 감정이 영원해야 한다고 믿는 가정에는 오히려 부부싸움이 끊이지 않는다.

우리는 종종 고개를 들어 하늘에 떠 있는 구름을 감상한다. 그러나 그 구름이 얼마나 빨리 변화하는지는 깨닫지 못한다. 한번 쳐다보고 말기 때문이다. 반대의 경우도 있다. 아이의 얼굴은 금세 변한다. 그러나 부모는 아이의 얼굴이 변한다는 사실을 알아차리지 못한다. 그러다가 삼사 년 전의 사진을 보고는 깜짝 놀라고는 한다. 날마다 아이의 얼굴을 보기 때문이다. 항상 얼굴을 보고 사는 부인은 남편의 병세를 간파하는 데 실패하고는 한다. 오히려 오랜만에 만난 친구들이 얼굴색이 변했다는 점을 알아차리고 병원에 가 볼 것을 권하고는 한다.

〔그림 3〕 **거센 토네이도도 멀리 있는 사람이 그 변화의 흐름을 잘 파악할 수 있다.**

변화를 감지하기 위해서는 적당한 거리가 필요하다. 변화의 흐름을 간파할 수 있을 정도로 자주 보아야 하지만, 변화의 흐름에 묻힐 정도로 몰입해서는 안 된다. 비정치인이 정치인보다 정세의 변화를 먼저 간파할 수 있으며, 비경제인이 경제인보다도 경제의 흐름을 더 잘 이해할 수도 있다. 거센 토네이도 바로 옆에 있는 사람보다는 멀리 떨어져 있는 사람이 토네이도의 흐름을 더 잘 볼 수 있다. 자신의 업무에서 변화의 흐름을 읽기 위해서는 한 걸음 물러나 훈수를 두는 제삼자의 입장에서 보는 것이 유익하다.

3 파동, 변화 그리고 불확실성

변화가 유일한 법칙이라는 점을 강하게 느낄수록, 사람은 변하지 않는 법칙을 찾고 싶어한다. 사람들은 변화를 싫어하는 것처럼 보인다. 변화보다도 더 싫어하는 것으로 불확실성을 들 수 있다. 사실 불확실성이란 예측할 수 없는 변화를 의미한다. 예측할 수 있는 변화는 그다지 많지 않다. 파동의 진폭과 장단은 수없이 많은 요인에 의해 결정된다. 성장이 쇠퇴로 돌아설 시기를 예측하기란 거의 불가능한 일이다. 저녁에 무엇을 먹을지조차 예측하기 힘든 것이 우리 생활이다. 그런데 어떻게 경제와 정치 그리고 통치행위를 예측할 수 있을 것인가? 불확실성은 파동의 세계에 깊숙이 내재되어 있다.

종종 싫어하는 감정의 이면에는 좋아하는 감정이 내재되어 있다.

불확실성을 싫어하는 만큼 사람들은 불확실성에 중독된 듯이 보인다. 사실상 변화와 불확실성은 즐거움의 중요한 원천이기도 하다. 변화가 없으면 사람은 생존할 수 없다. 가장 고통스러운 고문 중의 하나가 비좁은 공간에 가두어 놓고 일체의 변화를 차단시키는 것이라고 한다. 변함없이 일정한 빛을 쪼여 주면 식물은 제대로 성장하지 못한다. 변화는 생명의 신호일 뿐만 아니라 생명의 원천이기도 하다.

불확실성은 이 세상을 살 만한 세상으로 만들어 준다. 도박의 근원적인 재미는 그 불확실성에 기인한다. 도박에서 확실하게 승리하는 사람은 사기꾼일 뿐이다. 도박에서 확실하게 잃는 사람은 봉이다. 도박이 재미있는 이유는 큰 돈을 벌 수도 있고 잃을 수도 있는 불확실성 때문이다. 많은 사람이 재산을 탕진하면서도 도박에 중독되는 이유는 불확실성이 주는 쾌락에서 찾을 수 있다. 고요한 밤에 물고기의 입질을 기다리는 강태공 역시 불확실성을 즐긴다. 확실하게 많은 물고기를 낚고자 하는 사람은 낚시꾼이 아니라 어부라고 한다. 어부보다도 더 확실하게 물고기를 잡고자 하는 사람은 아예 물고기를 인위적으로 키우는 양식업자 이다. 요즈음 많은 젊은이가 즐기는 채팅 역시 불확실성을 그 생명으로 한다. 오래 된 애인이나 친구와 채팅을 하는 사람은 없다. 모르는 사람과 채팅을 할 때 불확실성이 발생되고 즐거운 법이다. 적당한 불확실성은 약이 된다.

종종 훌륭한 청년을 '장래가 확실한 사람'이라고 소개한다. 누구나 장래가 불확실한 사람보다는 장래가 확실한 사람과 결혼하고 싶어한다. 그러나 장래가 가장 확실한 사람은 파렴치한 범죄를 저지르고 무기징역을 선고받은 사람일 것이다. 장래가 확실하다는 것은 기쁨이 아니라 고통이다. 벤처기업을 시작하는 사람은 예상할 수 없는 성공을 기대한다. 불확실하지 않다면 벤처기업이라고 할 수 없다.

그 누구보다도 변화와 불확실성을 좋아하는 사람을 탐험가 또는 모험가라고 한다. 예측가능하고 안전한 장소를 선호하는 사람은 여행가일지언정 모험가는 아니다. 모험가에게 변화와 불확실성은 기피의 대상이 아니라 모험의 조건이다. 불확실성을 어떻게 감소시킬 것인가에 몰두하는 사람이 있다. 이들은 여행가일 수밖에 없다. 극도의 불확실성 속에서 오히려 홍미를 느끼고 이를 헤쳐 나가려 하는 사람이 있다. 이런 사람을 모험가 또는 개척자라고 한다.

4 파동은 기회이다

시간이 갈수록 변화의 속도는 더욱더 빨라지는 듯하다. 종종 변화가 멈추고 정지된 세상에서 쉬고 싶은 생각이 들고는 한다. 그러나 변화가 없다고 생각해 보자. 변화가 없으면, 기회가 없다. 가난한 사람은 항상 가난할 수밖에 없으며, 약한 사람은 항상 약할 수밖에 없다. 변화가 없는 세상에서 발전을 기대하기 어렵다. 가난과 약한 처지를 극복할 수 있다는 기대가 없을 때, 전력을 기울일 수 없다. 변화에 대한 희망은 막대한 에너지를 제공하며, 사회발전을 견인하는 원동력이다.

변화에 관하여 동양과 서양은 상이한 태도를 보여 왔다. '인생무상(人生無常)'이라는 말이 있다. 인생이 허무하다는 의미이다. 그런데 왜 인생이 허무한고 하면, 무상하기 때문이라는 것이다. 일정하게 지속되는 것이 없기 때문에〔無常〕, 다시 말해 변화가 너무나 많기 때문에 인생이 허무하다는 것이다. 전통적으로 동양인은 변화를 싫어하고 혐오하기까지 했다는 느낌이다.

이에 반하여 서양에서는 변화를 갈망하는 듯한 표현을 목격하게 된다. 솔로몬이 저술하였다는 성경의 『전도서』는 인생의 허무함을 말한다. "전도자가 가로되 헛되고 헛되며 헛되니 모든 것이 헛되도다……. 이미 있던 것이 후에 다시 있겠고, 이미 한 일을 후에 다시 할지라. 해 아래는 새 것이 없나니……"라고 솔로몬은 인생의 허무함을 토로한다. 그런데 솔로몬이 지적하는 허무함의 이유는 동양에서와는 다르다. 변화가 없기 때문에 허무하다는 것이다. 어제, 오늘, 내일이 동일할 것이기 때문에, 즉 유상(有常)하기 때문에 허무하다는 것이다. 동양과 서양은 이처럼 변화를 다른 인식과 태도로써 보아 왔다.

변화에 대한 태도의 차이가 동서양의 발전경로를 바꾸어 놓았는지 모른다. 새로운 것을 말하는 이단적인 사상가나 과학자가 동양보다는 서양에서 더 좋은 대접을 받았을 것이며, 새로운 아이디어를 실험할 수 있는 기회를 더 많이 얻었을 것이다. 변화를 억압하는 문화는 발전하지 않기로 결심한 것과 다를 바 없다. 모든 변화가 발전은 아니지만, 변화 없이는 발전도 없기 때문이다. 유전자의 적응메커니즘을 흉내낸 유전자 알고리즘에서 가장 중요한 역할을 하는 메커니즘은 돌연변이이다. 환경에 적응하지 못하던 유전자가 돌연변이를 통하여 새로운 활로를 모색하고 급기야는 환경에 가장 잘 적응할 수 있는 생명체를 탄생시킨다. 이러한 돌연변이가 인정·용인되는 문화는 발전의 가능성이라는 문을 열어 놓은 문화라고 할 수 있다. 그러나 돌연변이가 혐오·억압되는 문화는 물이 고여 썩어가는 웅덩이의 문화라고 할 수 있다.

변화와 불확실성은 경쟁기회를 지속적으로 제공해 주는 원천이다. 강자가 약자로 전락할 수도 있으며, 약자가 강자로 등극할 수도 있다. 변화와 불확실성이 보장될 때, 진정한 경쟁이 이루어진다. 경쟁의 겉모습만을 갖추려 하는 경우가 있다. 강자와 약자가 힘으로 경쟁하는 것은 진정한 경쟁이 아니다. 약자가 강자를 이길 수 있는 기회가 보장될 때, 경쟁은 흥미와 관심을 불러일으킨다.

끊임없는 혁신으로 유명했던 루치아나 베네통은 다음과 같이 말한 적이 있다. "세상은 변하고 있고 우리도 그에 맞추어 변화해 간다. 나는 이런 사실이 즐겁다. 나는 이런 변화를 계속 추구할 것이다." 우리 나라의 대표적 최고경영자였던 정주영 회장 역시 아침에 눈을 뜨면서 오늘 벌어질 일을 생각하면 행복하다고 말한 적이 있다. 변화를 기대하면서 변화 자체를 즐기는 진정한 경영의 승부사로써의 기질을 엿볼 수 있다.

난세에 영웅이 난다는 말이 있다. 아마도 임진왜란이라는 난세가 없었다면 이순신 장군은 존재하지 않았을지 모른다. 시기와 질투에 가득 찬 경쟁자들에 의해 일찍이 제거되어 후세의 역사가는 이순신 장군이 존재했었는지조차 몰랐을 것이다. 이 말은 거꾸로 할 수도 있다. 당신이 만약 영웅이 되고자 하면, 난세를 불러일으켜야 한다는 것이다. 난세를 회피하지 않으며, 오히려 난세를 적극적으로 불러일으키고 이용할 줄 아는 사람만이 승부사요, 영웅이 될 수 있다.

5 파동의 기회와 저주

파동을 이해하고 이용하는 일은 쉽지 않다. 오히려 많은 사람은 파동의 피해자이다. 성경의 『시편』 107편에서 파도의 두려움을 다음과 같이 묘사하고 있다. "여호와께서 명하신즉 광풍이 일어나 바다 물결을 일으키는도다. 저희가 하늘에 올라갔다가 깊은 곳에 내리니 그 위험을 인하여 그 영혼이 녹는도다." 바다의 파도는 물론이고 인생의 파도 그리고 정치와 경제의 판도 변화로 인하여 많은 사람들이 망연자실하여 넋을 잃고는 한다.

소수의 사람만이 파동을 성공의 지렛대로 활용한다. 파동이 심한 사회로 주식시장과 부동산시장을 생각해 볼 수 있다. 주식값은 오르내리기를 반복한다. 그러나 대부분의 투자자는 이렇게 반복되는 파동을 인식하는 데 실패한다. 일단 주식값이 오르기 시작하면, 투자자들은 계속해서 주식값이 오를 것이라고 생각한다. 그러다가 주식값이 곤두박질치면, 투자자들은 주식값이 끝없이 내릴 것이라는 공포감에 휩싸인다. 이렇듯 많은 사람은 파동의 세계에 살면서도 직선을 보는 데 익숙해져 있다. 투자자는 주식값이 상승할 때 더 상승할 것이라고 예측하여 주식을 산다. 그리고 주식값이 하락할 때 더 하락할 것이라고 예측하여 주식을 판다. 비쌀 때 사고, 쌀 때 팔기 때문에 얼마 가지 않아 재산을 탕진한다.

그러나 사는 사람이 있으면 파는 사람이 있고, 파는 사람이 있으면 사는 사람이 있는 법이다. 다만 차이는 소수의 투자자만이 주식시장과 부동산시장의 파동을 이해하고 이를 활용한다는 사실이다. 이들은 쌀 때 사서 비쌀 때 판다. 시장에서 막대한 이익을 챙기고는 시장을 떠난다. 소수의 큰 손이 팔 때, 수많은 작은 손이 산다. 파동을 직선으로 해석하려고 고집하는 사람은 파동을 곡선으로 이해하는 사람에게 당하게 마련이다. 세계적인 큰 손으로 명성을 날렸던 조지 소로스는 주식시장에서의 파동을 중시하였다. 그는 경제학자가 왜 파동을 무시하는지, 그리고 왜 파동을 가져오는 메커니즘을 다루지 않는지 이해할 수 없다고 불평하였다. 그렇게 불평하면서도 소로스는 파동을 이용하여 막대한 이익을 챙길 수 있었다. 코페르니쿠스는 종교 재판정에서 나오면서도 지구는 둥글다고 했다. 파동과 그 구조를 무시하는 경제학자의 판결에 대하여 소로스 역시 마찬가지 심정이었을

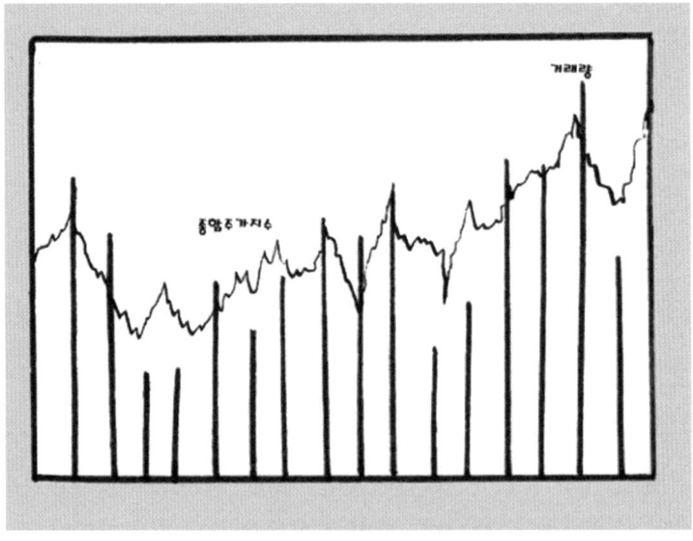

〔그림 4〕 **파동의 대표격인 주식시세표**

것이다. 지금 이 순간에도 파동은 계속된다.

역사상 파동을 가장 잘 활용한 사례는 성경의 『창세기』에 소개되어 있는 요셉일 것이다. 요셉은 이집트 왕의 꿈을 해석하여 7년 동안 풍년이 들고 나서 7년 동안 흉년이 들 것이라는 것을 알았다. 이집트의 총리가 된 요셉은 7년의 풍년 동안 곡식을 비축해 두었다가, 7년의 흉작기간을 맞이하여 비축된 곡식을 판매하여 막대한 부를 거두어들였다. 이집트 왕은 백성에게 비축된 식량을 내어주고 백성의 모든 돈과 토지와 가축을 소유한 것은 물론이고, 궁극적으로는 백성의 목숨마저 소유하게 되었다. 이렇게 하여 이집트 왕은 파라오로서의 절대권력을 획득하게 되었고, 요셉을 포함한 열두 명의 형제들은 번성하여 이스라엘 민족으로 발전하였다.

6 엘리어트 파동이론

증권시장의 파동을 설명하는 이론의 하나로 엘리어트 파동이론이 있다. 이는 1930년대에 엘리어트가 세운 이론이다. 인생의 황혼기에 접어들면서 엘리어트는 주식 시장의 파동에 관심을 갖기 시작한다. 그는 75년 동안의 주가변화에 관하여 연간·월간·주간·시간 단위의 모든 자료들을 모아 분석·사색하였다. 그 결과 엘리어트 파동이라는 신비한 이론이 만들어졌다. 엘리어트 파동이론은 증권시장에서 일어나는 주가 파동이 일련의 법칙을 따라 발생된다는 점을 말하고 있다.

먼저 엘리어트는 주식의 파동은 충격파동과 조정파동으로 구성된다는 점을 간파하였다. 충격파동(impulse wave)은 주식시장의 장세에 변화를 가져오며, 조정파동(corrective wave)은 이러한 변화에 저항하며 기존의 질서를 회복시키고자 한다. 기존의 질서를 무너뜨리려는 개혁세력이 있으면, 기존의 질서를 회복시키려는 반동세력이 존재하기 마련이다. 정권을 잡은 여당이 있으면, 야당이 있게 마련이다. 토인비가 인류의 역사를 연구하고, 모든 역사의 발전과정은 도전과 응전으로 이루어진다는 점을 간파한 것도 이와 같은 맥락이다.

재미있는 점은 충격파동은 다섯 개의 굴곡, 조정파동은 세 개의 굴곡으로 구성된다는 법칙이다. 충격파동은 세 번의 공격, 조정파동은 두 번의 방어로 구성된다고 이해할 수 있다. 인생에 세 번의 기회가 있다는 말을 생각나게 한다. 그렇다면 인생에는 두 번의 고비가 있을지도 모른다. 엘리어트 파동이론은 『주역』의 관점을 생각나게도 한다. 하나의 변화가 충격파동과 조정파동으로 구성된다는 것은 태극

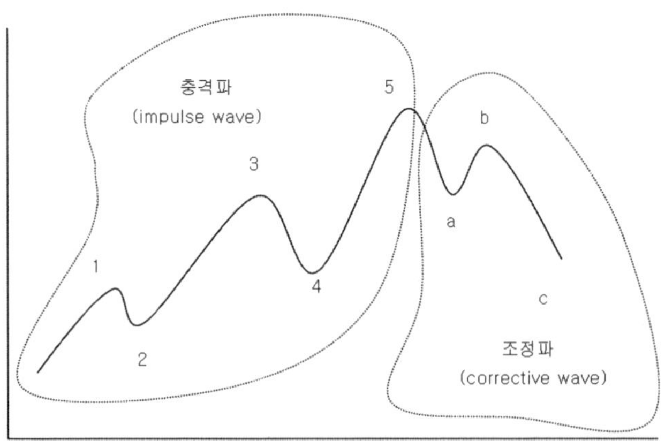

〔그림 5〕 **충격파와 조정파**

이 음과 양으로 구성된다는 점과 유사하다. 충격파동에 다섯 개의 굴곡, 조정파동에 세 개의 굴곡이 존재함으로써 모두 8개의 굴곡으로 하나의 변화가 구성된다는 점은 『주역』의 팔괘와 유사하다. 여덟 개의 굴곡과 팔괘가 서로 관련되어 있을지도 모른다.

엘리어트의 파동이론은 신비하다. 왜 충격파동과 조정파동이 존재하는지, 그리고 왜 충격파동에는 다섯 개의 굴곡이, 조정파동에는 세 개의 굴곡이 있어야 하는지 그 이유를 엘리어트 파동은 설명해 주지 않는다. 엘리어트 파동이론은 파동의 유형법칙을 말해 줄 뿐, 왜 그러한 유형이 존재해야 하는지를 설명해 주지 않는다. 엘리어트 파동이론은 파동이라는 현상(phenomena)에 관한 다양한 법칙을 말하고 있지만, 파동을 가져오는 구조(structure)에 관해서는 아무런 말도 하지 않는다. 그렇기 때문에 하나의 학문으로 받아들이기보다는 마법사의 구슬로 받아들인다. 그럼에도 불구하고, 엘리어트 파동이론은 증권시장의 변화를 그 어떤 이론보다도 더 잘 설명하고 예측하는 것으로 정평이 나 있다. 1930년대의 대공황뿐만 아니라 1989년의 블랙 먼데이까지도 엘리어트 파동이론을 가지고 예측할 수 있었다고 하니 신비한 이론이라 하지 않을 수 없다.

7 파동경영

나카지마 다카시는 『파동경영(波動經營)』이라는 흥미로운 책을 저술하였다. 다카시는 경영인의 열정과 사랑은 파동과 마찬가지로 전파·공명된다는 점을 지적하고 있다. 이 책에서 파동에 관한 좀더 깊은 논의를 찾아볼 수 없어서 아쉬웠지만, 경영을 파동의 관점에서 해석해야 한다는 그의 아이디어는 신선하게 보인다. 특히 그가 강조하고 있는 파동의 전파성·간섭성·공명성 등은 앞으로 중요한 개념으로 발전될 여지가 있다.

먼저 파동은 전파되는 특성을 지닌다. 앨빈 토플러는 농업혁명과 산업혁명에 이은 정보혁명을 제3의 물결이라고 표현하였다. 정보의 혁명이 사회의 구석구석으로 전파된다는 의미가 함축되어 있다. 부동산시장에서 발생된 주택가격의 파동은 건설시장으로 전파되고, 급기야 주식시장을 거쳐 경제 시스템 전반에 전파된다. 가정에서 발생된 즐거움의 파동은 직장으로 전파되고, 직장에서 발생된 즐거움의 파동은 결국 고객에게까지 전달된다.

둘째로 파동은 간섭한다. 연못에 두 개의 돌을 던지면 각각 파동이 발생되고, 발생된 파동이 서로 교차하면서 간섭무늬가 생긴다. 두 파동의 마루와 마루 또는 골과 골이 마주치는 경우에는 더욱 큰 폭의 파동이 생기는데, 이를 보강간섭이라고 한다. 그리고 마루와 골이 마주치는 경우에는 파동이 사라져 버리는데 이를 상쇄간섭이라고 한다. 흥미로운 점은, 두 개의 물질은 같은 위치에 존재할 수 없지만, 파동은 두 개 이상의 파동이 동일한 공간에 동일한 시간에 존재할 수 있다는 점이다. 두 개의 파동이 동일한 공간과 동일한 시간에 존재하는 경우 두 개의 파동은 서로 간섭을 일으킨다. 부동산시장의 파동과 골재 시장의 파동이 건설시장에 동시에 존재하면서 상호간섭을 일으킬 수 있다. 의욕에 찬 사람의 파동과 냉소적인 사람의 파동이 상쇄간섭을 일으켜 아무 일도 일어나지 않을 수 있다.

가장 흥미로운 파동현상으로 공명을 들 수 있다. 물체에는 각기 고유한 진동수가 있다. 물체의 고유한 진동수와 같은 파동이 밀려올 때, 그 물체는 강하게 진동한다. 이를 공명이라고 한다. 성악가의 증폭된 목소리로 포도주잔을 깨뜨릴 수 있다고도 한다. 성악가가 포도주잔의 고유진동수와 동일한 소리를 내면 잔에는 큰 진폭의 진동이 형성되어 깨지게 된다. 음식을 데우거나 요리하는 데 사용되는 전자레인지도 공명현상을 이용한 예이다. 전자레인지에서 방출하는 마이크로파가 음식 속의 물분자를 공명시킨다. 음식 속의 물분자가 공명현상에 의해 맹렬히 진동하면 분자운동으로 발생하는 열에너지가 음식의 온도를 높이면서 조리된다.

조직에서 지도자와 조직원 사이에 파동의 간섭과 공명이 발생한다. 지도자와 조직원이 유사한 파동을 지니는 경우에는 신명나는 문화가 형성될 수 있겠지만, 그렇지 못한 경우에는 서로 힘만 들고 일이 진척되지 않는다. 아마도 바람직한 지도자는 조직원의 파동을 조율함

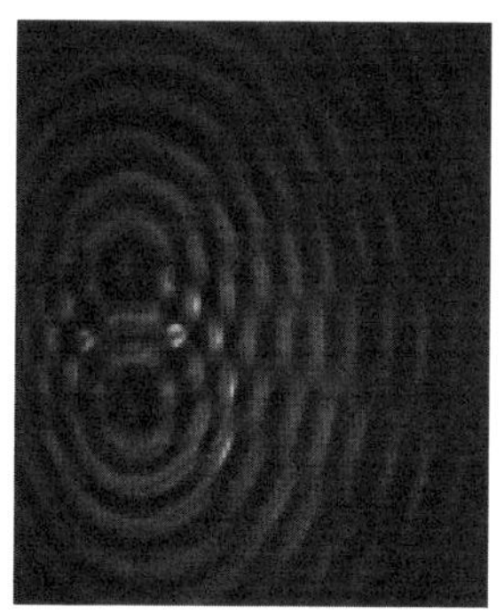

〔그림 6〕 **파동은 힘이다.**

으로써 조직 전체의 차원에서 강력한 파동, 즉 변화의 물결을 몰고 오는 사람일 것이다.

이처럼 파동은 전파 · 간섭 · 공명하면서 강력한 에너지를 집중시키기도, 분산시키기도 한다. 그러나 우리에게는 아직까지 가정, 기업과 국가사회에 충만한 파동을 체계적으로 활용할 수 있는 지혜가 없었다.

8 파동타기

의사결정자는 파동을 직시하는 안목을 길러야 하며, 파동을 관리하는 방법을 터득해야 한다. 파도를 타는 사람으로부터 교훈을 얻을 수 있다. 파도는 물이 아니라 에너지로 구성되어 있다. 파도를 타는 것이 겉으로는 물을 타는 것이지만, 실상은 그렇지 않다. 물보다 무거운 사람이 물을 탈 수는 없다. 파도를 타는 사람은 문자 그대로 파도를 타는 것이다. 파도를 일으키는 강력한 힘에 몸을 싣는 것이다. 파도타기는 파동의 에너지를 타는 것이다.

파도를 타기 위해서는 거대하게 몰려오는 파도를 직시해야 한다. 그리고 파도를 직시하기 위해서는 파도에 대한 두려움을 떨쳐 버려야 한다. 파도를 두려워할 때, 파도는 공포스러운 존재로 변화한다. 공포스러운 존재로써 파도는 순간의 존재로 인식된다. 일단 피하고 보자는 생각이 의사결정자의 머리를 지배한다. 그러나 파도는 반복된다. 일회성 파도는 존재하지 않는다. 파도는 파동이기 때문이다. 파도를 두려워하는 마음이 사라질 때 비로소 파도는 파동으로 보이기 시작한다.

파동으로써의 파도를 바라볼 때 파도를 탈 수 있는 용기와 지혜를 얻을 수 있다. 그러나 어떤 파도를 탈 것인가를 결정해야 한다. 너무 작은 파도를 타면 멀리 갈 수 없다. 그러나 너무 큰 파도를 타면 위험하다. 자신이 감당할 수 있을 정도의 적당한 파도가 오기를 기다려야 한다. 그러나 일단 파도를 타는 순간부터 그 파도가 곧 수그러들 것이라는 점을 잊지 말아야 한다. 파도를 타는 것은 파도와 함께 올라가는 것만을 의미하지 않는다. 파도를 타는 것은 파도와 함께 내려가는 것까지 의미한다. 파도와 함께 내려가면서 순식간에 뒤이어 오는 다른 파도를 타야 한다. 파도와 함께 내려가지 못하는 경우 남는 것은 잔인한 추락이다.

복잡한 사회시스템의 파동을 타기 위해서는 파도타기의 비유를 넘어서는 지혜가 요구된다. 이러한 지혜를 시스템 사고라고 한다. 사회시스템에서의 파동타기는 훨씬 더 복잡하다. 힘있는 사람 밑에 줄서는 것도 일종의 파동타기이다. 힘있는 사람이 살면 같이 살고, 죽으면 같이 죽는다. 이른바 줄타기이다. 사회생활을 하려면 조직 내부에서의 줄타기 뿐만 아니라 사회 전체에 밀려드는 변화의 물결을 타야 한다. 음악·영화·패션의 유행을 타야 하고, 급변하는 고객의 마음을 잡아야 한다. 모든 사회구성원은 원하건 원하지 않건, 좋아하건 싫어하건 간에 변화하는 시스템의 물결을 타지 않을 수 없다. 사회에서는 하나의 파도가 아니라 여러 개의 파도를 동시에 타야 하는 경우도 있다. 때때로 여러개의 파도중에서 한두 개의 파도를 버리고 새로

운 파도로 바꿔 타야 하기도 한다. 그러면서도 나머지 파도를 놓쳐서
는 안 된다. 복잡하면서도 위험한 곡예가 요청된다. 시스템 사고는
시스템의 파동을 탈 수 있도록 도와 주는 서핑 보드이다.

[그림 7] 시스템의 파동을 타는 서핑 보드가 시스템사고이다.

제3부

인과적 사고
causal thinking

1 예측이 아니라 이해가 중요하다

2 구조와 행태

3 구조가 행태를 결정하고, 행태가 구조를 변화시킨다

4 단순한 구조와 복잡한 행태

5 인과관계와 도식

6 인과관계와 상관관계

7 언어 속의 인과관계

8 생각의 지도thinking map

9 인과지도causal map

10 비선형 인과관계

11 비선형 인과관계와 비대칭적 인과관계

12 비선형 인과관계와 꽉 막힌 변수

13 여러 원인과 결과: 열등요인과 우등요인

14 역설적인 인과관계

15 인과관계 발견을 위한 태도 1: 추상적 사고에서 구체적 사고로

16 인과관계 발견을 위한 태도 2: 드러난 관계에서 숨겨진 관계로

17 인과관계 발견을 위한 태도 3: 원하는 인과관계에서 사실적 인과관계로

18 인과관계의 혼돈 1: 인과관계의 모순된 부호

19 인과관계의 혼돈 2: 인과관계 부호의 역전

20 인과관계의 혼돈 3: 인과관계의 방향성

21 상호의존성

1 예측이 아니라 이해가 중요하다

정치는 선거로 시작해서 선거로 끝난다. 선거철이 되면 정치인도 아니면서 바빠지는 두 종류의 사람들이 있다고 한다. 첫째는 여론조사 전문가이고, 둘째는 점술가이다. 이것은 선거결과를 미리 알아보고자 하는 바람 때문이다. 입시철이 되면 점술가가 또 한번 인기를 얻는다. 예측은 가장 원시적이면서도 가장 첨단화되어 있는 문명의 도구이다. 갑작스럽게 내리는 빗방울에 당황하기는 수십만 년 전의 원시인이나 현대의 문명인에게나 마찬가지인가 보다. 원시인이나 문명인이나 완벽한 예측을 통하여 이런 불의의 사고에 대비하면 피할 수 있다고 믿는다.

그러나 완벽한 예측은 훨씬 더 근원적으로 당황스러움을 안겨준다. 선거결과를 완벽하게 예측할 수 있는 점쟁이가 있다고 생각해 보자. 선거에 나오는 사람들은 이 점쟁이에게 물어볼 것이고, 결국 당선될 것으로 예측되는 한 사람만 선거에 출마할 것이다. 모든 선거에서 한 사람만 후보로 나오면, 선거는 무의미해져서 점차 선거는 사라질 것이다. 주식시장을 생각해 보자. 완벽하게 예측하는 점쟁이에게 투자자가 자문을 구한다면, 어떤 주식을 사야 하는지 모든 사람이 알 것이다. 그렇다면 아무도 그 주식을 팔려고 하지 않을 것이다. 값이 하락할 주식은 모든 사람이 팔려고 하지만, 아무도 사려고 하지 않을 것이다. 결국 주식시장에서 거래는 이루어지지 않고 마비될 것이다. 완벽한 예측은 시스템을 마비시키고 파국으로 몰고 간다.

예측에 대한 또 다른 오해가 있다. 많은 사람이 시스템을 예측할 수 있어야 시스템을 개선·관리할 수 있다고 생각한다. 이 역시 잘못된 생각이다. 예측할 수 있는 시스템은 오히려 개선·관리할 수 없는 것이 보통이다. 저녁이 되면 해가 지고, 아침이 오면 해가 뜰 것이라고 예측할 수 있고, 그 예측은 거의 언제나 맞는다. 4월이 지나면 여름이 오고, 여름이 봄에 비해 더울 것이라고 예측할 수 있다. 그리고 그 여름보다 12월에 다가 올 겨울이 훨씬 추우리라고 예측할 수 있다. 이런 예측은 한번도 틀려 본 적이 없다. 나이가 들면 늙어 기운이 없어질 것이고 결국은 죽으리라는 예측 역시 한번도 틀려본 적이 없다. 이렇게 완벽하게 예측할 수 있는 시스템은 개선하거나 관리할 수 없다. 태양이 뜨고 지는 것을 개선할 수 없으며, 계절의 변화를 관리할 수 없다.

시스템의 개선은 시스템에 대한 예측이 아니라 시스템에 대한 이해에서 나온다. 시스템에 대한 예측은 문제를 회피하는 데 도움을 줄 뿐이다. 날씨를 예측하는 사람은 비를 피할 수 있을 뿐이다. 그러나 비가 왜 오는지를 이해하는 사람은 인공으로 비를 내리게 할 수 있다. 상사가 언제 잔소리 할지를 예측하는 사람은 잔소리를 피할 수 있다. 그러나 상사가 왜 잔소리를 하는지를 이해하는 사람은 조직을 발전시킬 수 있다. 시스템의 위기를 예측하는 사람은 위기에서 탈출할 수 있다. 그러나 시스템의 위기를 방지할 수는 없다. 시스템의 위기를 이해하는 사람은 시스템을 위기로부터 건질 수 있다.

우리가 관심을 갖는 현상의 대부분은 예측불가능하다. 그러나 이해할 수는 있다. 꽃이 언제 필지를 예측하기는 어렵지만, 어떠한 조건에서 어떠한 과정을 거쳐 꽃이 피는지를 이해할 수는 있다. 눈사태가 언제 발생할지를 예측할 수는 없지만, 왜 발생하는지를 이해할 수는 있다. 한강이 언제 범람할지를 예측하기는 어려울지라도, 왜 홍수가 발생하는지, 그리고 홍수를 방지하기 위해 어떠한 조치를 취해야 하는지를 분석할 수는 있다.

시스템 사고는 예측보다는 이해를 중시한다. 시스템 사고는 꽃이 언제 필지를 예측하고자 하지 않는다. 시스템 사고는 어떻게 하면 꽃을 피울 수 있는지를 이해하고자 한다. 시스템을 변화시켜 치료·설계·관리하기 위해서는 먼저 시스템을 이해하여야 한다.

2 구조와 행태

예측이 시스템의 행태(behavior)에 초점을 둔다면, 이해는 시스템의 구조(structure)에 초점을 둔다. 따라서 시스템의 행태와 구조가 무엇을 의미하는지를 살펴볼 필요가 있다. 사람이라는 시스템을 생각해 보자. 어떤 사람이 기운이 없고 설사만 하고 비실비실 거린다면, 이는 그 사람의 행태를 말하는 것이다. 왜 기운이 없는지를 알기 위해서 이 사람은 병원에 간다. 병원에서 의사는 x-레이를 찍는다. 그리고 위가 헐어 음식물이 소화되지 않기 때문이라고 말한다. 이것이 구조이다.

시스템은 요소(element)와 그 요소 사이의 관계(relation)로 구성된다. 기업이라는 시스템은 사람, 자원, 건물 등의 요소와 이러한 요소 사이의 관계로 구성된다. 이 때 요소는 다양한 속성을 지닌다. 사람이라는 요소를 생각해 보자. 사람은 그의 재산, 지능, 인간성 등 여러 가지 속성으로 측정될 수 있다. 이러한 속성을 변수(variable)라고 한다. 변수는 말 그대로 변화할 수 있는 값을 말한다. 시스템의 행태가 변화한다는 말은 그 시스템의 중요한 변수값이 변한다는 것을 의미한다.

요소와 요소 사이에는 다양한 관계가 존재한다. 비교적 오랫동안 지속되는 관계가 있는가 하면, 일시적으로 형성되었다가 없어지는 관계도 있다. 시스템의 구조란 지속적인 관계를 의미한다. 요소와 요소 사이에 존재하는 관계는 다양하게 분류될 수 있다. 원인과 결과를 말하는 인과관계가 있다. 요소가 서로 좋아하는지 그렇지 않은지를 말하는 친소관계도 있다. 어느 요소가 어느 요소를 먹고 사는지에 관심을 가지면 요소 사이의 먹이사슬 관계 또는 의존관계를 파악할 수도 있다. 이 관계 중에서 시스템 사고의 핵심은 원인과 결과에 기초한 인과관계(causal relation)이다.

예측은 요소값, 즉 행태에 초점을 둔다. 따라서 요소값이 어떻게 변할 것인가를 예언하고자 한다. 이해는 시스템의 구조, 즉 요소와 요소의 관계에 초점을 둔다. 전자를 행태주의, 후자를 구조주의라고 한다. 행태주의는 시스템의 행태를 잘 예측할 수 있으면 만족한다. 그러나 구조주의는 시스템의 구조를 이해해야 만족한다. 환자가 언제 또 아플 것인지를 잘 예측할 수 있으면 행태주의자는 만족한다. 그러나 환자의 어느 부위가 어떻게 잘못되어 환자가 아픈지를 이해할 때 구조주의자는 만족한다. 응급실에 발작증세를 보이는 환자가 실려 왔다고 생각해 보자. 행태주의자는 이 환자가 계속 발작할 것인지, 언제 또 발작할 것인지를 예측하고자 한다. 그러나 구조주의자는 이 환자가 발작을 하는 내부적인 구조를 이해하고자 한다. 구조주의자는 행태를 예측하는 데에는 별 관심이 없다. 구조주의자는 시스템을 치료할 수 있는 구조를 이해하기 위해 전력을 기울인다.

왜 구조를 이해해야 시스템을 치료할 수 있는가? 시스템의 행태는 구조에 의해서만 발생하기 때문이다. 이를 시스템의 제1원리라고 한다. 시스템의 행태가 행태를 유발시키는 것이 아니라, 시스템의 구조가 행태를 결정한다. 시스템의 과거행태는 미래행태를 예측하는 데 도움이 된다. 그러나 시스템의 과거행태가 미래행태를 유발시키는 원인은 아니다. 시스템의 구조가 행태를 유발시킬 뿐이다. 따라서 시스템의 행태를 변화시키고자 하면 시스템의 구조를 변화시켜야만 한다. 이러한 점에서 시스템 사고는 구조주의라고 할 수 있다. 시스템 사고

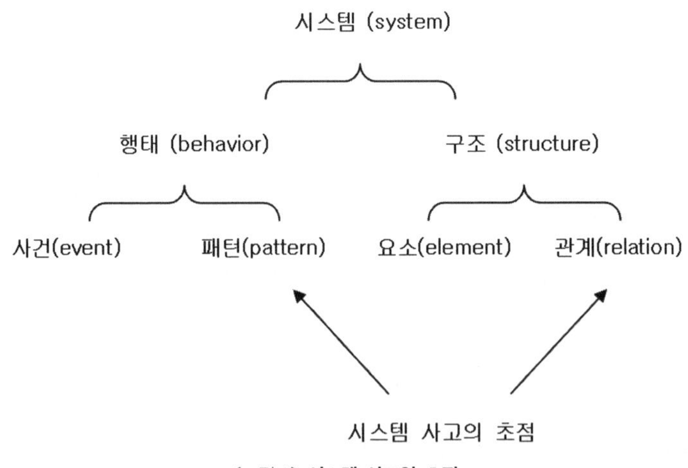

〔그림 1〕 **시스템 사고의 초점**

는 "구조가 행태를 결정한다"는 원칙을 가지고 시스템 분석에 임한다.

시스템 사고에서 구조를 말할 때에는 요소보다는 관계를 의미한다. 이것은 시스템의 구조로서 요소는 그다지 큰 역할을 수행하지 못하기 때문이다. 석탄을 구성하는 요소와 다이아몬드를 구성하는 요소는 동일하다. 다만 그 요소 사이의 관계가 다를 뿐이다. 모래는 수많은 요소로 구성되며, 이들 요소 사이에는 거의 아무런 관계도 설정되어 있지 않다. 그러한 모래들을 취하여 관계성을 구조화시킬 때에 고층빌딩이 될 수도 있고, 값비싼 반도체도 될 수 있으며, 빛의 속도로 정보를 전달하는 광섬유가 될 수도 있다. 아무리 힘센 장사가 모여 있다고 하더라도 이들 사이에 관계성이 부여되지 못했을 때에는 단순한 폭도요, 오합지졸에 지나지 않지만, 이들 사이의 관계성이 질서가 잡혔을 때에 비로소 군대가 될 수 있다. 요컨대 시스템의 특성을 결정 짓는 핵심은 요소보다는 관계에 있다는 사실이다.

"구조가 행태를 결정한다"고 할 때, 여기에서 행태는 반복되는 행동유형(pattern of behavior)을 가리킨다. 행태는 일시적인 사건(event)과 반복적인 패턴(pattern)으로 구분할 수 있다. 무릇 행태가 구조에 의해 발생된다면, 그리고 시스템 구조가 지속적으로 존재하는 것이라면, 그 행태는 반복적으로 발생할 수밖에 없을 것이다. 술을 먹고 우발적으로 실수했다면 하나의 사건에 불과한 것이지만, 술을 먹을 때마다 동일한 실수를 되풀이하면 이는 패턴화된 행태이며, 따라서 구조적인 메커니즘에 의해 발생되는 현상이다. 전자의 실수는 잊어버리면 되지만, 후자의 구조화된 실수는 치료를 요한다.

시스템 사고에서는 행태보다는 구조를 중시한다. 구조 중에서도 요소보다도 관계를 중시한다. 그렇다고 해서 시스템 사고가 행태를 완전히 무시하는 것은 아니다. 시스템 사고에서는 반복하여 발생되는 행동패턴에 관하여 관심을 갖는다. 이러한 행동패턴은 구조에 의해 발생되는 법이며, 그러한 구조를 발견하는 것이야말로 시스템 사고의 사명이기 때문이다. 결국 시스템 사고가 관심을 기울이는 초점은 반복되는 행동패턴과 이를 발생시키는 근본적 원인인 구조로서의 관계라고 할 수 있다.

이에 반해 우리의 일상적인 사고는 시스템 사고와는 정반대의 영역에 관심을 기울인다. 반복되는 행동패턴에는 관심이 없다. 늘상 발생하는 현상이기 때문이다. 그보다는 색다른 현상, 어제와는 다른 현상에 관심을 기울인다. 이른바 대단한 사건이어야 우리의 관심을 끈다. 그리고 그러한 사건을 몰고 온 원인으로 시스템의 관계적 구조에 관심을 기울이기보다는 하나의 요소를 희생양으로 지목한다. 가난한 자의 자살은 어제도, 오늘도 그리고 내일도 반복하여 발생할 패턴이기 때문에 관심을 기울이지 않는다. 부유한 자의 자살은 흔히 발생하지 않는 사건이기 때문에 많은 사람이 관심을 기울인다. 그리고는 그러한 사건을 가져온 단 한 사람이 희생양으로 지목되어 카타르시스의 배출구로써의 역할을 수행하고 사라져 간다.

시스템 사고와 정반대의 이러한 사고방식이 바로 언론을 지배하는 사고방식이며, 사법적 판단을 지배하는 사고방식이며, 정치적 여론 형성을 지배하는 사고방식이다. 인스턴트적인 흥분을 불러일으키는 '사건'과 누적된 욕구불만을 퍼부을 대상으로서의 '요소'가 우리의 사고를 지배하여 왔다. 이런 사고방식은 희생양을 강요하는 사고방식이며, 생산적이기보다는 소비적인 사고방식이며, 조금 심하게 말해 퇴폐적인 사고방식이라고 할 수 있다. 시스템 사고는 우리가 얽매어 있던 과거의 사고방식을 버리고 새로운 사고방식을 채택하도록 촉구한다. 그것은 사건보다는 패턴을 바라보고, 요소보다는 관계에 초점을 두어 설명하는 태도를 말한다.

3 구조가 행태를 결정하고, 행태가 구조를 변화시킨다

인과관계를 강조하는 시스템 사고는 구조주의이다. 그런데 불행하게도 아직까지 사회과학의 주류는 행태주의이다. 행태에 초점을 두면서 미래행태를 예언하고자 하는 행태주의가 요소 사이의 관계인 구조에 근거하여 시스템을 이해하고자 하는 구조주의를 압도하여 왔다. 시스템 사고의 첫째 원칙을 좀더 깊이 생각해 보자. 시스템의 행태는 구조에 의해 결정된다. 행태가 행태를 결정짓지는 못한다. 오직 구조가 행태를 결정할 뿐이다. 이것이 시스템 사고의 첫째 원칙이다. 기업의 성장에 제동이 걸렸다면, 기업 또는 시장구조에 문제가 생긴 것이다. 공무원이 불친절하다든지 부정부패에 연루되는 행태를 보이면, 행정구조에 문제가 있는 것이다. 구조의 변화없는 기업성장의 배가운동이나 공무원의 친절운동 또는 부패와의 전쟁은 에너지낭비, 시간낭비, 노력낭비일 뿐이다. 행태가 행태를 결정짓지 못하기 때문이다.

오직 구조의 변화에 의해서만 행태가 변화된다. 구조는 지속적인 관계이다. 관계의 변화 없는 행태의 변화는 겉치장, 거짓, 위선, 과장 또는 착각일 뿐이다. 불교에서는 모든 관계를 단절시킴으로써 깨달음을 얻으려 한다. 기독교에서는 예수 그리스도와 관계를 맺음으로써 구원을 받고자 한다. 관계의 변화, 즉 구조의 변화를 관건으로 보는 데에는 이견이 없다. 관계의 변화, 즉 구조적 변화가 없는 불공, 예배, 선행 등은 별 다른 의미가 없다. 그것은 변화하고자 하는 마음을 표현하는 겉치장에 불과할 뿐이다. 구조, 즉 관계의 변화가 없는 행태의 변화는 일시적일 뿐이다. 거꾸로 관계가 변화되었다면, 행태는 변화될 수밖에 없다.

잠을 자고 일어나 보니, 모기가 배 둘레를 돌아가면서 물었다. 왜 그랬을까? 모기가 한번 문 자리의 옆으로 이동해서 물고 또 그 옆으로 이동해서 무는 행태를 지녔기 때문일까? 그렇다면 모기는 왜 그러한 행태를 지닐까? 이렇듯 행태의 원인을 행태에서 찾기는 어렵다. 구조에서 찾는 것이 보다 설득력이 있다. 잠을 자면서 내의가 배꼽 위로 올라갔고, 모기가 그렇게 드러난 곳을 문 것뿐이었다. 행태에 대한 이해는 구조에서 찾을 수 있다.

행태주의자는 행태의 변화 원인을 행태에서 찾으려고 한다. 파블로프의 개가 유명하다. 러시아의 심리학자 파블로프는 개에게 먹이를 줄 때마다 종소리를 들려 주었다. 어느 정도 시간이 지났을 때, 먹이를 주지 않은 채 종소리만 들려 주어 보았더니, 개가 침을 흘린다는 점을 발견하였다. 즉, 종소리라는 자극이 침 흘리는 반응을 불러일으킨다는 것이다. 여기에서 자극이나 반응은 모두 행태이다. 결국 행태가 행태를 발생시킨다는 논리가 형성된다. 이에 대해서 구조주의자들은 달리 말한다. 학습에 의해 개는 종소리와 먹이에 대한 개념 구조가 변화되었으며, 종소리가 침을 흘리게 하는 것이 아니라, 변화된 개념 구조가 침을 흘리게 하는 것이라고 반격한다.

행태에 의해 구조가 변화될 때, 이를 학습(learning)이라고 한다. 학습은 구조의 변화를 지향한다. 행태만을 변화시키고자 하는 교육은 실패하기 쉽다. 구조의 변화, 지속적인 관계의 변화가 없는 학습은 진정한 학습이라고 할 수 없다. 모기가 배 둘레를 무는 행태를 보고 긴 내의로 갈아 입는 것은 구조의 변화이며 곧 학습이다.

그러나 행태가 곧 바로 구조의 변화를 가져오는 것은 아니다. 시스템의 행태에 만족하지 못하는 행위자에 의해 구조가 변화될 수 있을 뿐이다. 행태는 구조의 변화가 필요하다는 점을 신호한다. 반복된 실패는 구조의 변화를 요구한다. 주식시장에서의 반복된 실패는 투자 방식의 전환을 요구한다. 행태는 어느 구조를 바꾸어야 하는지를 신호하기도 한다. 특정 도로에서의 잦은 교통사고는 그 도로의 구조를 바꾸어야 한다는 점을 암시한다.

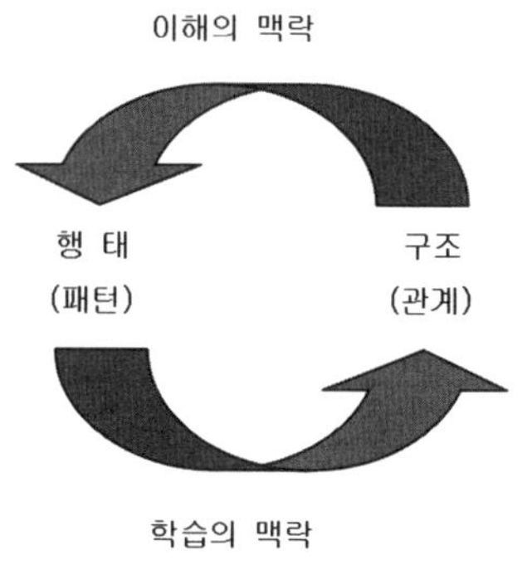

〔그림 2〕 **구조와 행태의 관계**

종종 반복된 행태는 행위자가 의식하지 못하는 사이에 구조를 바꾸기도 한다. 꾸준한 운동은 몸의 근육에 변화를 주며, 꾸준한 독서는 뇌의 신경구조를 변화시킨다. 어른에게 인사하는 행태의 반복은 어느덧 어른에 대한 존경심을 갖게 한다. 군대에서의 제식행렬의 반복은 질서와 복종에 대한 의식을 내면화시키곤 한다. 이러한 학습은 무의식적으로 행위자의 내면적인 구조를 변화시킨다.

구조는 행태를 결정하고, 행태는 구조를 변화시킨다. 이것이 시스템 사고의 기본적인 전제이다. 구조가 행태를 결정짓는다는 원리가 이해의 맥락(context of understanding)에서 중요하다면, 행태가 구조를 변화시킨다는 원리는 학습의 맥락(context of learning)에서 중요하다. 구조를 무시하는 학문체계에서는 진정한 이해나 학습이 이루어질 수 없다.

4 단순한 구조와 복잡한 행태

행태보다 구조에 초점을 두는 또 다른 이유가 있다. 복잡한 행태가 단순한 구조에서 발생하고는 하기 때문이다. 가로세로 19줄의 선으로 만들어진 361개의 점 위에서 검은 돌과 하얀 돌로 대결하는 바둑은 매우 단순한 구조이다. 그러나 바둑판 위의 돌의 행태는 무한한 변화를 보인다. 바둑에 관하여 모르는 사람이 바둑 알의 행태를 관찰하여 바둑을 이해하는 것은 불가능하다. 바둑판과 게임의 규칙을 알아야 바둑의 행태를 이해할 수 있다.

　복잡하게 전개되는 드라마의 대부분은 삼각관계이다. 삼각관계라는 구조는 단순하지만, 삼각 관계로 인하여 파생되는 사랑과 배신, 그로 인한 기쁨과 상처와 위로는 변화무쌍하다. 사회구성원의 행태를 관찰함으로써 사회시스템을 이해하고자 하는 노력은 거의 불가능하다. 사회 시스템의 구조를 이해하고 나서야, 사회구성원이 왜 그런 행태를 보이는지를 비로소 이해할 수 있다.

　영어에 KISS 라는 말이 있다. "단순하게 생각해, 바보야(Keep it simple, stupid)"라는 말이다. 이 말이 실감나는 경우가 많다. 어렸을 때부터 함정으로 꼬여 있는 시험문제에 익숙한 우리는 복잡하게 생각하는 버릇이 있다. 애인이 자신을 싫어한다고 하면 다른 뜻이 있는지를 의심하고, 좋아한다고 해도 그 저의를 의심한다. 복잡해야 정상이라고 생각한다. 구조의 차원에서 보면 그렇지 않은 경우가 많다. 가장 복잡한 시스템 중의 하나인 사람의 뇌도 그 구조는 비교적 단순하다. 뇌세포와 뇌세포의 연결이 그 본질이다. 초기의 인공지능 이론가는 철사를 연결시켜 놓은 것에 불과한 기계가 지능적인 행태를 보인다는 사실에 경악한 적이 있다. 행태가 복잡하더라도, 구조까지 복잡할 필요는 없다. 오히려 단순한 구조에서 복잡한 행태가 발생하고는 한다.

　최근 인기를 끌었던 복잡성 과학(complexity theory)이 던져 주는 메시지의 핵심은 단순한 구조에서 예측불가능한 복잡한 파동이 나올 수 있다는 점이었다. 특히 혼돈이론(chaos theory)은 예측불가능한 불규칙한 파동이 단순한 구조에서 발생된다는 점을 보여 주었다. 단지 그 구조는 나중에 설명할 피드백과 비선형성이라는 특성을 지니기만 하면 된다. 시스템의 행태가 불확실하고 예측불가능하다고 하더라도, 그 행태를 발생시키는 구조까지 애매모호한 것은 아니다. 예측할 수 없는 여자의 마음은 복잡하다기보다는 단순한 마음에서 나온다. 불규칙한 혼돈은 단순한 질서(simple order)의 구조에서 발생된다. 혼돈이론의 메시지는 분명하다. 혼돈스러운 행태를 예측하는 것은 불가능하지만, 그 혼돈이 어떠한 구조로 인해 발생되는지를 이해하는 것은 가능하다는 것이다.

시스템을 바람직한 방향으로 변화시키기 위하여는 시스템을 알아야 한다. 그러나 시스템의 행태를 통하여 시스템을 이해하기는 어렵다. 행태는 복잡하기 때문이다. 시스템을 이해할 수 있는 관건은 구조의 단순성에 있다. 복잡한 행태를 유발시키는 단순한 구조에 착안함으로써 비로소 시스템을 이해할 수 있는 단초를 발견할 수 있다.

복잡한 파동을 보이는 시스템의 행태는 행태의 차원이 아니라 구조의 차원에서 이해하는 것이 현명한 일이다. 하루에도 수십번씩 변화하는 여자의 태도에 일희일비하기보다는 그 여자의 심리 구조를 파악할 때 그 여자의 마음을 잡을 수 있는 묘책이 떠오를 것이다. 시스

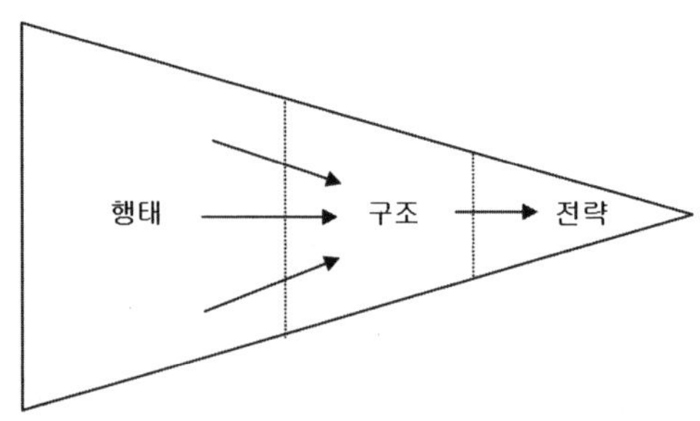

〔그림 3〕 **시스템 사고의 핵심과제**

템의 행태는 다양한 유형의 파동으로 나타난다. 이러한 파동이 어떠한 시스템 구조에서 발생되는지를 이해하고, 그 이해에 바탕을 두어 시스템을 효과적으로 변화시킬 수 있는 전략을 발견하고자 하는 것이 시스템 사고의 핵심과제이다.

5 인과관계와 도식

아이에게 세상은 신기롭다. 아이는 세상을 이해하기 위해 수많은 질문을 던지는데, 질문은 크게 두 가지로 구분될 수 있다. 첫째는 "뭐야(what)?"라는 질문이다. 처음 보는 사물에 아이들은 "이게 뭐야?"라고 묻는다. 둘째는 "왜(why)?"라는 질문이다. 이미 알고 있는 사물에 변화가 생기면 "왜 그래?"라고 묻는다. 뭐야라는 질문은 의미론에 해당되며, 왜라는 질문은 관계론에 해당된다. 뭐야라는 질문은 시스템의 요소를 대상으로 하는 질문이며, 왜라는 질문은 요소와 요소의 관계에 관한 질문이다. 성공이란 무엇인가라는 질문이 전자에 해당된다면, 왜 성공하는가, 어떻게 하면 성공하는가는 후자에 해당된다.

복잡한 시스템을 이해하기 위하여는 두 가지 질문 모두 필요하다. 그러나 보다 더 요구되는 것은 요소 사이의 관계에 초점을 두는 왜라는 질문이다. 시스템을 이해하는 데 핵심적인 질문은 의미론이 아니라 관계론이다. 관계 중에서 가장 중요한 것으로 원인과 결과의 인과관계를 들 수 있다. 인과관계에 초점을 둘 때, 변화의 원천을 이해할 수 있기 때문이다.

　인과관계에는 두 가지 종류가 있다. 원인과 결과가 같은 방향으로 변화하면 양(positive)의 인과관계, 반대방향으로 변화하면 음(negative)의 인과관계라고 한다. 출생이 많으면 인구가 증가한다. 두 변수는 같은 방향으로 변화된다. 따라서 양의 인과관계이다. 그러나 사망이 많으면 인구는 줄어든다. 이것은 다른 방향으로 움직이기 때문에 음의 인과관계라고 한다. 이렇게 원인과 결과는 음과 양의 관계로 구분된다.

　인과관계의 개념은 단순하지만 종종 오해하는 경우가 있다. 원인과 결과가 같은 방향으로 변화하면 양이고, 반대방향이면 음이다. 그런데 종종 결과가 증가하면 양이고, 감소하면 음이라고 오해하는 사람이 있다. 이러한 실수를 범하지 않도록 조심해야 한다. 예를 들어

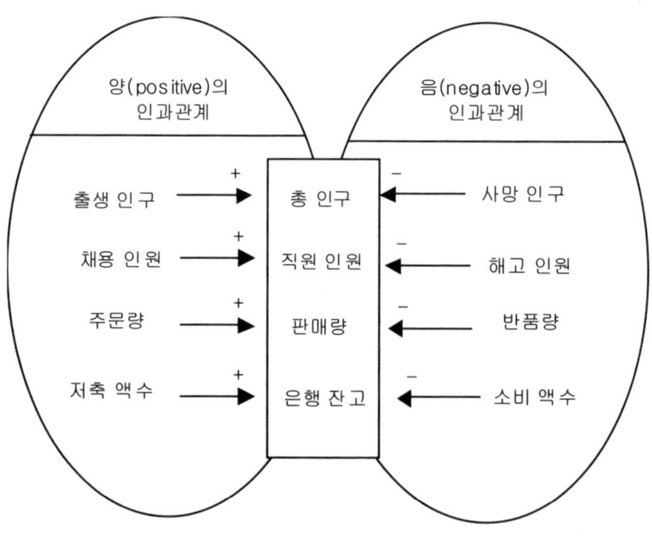

〔그림 4〕 **인과관계의 다양한 도식**

보자. 가격이 감소하면, 수요가 증가한다. 그렇다면 가격과 수요 사이에는 어떠한 인과관계가 있는가? 가격과 수요는 반대방향으로 변화한다. 비록 수요가 증가하더라도, 가격과 수요 사이에는 음의 인과관계가 있다. 이와 같이 인과관계는 변수의 증감과는 관련이 없다. 단지 두 변수 사이의 변화방향이 같은지 다른지에 의해서 인과관계의 부호가 결정된다.

시스템 사고를 수행할 때 인과관계는 화살표로 표현한다. 즉, 원인에서 출발하여 결과로 향하는 화살표로 도식화된다. 양의 인과관계인 경우에는 화살표의 끝에 플러스(+) 기호를, 음의 인과관계일 경우에는 화살표의 끝에 마이너스(-)기호를 표시한다. 〔그림 4〕는 다양한 인과관계의 도식을 예시해 본 것이다.

6 인과관계와 상관관계

인과관계(causal relation)는 상관관계(co-relation)와 다르다. 인과관계는 원인과 결과간의 방향을 의미하지만, 상관관계는 그렇지 않다. 상관관계란 "A와 B의 변화 사이에 관계성이 존재한다"는 점을 의미한다. 상관관계가 플러스(+)인 경우에는 A와 B가 같은 방향으로 변화되며, 상관관계가 마이너스(-)인 경우에는 A와 B가 반대 방향으로 변화된다. 그러나 상관관계는 A가 B에 영향을 주는지, B가 A에 영향을 주는지는 말하지 않는다. 다만 두 변수의 변화가 관련된다는 점만을 말한다. 하지만 인과관계는 두 변수 사이에 일방향의 영향관계가 존재한다는 점을 전제로 한다.

여름이 되면 아이스크림이 잘 팔린다. 그런데 여름에는 성폭력 역시 증가한다. 따라서 아이스크림 판매량과 성폭력 빈도 사이에는 상관관계가 존재할 수 있다. 아이스크림 판매량이 증가하면 성폭력이 증가하고, 아이스크림 판매량이 감소하면 성폭력이 감소한다. 그러나 아이스크림 판매량과 성폭력 사이에 인과관계는 존재하지 않는다. 다만 제삼의 변수가 공통된 원인으로 작용할 수는 있다. 예를 들어 아이스크림 판매량과 성폭력의 동일한 원인으로서 기온을 생각해 볼 수 있다. 여름이 되면 기온이 상승한다. 기온이 상승하면 덥기 때문에 아이스크림 판매량이 증가한다. 또 기온이 상승하면, 노출이 심해지고, 밤에 돌아다니는 사람의 수가 증가하는 등의 이유로 성폭력이 증가한다.

이렇게 상관관계와 인과관계는 다르다. 상관관계는 변수의 행태에 초점을 두지만, 인과관계는 변수가 어떠한 방식으로 영향을 주고받는가라는 구조에 초점을 둔다. 그렇기 때문에 상관관계가 행태주의 접근에서 중요한 개념이라면, 인과관계는 구조주의 접근에서 중요한 개념이다. 두 변수 사이의 행태에 초점을 두는 상관관계는 구체적인 관계보다는 추상적인 관계를 말하는 경우가 많다. 이에 비해, 인과관계는 추상적인 관계가 아니라 구체적인 관계를 말한다. 조직원의 사기와 민주적인 리더십에는 상관관계가 있을 것이라고 많은 학자가 주장하여 왔으며, 조사결과 그러한 상관관계가 타당하다는 점이 증명되기도 하였다. 그러나 민주적인 리더십이 어떠한 과정을 거쳐 조직원의 사기에 영향을 미치는지에 관하여는 아직도 논란이 많다.

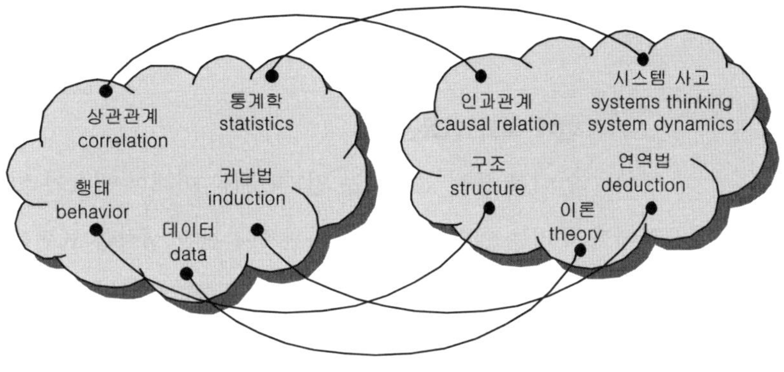

〔그림 5〕 **행태주의와 구조주의**

변수의 행태를 비교·분석함으로써 상관관계를 말할 수 있다. 그러나 인과관계를 말하기 위해서는 구조에 관한 지식이 있어야 한다. 행태가 축적된 데이터(data)를 통하여 드러나는 것이라면, 구조는 이론(theory)에 의해 밝혀진다. 그렇기 때문에 상관관계는 행태에 관한 데이터를 모으고 분석함으로써 밝힐 수 있지만, 인과관계를 이해하는 데 행태에 관한 데이터는 보조적인 수단일 뿐이다. 인과관계의 설정은 데이터에 의존하기 보다는 상식과 지식에 의거하여 이루어진다. 데이터를 모으고 분석해서 추론하는 것을 귀납(induction)이라고 하고, 이론을 적용하여 추론하는 것을 연역(deduction)이라고 한다. 상관관계가 귀납법에 해당된다면, 인과관계는 연역법에 해당된다. 자료를 모으고 분석하는 학문인 통계학이 귀납법에 충실하다면, 시스템의 인과 관계를 분석의 기초단위로 삼는 시스템 사고는 연역법에 충실하고자 한다.

7 언어 속의 인과관계

언어를 통해 표현되는 인과관계를 이해할 필요가 있다. 일상생활에서 우리는 언어를 통해 인과관계에 관한 생각을 표현하기 때문이다. 언어생활에 감추어진 인과관계를 포착함으로써 우리가 얼마나 많은 인과관계를 일상생활에서 다루고 있는지 이해할 수 있다.

인과관계는 세 가지 요소로 구성된다. 원인변수, 결과변수, 그리고 이 사이의 관계가 세 가지 핵심적인 구성요소이다. 이 세 가지 구성요소가 언어를 통하여 표현되는데에는 일정한 규칙이 있다. 첫째, 원인과 결과라는 변수는 명사로 표현된다. 둘째, 인과관계의 부호는 동사로 표현된다. 조금 더 구체적으로 설명해 보자. 앞에서 설명한 도식에서 인과관계의 방향은 화살표로 표시되었고, 인과관계의 부호는 플러스(+), 마이너스(-) 기호로 표시되었다. 언어에서 인과관계의 부호는 동사로 표시되며, 인과관계의 방향은 주어와 목적어로 표현된다.

보통 인과관계에 관한 문장은 주어, 목적어와 동사로 구성된다. 이러한 문장은 인과지도에서 원인, 결과와 화살표로 전환된다. 예를 들어 "공부가 성적을 향상시킨다"라고 할 수 있다. 여기에서 공부는 원인이고 성적은 결과이며, 올린다라는 동사는 플러스의 부호를 지닌 화살표로 표현될 수 있다. 똑같은 말로 "공부를 하면 성적이 오른다"라고 표현할 수도 있다. 이 때에는 전절의 주어가 원인이 되고 후절의 주어가 목적어가 된다. 그리고 전절의 동사와 후절의 동사가 같은 방

향으로 움직이면 플러스의 화살표에 해당되며, 반대방향으로 움직이
면 마이너스의 화살표에 해당된다. 예를 들어 "술집에 갈수록, 성적이
떨어진다"라는 말에서 술집에 가는 횟수라는 원인과 성적이라는 결과
를 찾을 수 있다. 그리고 두 동사가 반대방향으로 움직이기 때문에
(갈수록 ⇒ 떨어진다), 마이너스의 화살표로 원인과 결과가 연결되어
있다는 점을 발견할 수 있다.

[그림 6]에서는 인과관계가 단문으로도, 복문으로도 표현될 수
있다는 점을 시각적으로 보여 준다. 이 그림에서 원인변수는 부정부패
이고, 결과변수는 경쟁력이다. 그리고 원인변수인 부정부패의 동사와
결과변수인 경쟁력의 동사는 서로 반대방향을 가리키고 있다. 따라서
이 사이의 인과관계 부호는 마이너스이다. 이 때 변수의 변화방향을
의미하는 동사가 다양하게 구사될 수 있다는 점에 주목할 필요가 있다.
예를 들어, 부정부패가 '증가하면'이라는 표현 대신 '심해지면', '악화되
면', '기승을 부리면', '만연하면', '확산되면'이라는 표현이 사용될 수

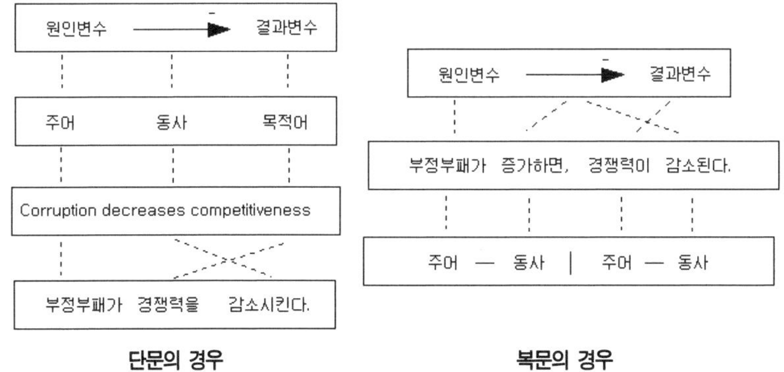

[그림 6] **단문과 복문으로 표현된 인과관계**

있다. 마찬가지로 경쟁력이 '감소된다'라는 표현 대신 '약화된다', '줄어든다', '상실된다', '떨어진다', '하락한다', '타격을 받는다' 등과 같은 표현이 사용되기도 한다. 어떤 표현이 사용되든지 그 방향성은 동일하다. 또한 동사의 방향이 반대로 사용될 수 있다는 점에도 주의를 기울일 필요가 있다. 예를 들어 부정부패가 '감소하면', 경쟁력이 '증가된다'고 말하면, 결국 동일하게 마이너스의 인과관계를 의미한다.

이로부터 중요한 원칙을 발견할 수 있다. 인과관계를 분석할 때, 변수는 반드시 명사여야 한다는 점이다. 종종 동사를 변수로 설정하고는 한다. 예를 들어 '인구의 증가', '수익의 증가'와 같은 변수는 잘못된 것이다. 이러한 변수는 혼돈을 가져온다. 인과관계를 분석할 때 모든 변수는 명사로 설정해야 한다. 화살표와 그 부호를 통하여 명사들을 연결시키는 동사를 표시하는 것이다.

언어를 통해 표현되는 인과관계를 명확하게 이해함으로써, 정부의 정책결정자나 기업의 의사결정자의 생각을 명료하게 관찰할 수 있다. 그들이 내뱉는 언어를 통하여 그들이 믿고 있는 인과관계를 발견할 수 있기 때문이다. 이렇게 정책결정자 또는 의사결정자의 어록을 분석하여 그들이 인지하고 있는 인과관계를 추출하여, 정책에 대한 그들의 정신적인 모델(mental model)을 구성하는 분석방법을 '인지지도(cognitive map)' 분석이라고 한다. 인지지도 분석은 정책결정자의 어록에 숨겨 있는 인과관계를 발견하여 정책결정자의 머리 속에 내재되어 있는 모델을 재구성하는 흥미로운 분석방법이다. 이를 통하여 정책결정자 및 지도자가 얼마나 시스템 사고를 잘 수행하고 있는지 평가할 수 있다.

8 생각의 지도 thinking map

생각은 말에서 비롯되고 말을 통해 표현된다. 말로 표현할 수 없는 것을 생각하기는 어렵다. 그래서 언어철학자는 인간의 사고는 인간의 언어에 의해 제약된다고 한다. 즉, 말할 수 있는 것만을 생각한다는 것이다. 그러나 노자는 달리 생각한다. 노자『도덕경』은 "도라고 말할 수 있는 것은 도가 아니다"라고 시작한다. 즉, 말로 표현할 수 있는 것은 도가 아니라는 말이다. 언어철학자가 언어를 통해 표현할 수 있는 것에 관심을 두었다면, 노자는 언어를 통해 표현할 수 없는 것에 관심을 두었다.

시스템 사고는 언어의 한계를 초월하고자 한다. 언어에 의해 부여되는 한계를 생각의 지도로 극복하고자 한다. 시스템 사고의 문헌에는 지도라는 말이 곧잘 등장한다. 지도는 도로의 관련성을 한눈에 조망하도록 만든다. 도로와 도로가 어떻게 연결되어 있는지 그리고 마을과 마을이 어떻게 이웃하고 있는지 지도는 보여 준다. 부분의 종합이 바로 지도이다.

독자의 집을 처음 방문하려고 하는 사람과 전화를 하고 있다고 생각해 보자. 독자의 집과 가장 가까운 지하철 역에 내려 독자의 집에까지 오는 길을 설명해야 한다. 과연 설명할 수 있겠는가? 지하철 역에서 내려 어느 통로로 나가야 하는가? 그래서 어떤 마을 버스를 타야 하는가? 몇 번째 정거장에서 내려야 하는가? 내려서 어느 길모퉁이로 돌고 또 돌아야 하는가? 그리고 몇 번째 집인가? 이렇게 설명을 이어 나가면서, 언어의 한계를 절실히 느낄 것이다. 아마도 상대방은 지하철에서 당신의 집을 찾아갈 수 있도록 약도를 그려서 팩스로 보내달라고 할지도 모르겠다. 이 약도가 바로 생각의 지도이다. 지도는 언어의 한계를 극복하는 훌륭한 수단이다.

지하철역에서 집까지 찾아갈 수 있는 약도를 그려 보라. 잘 알고 있는 길이므로 쉽게 그릴 수 있으리라 생각하지만 막상 약도를 그려 보면 쉽지 않다는 것을 발견하게 된다. 왜 그럴까? 지하철에서 집까지는 눈을 감고도 찾아갈 수 있는데도 불구하고, 왜 약도를 그리는 것이 어려울까? 이는 부분적인 지식과 종합적인 지식의 차이를 말해 준다. 우리의 집 근처에는 약국도, 육교도, 은행도 있다는 점을 잘 알고 있다. 그러나 약도를 그리기 위해서는 이들의 관계를 기억해야 한다. 부분이 상호 어떻게 연결되어 전체를 형성하는지 알아야 하는 것이다.

지도는 부분과 부분이 서로 어떻게 연결되어 있는지 보여 준다. 또 지도는 부분이 연결된 전체가 어떠한 모습을 하고 있는지 보여준다. 우리의 지식은 전체가 아닌 부분적인 지식인 경우가 많다. 많은 사람이 자신의 업무는 잘 알지만, 자신의 업무가 다른 사람에게 어떠한 영향을 주는지, 그리고 자신의 업무에 과오가 발생하면 회사 전체 업

지리	약도, 교통지도, 도로지도, 비행노선도, 관광지도, 지적도
건축 · 제조	조감도, 설계도
인체관련	해부도, 혈액순환도, 한방에서 침을 놓기 위한 경혈 · 경락도
조직관련	족보의 가계도, 조직도(표), 인력배치도, 일정지도
시스템	인지지도, 인과지도, 모델흐름도
기타	기상도, 주역의 음양순환도

[그림 7] **일상생활에서 사용되는 지도의 예**

무에 어떤 영향을 미치는지는 잘 알지 못한다. 우리가 잘 안다고 생각하는 장소·업무·정책의 약도를 쉽사리 그릴 수 없으면, 또 그 약도를 다른 사람이 쉽게 이해할 수 없으면, 우리는 부분을 알지언정 전체에 대해서는 무지한 것이다. 시스템 사고는 부분에 대한 지식을 종합적인 지식으로 전환시켜 주는 사고방식이다. 지도가 제공하는 종합적 관점은 시스템의 전체적인 의미를 파악하는 데 커다란 도움을 준다.

9 인과지도 causal map

'전체는 부분의 합 이상'이라는 말이 있다. 지도는 부분의 합이 왜 전체와 다른지를 보여 준다. 앞에서 설명했듯이 시스템은 두 가지로 구성된다. 첫째는 요소이며, 둘째는 요소 사이의 관계이다. 시스템의 요소는 그들 사이의 관계를 고리로 하여 전체의 구조를 형성한다. 부분에 초점을 두는 경우에는 요소가 확대되어 보인다. 그러나 전체를 보기 위해서는 요소보다는 요소 사이의 관계를 보아야 한다. 지도는 요소를 포함하는 동시에 요소 사이의 관계를 일목요연하게 표시해 준다. 부분적 사실은 맥락의 흐름 속에서 의미를 부여받는다. 지도는 맥락의 흐름을 형상화시켜 준다.

말보다는 그림이 이해하기에 더 쉽고 기억에 오래 남는다. 시스템 사고에서는 인과관계에 관한 언어를 인과지도(causal map)라는 그림으로 바꾸어 종합한다. 인과지도란 여러 개의 인과관계를 서로 연결시켜 놓은 도식을 의미한다. 인과지도는 여러 인과관계를 동시에 사고하도록 허용한다. 하나의 인과관계만이 존재하는 경우에는 언어로 표현할 수 있다. 그러나 여러 개의 인과관계가 서로 얽혀 있는 경우, 이를 언어로 표현하기란 어렵다. 인과지도라는 그림을 사용하는 이유는 바로 여러 개의 인과관계를 하나의 도식으로 표현하고, 여러 개의 인과관계를 동시에 사고하도록 하기 위함이다.

예를 들어 다음과 같은 여러 개의 인과관계를 생각해 보자.

① 수요가 증가하면 가격이 오른다.

② 가격이 오르면 수요가 감소한다.

③ 상품의 질이 높으면 수요가 증가할 것이다.

④ 상품의 질을 높이려면 비용이 많이 든다.

⑤ 상품을 개발하는 데 비용을 많이 투자하면 상품가격이 오른다.

⑥ 가격이 오르면 수익이 증가한다.

⑦ 수요가 증가하면 수익이 증가한다.

⑧ 수익이 증가하면 상품개발에 투자할 수 있는 비용이 증가한다.

기업을 경영하는 사람은 이러한 인과관계에 익숙하다. 그러나 아무리 익숙한 인과관계라도 여덟 가지를 동시에 생각하기란 어렵다. 나아가 어느 한 변수의 변화가 다른 변수에 어떤 영향을 미칠지 가늠하기도 쉽지 않다. 이는 모든 사람이 태어날 때부터 가지고 있는 인지적 한계이다. 그러나 인지적 한계가 있다고 해서, 수많은 인과관계를 동시에 생각해야 할 필요성이 면제되는 것은 아니다. 시스템을 성공적으로 경영하려면, 시스템에 관련된 수많은 변수와 인과관계를 동시에 고려하여야 한다. 이러한 상황에서 인과지도는 인지적 한계를 극복할

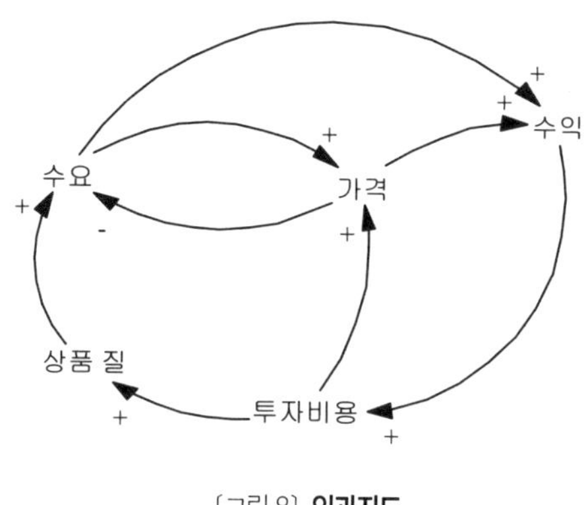

[그림 8] **인과지도**

수 있도록 도와 준다. 〔그림 8〕의 인과지도를 보면 각 변수가 다른 변수와 어떤 인과관계를 맺고 있는지 총체적으로 관찰할 수 있다.

인과지도는 여러 개의 인과관계를 동시에 조망하도록 유도한다. 인과지도를 통하여 우리는 수많은 인과관계가 어떻게 결합되어 시스템 전체를 형성하는지 이해할 수 있으며, 복잡다기한 파동이 어떠한 과정을 거쳐 생성되는지 이해할 수 있다. 인과지도는 시스템 전체를 한눈에 조망하도록 허용하는 생각의 지도이다.

10 비선형 인과관계

원인과 결과 사이의 관계를 분명하게 이해하는 것이 시스템 사고의 출발점이다. 시스템 사고를 제대로 수행하기 위하여 그 다음으로 생각해 보아야 할 점은 인과관계의 특성이다. 앞에서는 인과관계의 극성에 따라 양과 음으로 구분하였다. 인과관계의 또 다른 특성으로 인과관계의 형태(shape)를 들 수 있다. 원인과 결과 사이의 관계가 직선적이면 '선형적(linear)' 인과관계, 그렇지 않으면 '비선형적(nonlinear)' 인과관계라고 한다.

돈을 많이 모을수록 비례해서 기쁨이 증가하면, 돈과 기쁨은 선형적인 인과관계이다. 그러나 돈을 모을수록 돈으로 인한 기쁨은 서서히 감소할 수 있다. 어느 정도 돈을 모으고 나면 돈을 모으는 기쁨보다는 가난한 사람에게 돈을 나눠 주는 기쁨이 더 클 수도 있다. 이런 경우 돈과 기쁨은 비선형적인 인과관계이다. 거꾸로 돈을 모을수록 돈에 대한 기쁨이 더욱더 증가할 수도 있다. 이러한 사람은 돈을 모으는 그 자체에서 기쁨을 누리는 수전노가 되기 쉽다. 이와 같은 수전노의 경우에도 돈과 기쁨은 비선형적인 관계이다.

'전체는 부분의 합 이상'이라는 말이 있다. 전체는 부분의 곱일 수 있기 때문이다. 여기에서 중요한 것은 부분이 서로 어떠한 관계를 지니면서 전체를 형성하는가 하는 것이다. 부분이 서로 합의 관계를 형

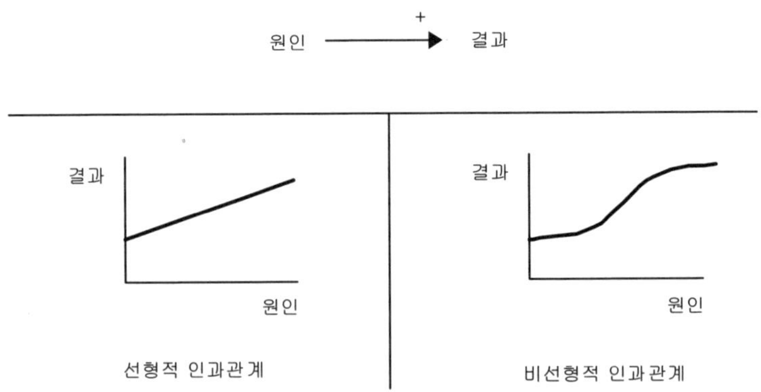

[그림 9] **선형적 · 비선형적 인과관계**

성할 수도 있지만, 곱의 관계를 형성할 수도 있다. 전자를 선형적 인과관계, 후자를 비선형적 인과관계라고 한다. 돼지 저금통에 1,000원을 넣으면 나중에 1,000원을 찾을 수 있다. 이는 선형적인 인과관계이다. 그러나 주식시장은 그렇지 않다. 1,000원을 넣어서 10,000원을 찾을 때도, 아예 한 푼도 못 찾을 때도 있다. 이것이 비선형적 인과관계이다.

비선형적인 인과관계는 곡선적이다. 자연은 언제나 곡선을 만든다. 장미나무의 가시가 아무리 날카롭다고 하더라도 자세히 살펴보면 매끄러운 곡선으로 이루어져 있다. 자연은 비선형적인 관계에 기초해 있다. 비선형적인 곡선이 자연스러운 것이다.

선형적인 인과관계로 구성된 시스템은 대체로 예측가능하다. 부분의 변화를 단순히 합하기만 하면 전체의 변화를 예측할 수 있기 때문이다. 그러나 비선형적인 인과관계는 변화무쌍한 행태를 산출한다. 비선형적인 인과관계는 예측불가능한 행태를 발생시킨다. 부분의 변화를 안다고 하더라도, 그 변화가 전체에 어떠한 변화를 가져올지 알기 어렵다. 그렇기 때문에 미래를 예측하고자 하는 학문에서는 비선형적인 인과관계를 선형적인 인과관계로 대치시킨다. 그러나 시스템 사고는 그렇게 하지 않는다. 비선형 인과관계를 취하고 미래의 예측을 버린다. 이것이 보다 솔직한 접근이기 때문이다. 시스템 사고는 인위적인 관점이 아니라 자연적인 관점을 요구한다.

11 비선형 인과관계와 비대칭적 인과관계

인과관계의 형태는 상황에 따라 변화할 수 있다. 화장실에 들어갈 때의 마음과 나올 때의 마음이 다르다는 말이 이에 해당된다. 남의 떡이 커 보인다는 말 역시 이에 해당된다. 내 수중에 있는 떡은 작아 보이고, 그 떡이 다른 사람의 손으로 옮겨가면 더 커 보인다는 말이다. 이 말은 떡의 크기 자체가 작게 보였다가 크게 보인다는 점을 의미하는 것은 아니다. 그 보다는 떡이 나의 효용에 미치는 인과관계의 강도가 변화한다는 점을 의미한다. 내 수중에 있을 때는 떡이 나의 효용에 미치는 영향이 그다지 크지 않지만, 다른 사람의 손에 있는 동일한 맛과 크기의 떡이 나의 효용에 미치는 영향은 훨씬 커진다는 점을 의미한다.

이러한 속담 차원의 지혜를 1970년대 말 심리학자 트버스키와 카네만은 학문적 이론으로 발전시켰다. 그들은 이익의 심리와 손실의 심리가 다르다는 점을 밝혀냈다. 동일한 이익으로부터 얻는 효용보다 동일한 손실로부터 얻는 비효용이 훨씬 크다는 것이다. 예를 들어 길거리를 가다가 만 원을 주워서 기분이 좋았다. 그런데 10분도 채 지나지 못해서 그 만원을 잃어버렸다. 만 원을 주울 때의 효용과 만 원을 잃어버릴 때의 효용이 동일하다면, 이 사람은 만 원을 줍기 이전의 기분으로 되돌아가 평상심을 유지해야 할 것이다. 그러

나 만 원을 잃어버린 아쉬운 느낌은 사라지지 않는다. 이렇게 아쉬운 느낌이 남는다는 사실은 만 원을 얻은 효용보다 만원을 잃어버린 비효용이 훨씬 크다는 점을 의미한다. 성경에는 99마리의 양보다 1마리의 잃어버린 양을 더 소중하게 생각한다는 비유가 있다. 양을 치는 목자는 99마리의 양을 버려두고 길 잃은 한 마리 양을 찾아 나선다는 것이다.

손실과 이익에 대한 비대칭적인 심리는 사람들 사이의 의견차이와 갈등관계로 발전된다. 돈을 빌려 준 사람은 그 사실을 잊지 못하지만, 돈을 빌린 사람은 쉽게 잊는다. 이로부터 빌려 준 사람과 빌린 사람 사이에 갈등이 발생된다. 정책으로 인하여 이익을 얻는 사람도 있고 손해를 보는 사람도 있다. 그러나 정책으로 인하여 이익을 얻는 사람의 효용은 그다지 크지 않지만, 정책으로 인하여 손해를 보는 사람의 비효용은 엄청나게 크게 느껴지는 것이 보통이다. 그렇기 때문에 새로운 정책의 도입으로 인하여 이익을 얻는 사람이 만 명이고, 손해를 보는 사람이 1,000명에 불과하더라도, 그 정책은 성사되기 어렵다. 손해보는 사람들이 느끼는 심리적 강도가 훨씬 크기 때문이다.

객관적인 사실은 선형적·대칭적이더라도, 행위자의 심리는 비선형적·비대칭적인 경우가 많다. 시장점유율에 대한 경쟁은 객관적으로 보면 제로섬 게임(zero-sum game)일 뿐이다. 한 회사가 60%의 시장점유율을 올리면 나머지 회사들은 40%의 시장을 점유할 수밖에 없다. 제로섬 게임은 선형적이다. 내가 얻은 만큼 경쟁자가 잃고, 경쟁자가 얻은 만큼 내가 잃기 때문이다. 그러나 이러한 경쟁에 참여하는 행위자의 심리는 네거티브섬 게임(negative-sum game)

으로 변화된다. 점유율을 10% 향상시킨 행위자의 만족보다 10% 잃은 행위자의 불만족이 더 크기 때문이다. 결국 제로섬 게임은 네거티브섬 게임으로 전락하게 되고, 기대했던 것보다 훨씬 심각한 경쟁과 갈등으로 발전된다.

파국이론(catastrophe theory)이라는 학문에서도 비대칭적인 관계를 강조한다. 죄수를 강압적으로 다루면 죄수가 조용하게 순종한다. 조금 더 강압적으로 다루면 죄수가 더 말을 잘 들을 것 같아, 죄수의 기상시간을 1시간 앞당겼다. 그러나 예상과는 달리 죄수가 갑자기 폭동을 일으키고 말았다. 이러한 상황에서 앞당긴 기상시간을 원상회복시키면, 죄수가 잠잠해질 것인가? 그렇지 않다. 죄수에게 폭동을 일으키게 한 압력은 상당히 높은 상태에서 이루어지지만, 폭동이 일어난 이후에 폭동을 잠재우기 위해서는 상당히 큰 폭으로 기존의 강압적인 조치를 취소해야 한다. 일단 폭동이 발생되면 상당한 수준의 '양보'를 해야만 그 폭동을 해제시킬 수 있다.

이와 마찬가지의 관계성은 사회의 도처에서 발견될 수 있다. 약간의 오염행위로 환경은 쉽게 파괴된다. 그러나 이미 환경이 파괴된 이후에는 이를 유발시킨 오염 행위를 근절시킨다고 해서 환경이 회복되는 것은 아니다. 약간의 짜증과 의심으로 말미암아 부부관계가 파괴되지만, 일단 파괴된 다음에는 이전의 짜증과 의심을 거두어들이는 것만으로 부부관계가 회복되지는 않는다. 부부관계의 파괴를 몰고 온 짜증과 의심을 훨씬 큰 폭으로 상쇄시킬 만한 사랑과 신뢰를 통해서만이 회복될 수 있다.

트버스키와 카네만이 이야기하는 비대칭성이 이익의 영역과 손실의 영역에서 효용이 다르게 느껴진다는 점에서 공간적인 비대칭성이라면, 파국이론에서 말하는 폭발수준과 진압수준의 차이는 변화 전후의 비대칭성을 의미한다는 점에서 시간적인 비대칭성이라고 할 수 있다. 이러한 공간적·시간적 비대칭성은 두 집단 사이의 갈등을 증폭시키고 그 갈등을 해소하기 위한 협상을 어렵게 만든다.

두 변수 사이의 인과관계 및 그 형태를 분석하는 데 이와 같은 공간적·시간적 비대칭성을 간과하기 쉽다. 특히 겉으로 드러난 시스템의 지표만을 관찰하는 행태주의는 이러한 비대칭성을 간과하기 쉽다. 회계장부에서와 같은 객관적인 지표만 가지고는 이러한 비대칭성을 포착하기 어렵기 때문이다. 어린 아이 둘이서 서로 인형을 빼았겼다가 다시 빼았기를 반복한다고 생각해 보자. 객관적인 지표상으로는 아무런 문제가 없을지 몰라도, 이러한 행위의 반복을 통하여 비대칭적인 심리로 인한 갈등이 증폭되고 급기야는 파국에 이르게 되는 것

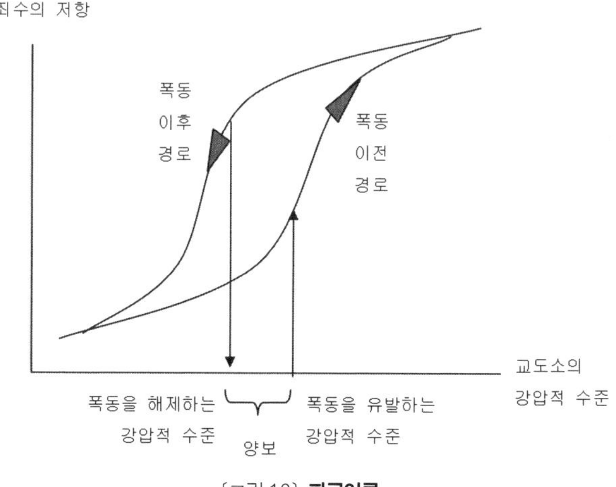

〔그림 10〕 **파국이론**

이다. 이러한 비대칭성을 간과하는 것은 시스템의 본질적인 문제점을 파악하는 데 실패하는 것이며, 문제가 곪아서 폭발 직전에 있는 시스템을 건전하고 평온한 시스템으로 오진하는 결과에 이르게 된다.

12 비선형 인과관계와 꽉 막힌 변수

잘 작동하던 인과관계가 갑자기 작동하지 않는 것처럼 보일 때가 있다. 처음에는 조금만 공부를 해도 성적이 큰 폭으로 상승하지만, 어느 정도 수준에 도달하고 나서는 아무리 공부를 해도 성적이 더 이상 오르지 않는 경우가 있다. 운동을 배울 때에도 마찬가지이다. 초보 때에는 운동실력이 금세 느는데, 어느 수준에 도달하고 나면 실력이 잘 늘지 않는다. 원인변수가 일정값에 도달하기 전에는 결과변수가 원인변수에 민감하게 반응하지만, 일정값을 넘어서게 되면 결과변수의 값이 여간해서는 변화되지 않는 경우가 있다. 이러한 결과변수를 종종 '꽉 막힌 변수(uptight variable)'라고 한다.

냉장고의 가격이 증가하면 공급이 증가한다. 그러나 냉장고 공장에서 생산할 수 있는 용량을 초과하여 공급이 증가할 수는 없다. 거꾸로 냉장고 가격이 감소하면 냉장고 수요가 증가한다. 그러나 아무리 냉장고 가격이 싸다고 하더라도, 비좁은 집안에 여러 대의 냉장고를 들여 놓을 수는 없는 일이다. 이렇게 수요와 공급은 물리적인 용량(capacity)에 의해 그 상한이 제한되어 있다.

120kg까지만 표현할 수 있는 저울에 몸무게가 150kg인 사람이

올라가 보았자 저울은 120kg를 가리킨다. 그렇다고 해서 그 사람의 몸무게가 120kg라고 해석할 수는 없다. 아무리 노력하더라도 한 국가의 농경지를 갑자기 확대시킬 수는 없다. 아무리 능력이 많고 부지런한 사람이라고 하더라도, 하루에 24시간 이상을 일할 수는 없다. 꽉 막힌 변수가 좋은 경우도 있다. 아무리 불행한 사람이라고 하더라도 하루에 24시간 이상 불행할 수는 없다. 아무리 힘들어도 국방부 시계는 쉬지 않고 돌아간다는 사실이 군인에게는 위로가 된다. 무한정 행복할 수도 없으며, 무한정 불행할 수도 없다.

그러나 꽉 막힌 변수가 쉽게 인식되는 것은 아니다. 어떤 관리자는 종업원에게 높은 임금을 주고 다그칠수록 생산성을 높일 수 있다고 믿는다. 한때 북한에서 천 번 삽질하고 허리를 편다는 천리마운동을 대대적으로 전개한 적이 있다. 그러나 인간의 능력에는 한계가 있는 법이다. 아무리 높은 임금을 주고 다그치더라도 안 되는 것은 안 되는 것이다. 그럼에도 불구하고 높은 임금을 주고 강제한 생산성은 허구에 지나지 않을 것이다. 교회의 부흥을 억지로 강제하는 경우,

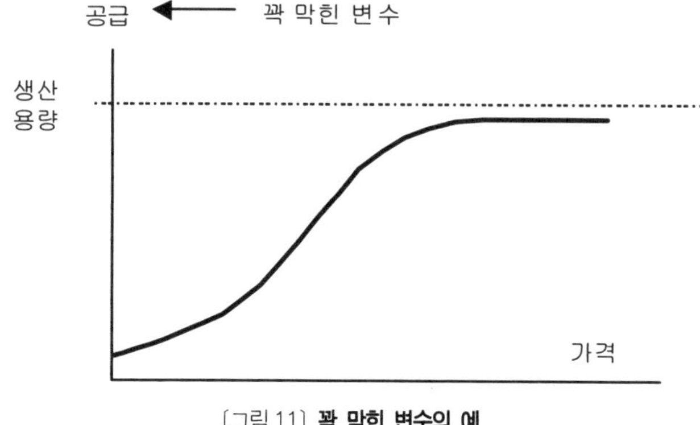

〔그림 11〕 **꽉 막힌 변수의 예**

가짜 신도가 넘쳐난다. 안 되는 것을 되게 하는 억압적인 사회에서는 거짓이 늘어날 수밖에 없다.

거꾸로 너무 쉽게 꽉 막힌 변수라고 단정하는 경우도 있다. "열 번 찍어 안 넘어가는 나무가 없다"는 속담이 있다. 이 속담을 철석같이 믿는 남자는 여자에게 열 번 구혼해서 실패하면 더 이상 시도하지 않을 것이다. 칠전팔기를 믿는 사람은 여덟 번 구혼해서 실패하면 포기할지 모른다. 또 삼세 번을 믿는 사람은 세 번만 시도할 것이다. 그 여자가 꽉 막혔다고 생각하기 때문이다. 사실 꽉 막힌 것은 여자가 아니라 남자일 수도 있다. 한두 번 더 구혼을 하면 성공했을 수도 있기 때문이다. 이는 사전적인 믿음이 정상적인 변수를 꽉 막힌 변수라고 생각하도록 만드는 사례이다. 인식의 꽉 막힌 변수와 실제로 꽉 막힌 변수를 구분해야 한다.

13 여러 원인과 결과: 열등요인과 우등요인

여러 변수가 하나의 변수에 영향을 미치는 경우가 있다. 기업의 생산성이라는 변수에는 조직원의 사기, 조직의 자원, 리더의 자질 등 여러 가지 요인이 동시에 영향을 미친다. 여러 원인이 있을 때에는 이런 것을 종합적으로 관찰할 필요가 있다. 이러한 상황에서 어느 하나의 원인과 결과 사이에 독립적인 인과관계를 설정하는 경우 오류에 빠질 수 있다. 경제학자는 종종 "다른 모든 조건이 동일하다면"이라는 용어를 사용하면서, 하나의 원인과 결과 사이의 관계만 분석하고는 한다. 그러나 현실에서 다른 모든 요인들이 정지해 있는 경우는 없다. 여러 요인이 동시에 작용하는 상황에서는 그러한 요인이 결과에 영향을 미치는 관계성을 종합적으로 관찰해야 한다.

식물이 자라 꽃을 피우기 위해서는 햇빛, 물과 영양분이 필요하다. 이 중 어느 하나라도 없으면 식물은 자랄 수 없다. 여기에서 조금 더 생각해 보면 중요한 원리를 발견할 수 있다. 식물의 성장은 가장 풍부한 요인에 의해 결정되는 것이 아니라 가장 부족한 요인에 의해 결정된다는 점이다. 이것을 '최소 요인의 법칙'이라고도 한다. 합창단의 성공과 실패는 노래를 가장 잘 부르는 사람이 아니라, 가장 못 부르는 사람에 의해 결정된다. 군대에서 이루어지는 제식훈련의 성패는 동료와 발을 맞추기 어려워하는 한두 사람에 의해 결정된다. 이러한 시스템은 열등한 요인이 시스템의 성능을 결정하는 사례이다.

여러 요인이 병렬적으로 동시에 작용하는 경우도 있지만, 여러 요인이 직렬적·순차적으로 작용하는 경우도 있다. 도로의 병목현상이 대표적인 경우이다. 병목이란 병의 목과 같이 갑자기 좁아지는 통로를 의미한다. 넓은 도로가 갑자기 협소해질 때, 교통체증이 발생된다. 병목지점의 전과 후에 놓인 도로의 폭이 아무리 넓다고 하더라도, 병목지점의 도로가 협소하면, 여지없이 정체현상이 발생한다. 100km의 철로 중에서 단 1m의 고장으로 인해 기차가 전복된다. 99.9km의 철로가 잘 놓여 있더라도 소용이 없다. 이렇게 여러 요인이 직렬적·순차적으로 영향을 미치는 경우에도 열등요인이 결정적일 수 있다.

물론 우등요인이 적용되는 경우도 많다. 80대 20의 사회라는 말이 있다. 80%의 사람들은 쓸모없고, 오직 20%의 엘리트가 사회의 발전을 결정한다는 것이다. 모든 개미가 열심히 일하는 것 같아 보이지만, 실상은 20%의 개미만 실질적인 일을 한다고 한다. 그 20%의 개미만을 모아 놓으면, 다시 그 중에서 20%만 열심히 일하고 나머지 80%는 그냥 빈둥거리며 돌아다닌다고 한다. 이러한 경우에는 소수의 우등요인이 시스템의 성능을 결정짓는 요인이라고 할 수 있다. 기계적인 대량생산이 중요했던 산업사회에서는 열등요인이 중요했다면, 한두 사람의 천재적인 아이디어에 의해 성공과 실패가 좌우되는 정보사회에서는 열등요인보다는 우등요인이 강조된다. 금융위기에 빠져 우리 나라가 허덕이고 있을 때, 김대중 대통령은 우리 나라에 빌 게이츠 같은 사람 서너 사람만 있으면 좋겠다고 말한 적이 있다. 야구경기에서 잘 던지는 투수 한 사람만 있으면 최소한 패배하지는 않을 수 있다.

문제는 우등요인이 지배적인 상황과 열등요인이 지배적인 상황을 혼동하는 데 있다. 조직의 효율성은 가장 생산적인 부하직원에 의해 결정될 수도 있지만, 때때로 가장 비생산적인 직원에 의해 결정되는 경우도 있다. 컨베이어 벨트로 상징되는 대량생산 라인에서는 가장 실수가 많은 직원에 의해 그 생산라인의 불량률이 결정된다. 가장 실수가 많은 직원을 교육시키거나 교체시켜야만 그 공장의 불량률을 개선할 수 있다. 그러나 수십명의 아이디어 맨으로 구성된 광고회사에서는 한 사람의 창조적인 아이디어에 의해 그 회사의 명성이 결정된다. 창조적인 아이디어맨 한 사람이 건재하면, 서너 명의 무능한 사람이 있어도 회사는 잘 굴러간다. 열등요인이 지배하는 시스템을 우등요인이 지배하는 시스템으로 오해하는 경우, 아무리 투자를 많이 해도 시스템은 향상되지 않는다.

14 역설적인 인과관계

시스템에는 수없이 다양한 인과관계가 존재하며, 또한 이러한 인과관계는 변화무쌍하게 변화한다. 단 하나의 고정된 인과관계만 존재한다고 생각하는 순간 시스템 사고는 마비된다. 칠판에 백묵으로 하나 가득 글씨가 씌어 있다면, 더 이상 백묵은 글을 쓸 수 있는 수단으로 기능할 수 없다. 오히려 지우개로 칠판을 지우면서 글을 쓸 수 있다. 이 때는 지우개가 더이상 지우개가 아니라 필기도구인 셈이다.

종종 유사한 변수끼리는 양의 인과관계에 있다고 생각하는 편견이 있다. 회사의 제품이 많이 팔리면, 회사가 성장한다. 훌륭한 사람이 많은 교회가 좋은 교회이다. 각자가 자기 할 일을 다할 때, 조직이 발전한다. 그러나 꼭 그런 것은 아니다. 회사의 제품이 너무 잘 팔려 연구개발을 소홀히 하게 되고 그 결과 성장잠재력이 파괴될 수 있다. 잘 난 사람이 많은 교회에서는 서로 위로해 줄 여지가 없어지기 때문에 공동체가 형성되기 어렵다. 각자가 자기 일을 잘 하려고 하면, 개인의 희생을 통한 조직의 성장이 저해된다.

교도소가 범죄의 학습장이 되기도 하며, 학교가 창조성을 파괴하기도 한다. 현실은 종종 역설이 지배한다. 시간적인 역설도 존재한다. 과거에 성공한 사람이 미래에도 성공할 것이라고 생각한다. 이러한 믿음에서 실패했던 사람에게 돈을 빌려 주지 않는다. 그러나 과거의 성공이 미래의 실패를 재촉하기도 한다. 실패하는 사람 중 많은 사람이 과거의 성공에 자만하거나 과거에 성공했던 방식에 집착함으로써 새로운 환경에 적응하지 못하기 때문이다. 거꾸로 과거에 실패했기 때문에 성공하는 사례를 주변에서 쉽게 발견할 수 있다.

역설적인 인과관계를 전략적으로 사용하기도 한다. 전쟁터에서 패배를 당할 때 후퇴할 수 있는 퇴로를 마련해 두는 것이 정상적인 방법이지만, 퇴로를 차단함으로써 병사에게 목숨을 걸고 싸우도록 유도할 수도 있다. 전쟁터에서 튼튼한 갑옷과 고성능 무기로 무장하여야 살아남을 수 있다는 것이 상식이다. 그러나 역설적으로 아무런 무장도 하지 않음으로써 전쟁터의 한가운데에서 살아남을 수도 있다. 위생병이 그 대표적인 예이다. 살기 위해 무기를 취할 수도 있지만, 살기 위해 무기를 버릴 수도 있다. 무기감축이 무기증강에 못지않게 안보에 기여하는 경우도 있다. 스위스와 같은 나라는 미국과 소련의 치열한 무기경쟁 체제에서도 무기를 거부함으로써 영구적인 평화를 달성하고자 하였다. 인도의 간디나 미국의 마르틴 루터 킹 목사는 폭력적 억압에 대항하기 위하여 비폭력이라는 역설을 활용하였다.

'창조적 파괴(creative destruction)'라는 말이 있다. 스스로를 파괴함으로써 오히려 창조할 수 있다는 말이다. 시장에서 특정 상품이 잘 팔리고 있을 때, 이 상품에만 집착하고 의지하면 후속상품을 개발하지 못하여 기업 자체의 생존이 위협받을 수 있다. 비록 상품의 유행이 지나갔다고 하더라도 여전히 흑자를 내는 상품이 존재할 수 있다. 이 때 과감하게 그러한 상품의 생산을 중단함으로써 기업 전체에 위기의식을 불러일으키고, 기업의 모든 자원을 새로운 상품개발과 판매에 집중시키는 것이 미래를 위해 더 효과적일 수 있다. 마이크로 소프트사는 DOS라는 운영체계를 파괴함으로써 윈도우라는 보다 큰 혁신을 성공시킬 수 있었다. 마이크로 소프트사가 DOS의 운영체제를 고집하였다면 아마도 몇 년간 지속하여 흑자를 낼 수도 있었을 것이다. 그러나 새로운 운영체제인 윈도우를 개발하는데 자원을 집중시키지 못함으로써 시장에서 패배하였을 가능성이 높다. 이러한 전략을 바로 창조적 파괴라고 한다.

사람으로 구성된 사회시스템(social systems)에는 수없이 많은 역설적인 인과관계가 존재한다. 이러한 역설적인 인과관계를 발견하고 전략적으로 활용하기 위하여는 고정관념을 탈피하여야 한다. 열린 마음과 열린 눈으로 볼 때에만 비로소 역설적인 인과관계가 보이기 시작한다. 그리고 고정관념으로부터의 탈피는 스스로의 고정관념을 포기하는 지적 희생을 요구한다.

15 인과관계 발견을 위한 태도 1: 추상적 사고에서 구체적 사고로

나이가 들고 복잡한 생각을 할 수 있는 능력이 길러지면서 추상적인 개념을 생각하는 데 익숙하게 된다. 그러면서 일상적인 생활에 대한 생각을 경멸하는 마음이 자리잡는다. 사춘기에 접어든 학생은 종종 선생님에게 야단을 맞고 인생은 무엇인가라는 철학적 고민에 빠지고는 한다. 구체적인 생활문제를 추상적인 인생문제로 바꾸는 데 익숙해진다. 남보다 큰 집에서 살고 싶고, 맛있는 음식을 먹고 싶은 욕망을 그대로 말하기는 창피하기 때문에, 우리는 사회적 성공을 말하고 역사적 발전을 말한다. 추상적 사고에 익숙한 사람은 옷이 얼마나 실용적이고 멋있는지에는 관심이 없고 오직 유명한 브랜드가 부착되어 있는가에만 관심을 기울인다. 명품이라면 아무리 비싸도 개의치 않는다. 무조건 명문대학을 선호하는 우리 사회의 의식 역시 추상의 세계에 고착되어 있는 마음이다.

우리 나라에서 왜 쿠데타가 자주 일어났는지를 학생에게 물어 보았다. 국민에게 민주주의 의식이 없어서라거나 주인의식이 없기 때문이라는 것이 학생의 일반적인 대답이다. 이는 지극히 추상적인 수준의 답변이다. 그렇다면 왜 민주주의 의식이 낮은 조선시대에는 그토록 쿠데타가 적었는가? 이러한 질문에 대해 학생은 시대가 다르기 때문이라고 답한다. 결국 내용없는 추상적인 논의가 이어진다. 구체적인 질문에 대해 추상적인 답변을 하는 것이 습관처럼 되어 있다. 구체적인 세계의 문제에 대하여 추상적인 세계의 논쟁으로 도피한다. 추상적인 사고에 매몰된 정신을 가지고는 단순명료한 인과관계를 인식하기 어렵다. 시스템 사고는 보다 더 구체적인 논의를 요구한다.

쿠데타를 일으킬 수 있는 이유는 군대를 동원할 수 있었기 때문이다. 그리고 군대를 동원할 수 있었던 가장 중요한 지렛대는 고위군인 사이의 사적인 모임이 지속적으로 유지되어 왔기 때문이었다. 김영삼 대통령이 하나회를 척결한 이후에, 군대를 사사로이 동원할 수 없게 되었으며 쿠데타는 거의 불가능하게 되었다.

시스템 다이내믹스 모델링 소프트웨어인 스텔라를 만들었던 리치몬드(Barry Richmond)는 구체적 사고를 강조하였다. 그는 한 국가의 우유생산량에 관한 계량경제모델의 추상성을 비판하곤 하였다. 계량경제모델에서는 한 국가의 우유생산량이 그 나라의 국민소득과 근대화 정도에 의해 결정된다고 주장하고는 한다. 국민소득이 증가할수록 우유생산량이 증가하며, 근대화된 국가일수록 우유생산량이 많아진다는 것이다. 이 주장이 틀렸다고 할 수는 없다. 그러나 이러한 주장은 다분히 추상적인 사고의 소산이다. 우유생산량은 그 나라에 젖소가 몇 마리 있는가에 의해 결정될 뿐이다. 추상적인 사고는 구체적인 정책으로 이어지지 못한다. 우유생산량을 조절하기 위하여, 국민소득을 변화시킬 수도 없으며, 더군다나 한 국가의 근대화수준을 후퇴시키거나 앞당길 수는 없는 일이다. 우유생산량을 조절하기 위하여는 젖소의 숫자를 조절해야 한다.

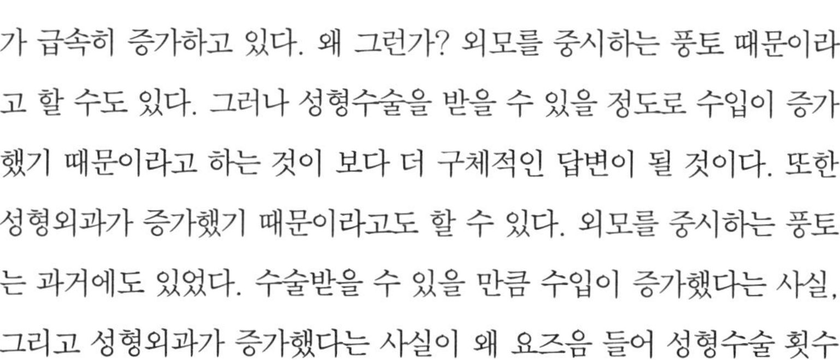

성형수술을 받는 사람의 숫자가 급속히 증가하고 있다. 왜 그런가? 외모를 중시하는 풍토 때문이라고 할 수도 있다. 그러나 성형수술을 받을 수 있을 정도로 수입이 증가했기 때문이라고 하는 것이 보다 더 구체적인 답변이 될 것이다. 또한 성형외과가 증가했기 때문이라고도 할 수 있다. 외모를 중시하는 풍토는 과거에도 있었다. 수술받을 수 있을 만큼 수입이 증가했다는 사실, 그리고 성형외과가 증가했다는 사실이 왜 요즈음 들어 성형수술 횟수

가 증가하는지 설명할 수 있다.

추상적인 사고는 인과관계를 인식하는 데 실패할 뿐만 아니라, 현실적인 처방을 내리지도 못한다. 쿠데타를 방지하기 위하여 민주주의 의식을 고양시키는 프로그램을 가동할 수도 있다. 하지만 그 효과를 거두기 위하여는 수많은 비용과 시간이 소요될 것이다. 성형수술을 감소시키기 위하여 외모를 중시하는 풍토를 제거하는 데 노력을 기울일 수도 있다. 그러나 이 역시 오랜 시간과 많은 비용을 요구한다. 어느 경우이든 정책결정자가 선택할 수 있는 사항이 아니다. 군인의 사적인 단체를 폐지함으로써 쿠데타를 방지하고, 성형수술의 비용을 증가시키기 위하여 세금을 부과하는 것과 같은 구체적인 방안이 정책결정자가 채택 여부를 고려할 수 있는 현실적인 대안이다.

추상적 사고에 익숙한 사람은 마치 플라톤의 동굴 속에 갇혀 있는 사람과 같다. 동굴속에서는 실제의 사물을 보지 못한다. 오직 실제 사물의 그림자만을 본다. 추상적 사고는 실제 세계의 그림자에 불과할 뿐이다. 빛이 반사되는 실제의 세계를 보려면 추상적 사고의 동굴에서 벗어나야 한다. 추상적 인과관계에 안주하지 말고 구체적·직접적인 인과관계를 추구해야 한다.

16 인과관계 발견을 위한 태도 2: 드러난 관계에서 숨겨진 관계로

빙산의 극히 일부만이 해수면 위로 보일 뿐이다. 시

스템의 인과관계도 마찬가지이다. 극히 일부의 인과관계만이 겉으로
드러나 있는 것이 보통이다. 숨겨져 있는 인과관계가 더 중요할 때가
많다. 칼 와익(Weick)은 노르웨이에 서식하는 뇌조의 예를 들어 겉
으로 드러난 인과관계와 실제로 작동하는 숨겨진 인과관계를 극명하
게 대비하고 있다.

　　노르웨이에 버드나무뇌조라는 새가 있었는데, 멸종의 위험에 처
하게 되었다. 뇌조를 구하기 위하여 뇌조의 천적을 제거하는 것이 효
과적인 방법이라고 생각되었다. 뇌조의 천적은 매였다. 그런데 매를
사냥할수록, 뇌조는 더 빠른 속도로 사라졌다. 당황하기 시작한 사람
들은 뇌조와 매의 관계를 보다 깊이 연구하기 시작하였다. 연구결과
코시디오스라는 기생충이 뇌조의 유행병이라는 점을 알게 되었다. 이
질병은 뇌조의 비행속도를 감소시켜 쉽게 매의 먹이가 된다. 매는 이
병에 걸린 뇌조를 먹어치워 버림으로써 이 병이 모든 뇌조에게 전염
되는 것을 막아 준다. 매는 분명히 뇌조의 천적이었지만, 동시에 뇌조
의 유행병을 막아 주는 역할을 한 것이다.

　　겉으로 드러난 인과관계도 있지만 숨겨져 있어 잘 인식되지 않는

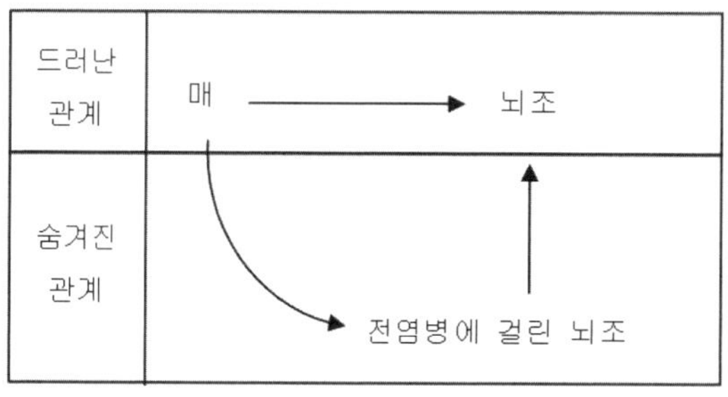

〔그림 12〕 **드러난 관계, 숨겨진 관계**

인과관계도 있다. 매가 뇌조의 천적이라는 사실은 쉽게 관찰될 수 있지만, 매가 뇌조의 유행병을 막아 준다는 사실은 간과되기 쉽다. 인과관계를 쉽사리 판단하고 성급하게 단정하는 것은 위험한 태도이다. 인과관계는 스스로 말하지 않는다. 시스템 사고를 수행하는 사람의 주의 깊은 관찰을 통해서만 시스템의 인과관계를 포착할 수 있다.

1997년도의 금융위기가 우리 나라의 경제를 황폐화시켰지만, 동시에 대대적인 경제구조조정을 가능하게 하였다. 1997년도의 금융위기로 인하여 우리 나라는 경제시스템을 개선시킬 수 있는 기회를 얻었으며, 따라서 금융위기야말로 저주가 아니라 축복이라고 말하고는 한다. 1970년대 우리 나라의 경제가 어려울 때에는 중동의 산유국을 부러워한 적이 있다. 그러나 지금 돌이켜 보면, 중동의 석유는 중동민족에게 축복이라기보다는 저주에 가까웠던 것으로 판단된다. 석유로 인하여 외세의 침입에서 자유로울 수 없었고, 민족들 사이의 전쟁이 그치지 않았다. 더욱이 석유라는 막강한 자원의 존재는 육체적·정신적인 노동에 의한 발전기회를 봉쇄하였다.

새옹지마(塞翁之馬)라는 중국의 고사성어 역시 숨겨진 인과관계의 중요함을 말해 주고 있다. 옛날에 어떤 사람이 우연히 훌륭한 말을 얻어 좋아했는데, 그 말이 도망을 가서 슬픔에 잠기게 되었다. 애초에 그 말을 발견하지 못했더라면 이렇게 슬퍼하지 않아도 되었을 터인데 하면서 말이다. 그런데 몇 달 후 그 말이 수많은 다른 야생마를 데리고 와서 그 사람은 너무나 기뻐했다. 복에 복을 더한 셈이었다. 그런데 행운은 불행을 동반하는 법이다. 그 말이 데리고 온 야생마를 그 사람의 아들이 타다가 떨어져서 다리를 부러뜨린 것이다. 그 사람은 다시 애초에 그 말을 가져오지 않았더라면 아들이 다치지 않았을 텐데 하고 후회하였다. 그런데 겉으로 보기에 불행이 실상은 행운인 경우도 있는 법이다. 며칠이 지난 후 이웃 나라와 전쟁이 벌어졌다. 다행히 다리가 부러진 그 사람의 아들은 전쟁에 나가지 않게 되어 목숨을 건지게 되었다.

하나의 인과관계만을 고집하고 다른 가능성을 인정하지 않는 것은 도그마적인 사고이다. 도그마적인 사고는 운명적인 사고와 통한다. 다른 인과관계가 가능하다는 점을 인정하지 못하기 때문이다. 매가 뇌조의 친구가 될 수 있으며, 위기가 새로운 기회의 출발점을 제공할 수 있다. 겉으로 드러난 명백한 인과관계도 중요하지만 그에 못지않게 숨어 있는 인과관계도 중요하다. 그렇기 때문에 시스템 사고를 제대로 수행하기 위하여는 신중하여야 한다. 그리고 신중한 태도를 견지할 때, 다른 사람이 보지 못하는 인과관계를 발견할 수 있다.

17 인과관계 발견을 위한 태도 3: 원하는 인과관계에서 사실적 인과관계로

"보고 싶은 것만을 본다"라는 말이 있다. 많은 인과관계 중에서 보고싶은 것만을 본다. 인과관계 중에서 자신에게 불리한 것은 보지 않고 믿지 않으려 한다. 이렇게 왜곡된 눈을 가지고서는 진정한 인과관계를 보지 못한다. 심지어는 존재하지 않는 인과관계까지도 자신을 정당화시키기 위하여 억지로 만들어 믿기도 한다. 군사

독재가 지배하던 시기에 많은 학자와 언론가는 민주주의가 경제에 악영향을 미친다는 인과관계를 만들어 유포한 적이 있다. 보다 큰 문제는 많은 사람이 이러한 인과관계를 아무런 검토나 반성없이 세뇌당하듯이 그대로 믿는다는 점이다.

지금도 수없이 많은 사람이 굶어 죽고 있다. 가깝게는 북한지역에서 멀게는 아프리카지역에서 많은 사람이 굶어 죽고 있다. 왜 그럴까? 많은 사람은 음식이 부족하기 때문이라고 한다. 옳은 말이다. 그렇다면 다른 인과관계는 없을까? 사람들은 머뭇거린다. 몰라서가 아니다. 다른 인과관계를 생각하면 도덕적 책임감이라는 부담이 느껴지기 때문이다. 메도즈는 지구의 자원을 시뮬레이션했던 여러 가지 모델을 검토한 적이 있다. 이들 시뮬레이션모델의 공통점은 지구의 식량자원은 인류를 먹여 살리는 데 항상 충분하였다는 점이다. 과거에도 충분하였으며, 미래에도 충분할 것이라는 점이다. 그렇다면 왜 이렇게 많은 사람이 굶어 죽는가? 무엇이 문제인가? 여러 시뮬레이션모델의 결론은 한결같았다. 자원부족이 문제가 아니라 가난한 국가와 사람에게 음식을 나누어 주는 시스템이 없다는 점이 문제였다.

그러나 많은 사람들은 부족한 자원이 문제라는 거짓된 인과관계를 믿고자 한다. 그러한 믿음이 사람들에게 도덕적인 책임감을 면하게 해 줄 수 있기 때문이다. 인류의 자원은 언제나 풍부하였지만 이 풍부한 자원을 나누어 줄 시스템에 문제가 있다는 점은 이미 인도의 비폭력주의자 간디가 지적한 바 있다. 간디는 다음과 같이 말하였다. "이 세상은 모든 사람을 먹여살릴 수 있을 만큼 풍족하다. 그러나 한 사람의 탐욕을 감당하기에는 부족하다." 보기 싫고 인정하기 싫은 인과관계는 보이지 않는 법이다. 보고 싶은 인과관계, 그리고 기꺼이 인정하고 싶은 인과관계는 잘 보이는 법이다.

　길거리에 쓰러져 죽어 가는 사람을 보고 종교인들은 못본 척하고 지나갔다. 그러나 착한 사마리아 사람은 그 죽어 가는 사람을 여관에 데리고 가서 치료를 부탁하였다. 흑인 인권운동가이자 간디와 마찬가지로 비폭력주의자였던 마르틴 루터 킹 목사는 이러한 예수님의 비유를 회고하면서 우리가 보기 싫어하는 인과관계를 직시해야 한다고 하였다. 지나가던 종교인들은 죽어 가는 사람을 도와 주는 일이 자신에게 어떠한 손해를 끼칠 것인가라는 인과관계를 보았다. 약속시간에 늦을지도 모르며, 그다지 쓸모없는 한 사람을 구하기 위하여 사회적으로 더 중요한 일을 못할 수도 있다. 그러나 착한 사마리아 사람은 다른 편의 인과관계를 보았다. 내가 저 사람을 도와 주지 않으면, 저 사람에게 어떠한 일이 일어날 것인가? 내가 도와 주지 않으면, 저 사람은 죽음에 이르겠지……. 착한 사마리아 사람은 종교인이 보지 못했던 인과관계를 보았다. 하루에도 몇 번씩 불쌍한 사람을 보고도 못본 척하고 지나쳐 가는 우리는 애써 명백한 인과관계를 보지 않으

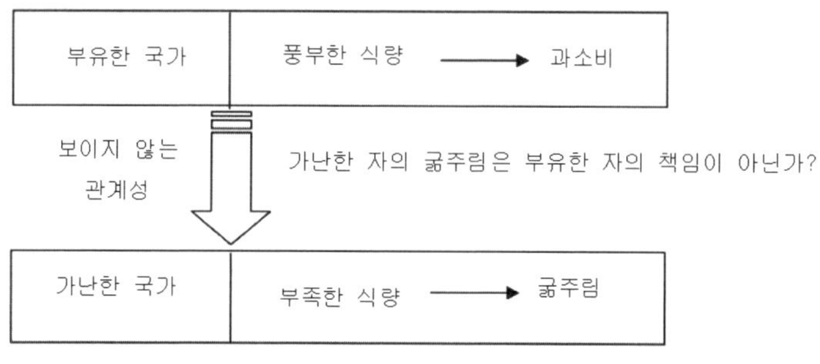

〔그림 13〕 **보고 싶지 않은 인과관계**

려 한다. 내가 도와 주지 않으면 저 불쌍한 사람과 그 자식은 오늘도 저녁 한 끼를 제대로 먹지 못할 것이라는 사실이다. 도덕적인 용기가 없으면 참된 인과관계를 직시할 수 없다.

18 인과관계의 혼돈 1: 인과관계의 모순된 부호

자연의 세계에서는 원인과 결과 사이에 일관된 관계가 존재한다. 물체에 힘을 가하면 그 방향으로 움직이며, 위에 있는 물체는 중력을 받아 아래로 떨어진다. 그래서 이러한 인과관계는 법칙으로 표현되기도 한다. 그러나 다양한 사람들로 구성된 사회의 세계에서는 원인과 결과 사이에 보편적으로 고정된 관계는 존재하지 않는다. 동일한 원인에 대하여 사람들은 다르게 반응할 수 있기 때문이다. 아프리카의 한 지역을 방문한 신발판매상은 대부분의 아프리카 사람이 신발을 신지 않는다는 점을 발견하였다. 이 사실에 대하여 신발판매상의 직원은 실망을 금치 못하고서는 신발판매를 포기하고 하루빨리 귀국하는 것이 좋겠다고 말했다. 그러나 신발판매상은 다르게 생각하였다. 신발을 신지 않고 있는 아프리카 사람은 신발판매상에게 장차 신발을 구매할 소비자로 보였다. 동일한 사실(원인)에 대하여 한 사람은 실망을 느꼈으나 다른 한 사람은 희망을 느꼈다.

맹자는 비참한 사람을 보면 측은지심이 일어난다고 말한다. 그렇다면 비참한 사람이 많을수록 동정심이 증가한다는 인과관계를 상정할 수 있다. 그러나 꼭 그렇지만은 않은 것이 인간세상이다. 사실 많은 사람이 비참한 사람을 비참하다는 이유만으로 미워하고 무시한다. 장애인, 병자와 노약자를 미워할 뿐만 아니라, 머리가 조금 안좋다는 이유만으로도 혐오의 대상이 되기도 한다. 반대로 많은 사람이 강한 사람을 강하다는 이유만으로 존경하고 좋아한다. 폭압적이고 인정사정 봐주지 않는 지주라고 미워하더라도 그 앞에서는 외경스러운 마음으로 말을 더듬는다. 심지어 히틀러까지도 마음 속으로부터 존경하는 사람이 있다. 이렇게 동일한 원인이 인지적·도덕적으로 다른 결과를 가져오는 것이 사회의 세계이다. 사회시스템을 제대로 이해하기 위하여는 행위자가 어떠한 원인(자극)에 대하여 어떠한 결과(반응)를 보이는지 잘 분별하여야 한다.

그렇다면 이러한 혼돈을 어떻게 극복해야 하는가? 이러한 혼돈에서 빠져 나오기 위해서는 세 가지 원칙을 명심해야 한다. 첫째, 원인과 결과의 부호는 항상 변화될 수 있다는 점이다. 일반적으로 가격은 수요에 음의 영향을 준다. 즉, 상품가격이 오르면, 그 상품에 대한 수요가 감소한다. 그러나 투기시장의 경우에는 이야기가 달라진다. 아파트의 가격이 오르면, 그 아파트에 대한 수요가 감소하는 것이 아니라 오히려 증가한다. 미래에 아파트가격이 더 오를 것이라고 기대하기 때문이다.

둘째 원칙은 하나의 시스템에서는 단 하나의 인과관계만이 허용된다는 점이다. 분석하고자 하는 시스템에서는 어떠한 인과관계가 적용되는가를 판단하여야 한다. 자신이 분석하려고 하는 시스템이 일반적인 시장인가, 아니면 투기시장인가를 분별해야 한다. 가격이 오르면 수요가 감소된다는 교과서적인 지식을 모든 시장에 적용해서는 안

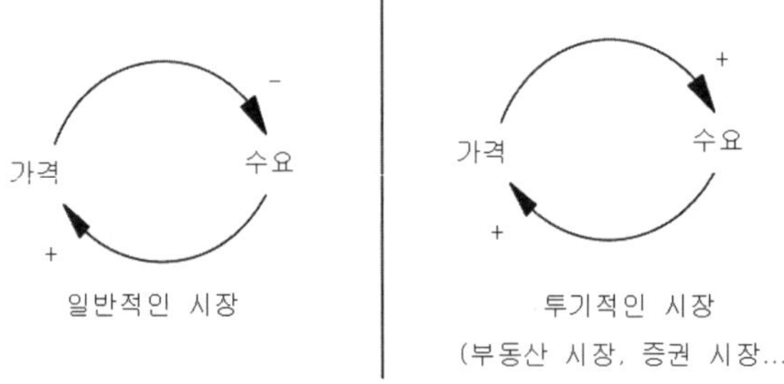

〔그림 14〕 **인과관계의 모순된 부호**

된다. 자신이 분석하는 시장이 투기시장이라면 가격과 수요 사이에 양의 관계가 존재할 수 있다는 점을 인정해야 한다.

그러나 아무리 생각해 보아도 모순된 인과관계가 하나의 시스템에서 동시에 작동되는 것같이 생각되는 경우가 있다. 상품가격과 수익 사이의 관계를 생각해 보자. 상품가격이 오르면 그 상품을 판매하는 기업의 수익에는 어떠한 변화가 발생할 것인가? 수익이 증가할 수도, 감소할 수도 있다. 이러한 인과관계를 〔그림 15〕와 같이 표시하면 혼돈스러운 인과지도가 될 수밖에 없을 것이다. 앞에서 말했듯이 하나의 인과지도에서 한 가지 종류의 인과관계만을 허용하는 것이 원칙이다. 가격과 수익 사이에 양의 인과관계가 존재한다고 설정하면서, 동시에 음의 인과관계도 존재한다고 설정하는 것은 인과지도를

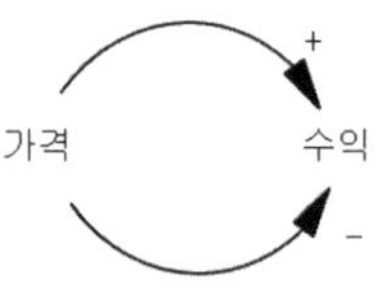

〔그림 15〕 **잘못된 인과지도**

모호하게 만드는 일이다. 이처럼 모순된 인과관계를 허용하는 경우, 인과지도를 체계적으로 해석하는데 장애를 준다.

이 문제를 어떻게 극복할 것인가? 모순된 인과관계가 동시에 작동되는 것으로 보일 때에는 셋째 원칙을 고려해야 한다. 셋째 원칙은 제3의 변수가 원인과 결과를 매개하고 있는지 고려해야 한다는 점이다. 수익에 영향을 미치는 다른 변수는 존재하지 않는가? 수익은 어떻게 결정되는가? 이러한 질문들을 제기해 보아야 한다. 다시 한번 생각해 보면, 수익은 '판매량 × 가격'으로 계산될 수 있다는 점을 기억할 수 있을 것이다. 생각이 여기에 까지 미치면, 가격은 수익에 두 가지 경로를 통하여 영향을 줄 수 있다는 점을 생각할 수 있다. 하나는 직접적인 경로인데, 가격은 수익에 양의 관계로 영향을 준다. 그 다음은 간접적인 경로인데, 가격은 판매량에 영향을 주고, 이를 통하여 수익에 영향을 줄 수 있다. 그런데 가격이 오르면 판매량이 감소되기 때문에, 가격과 판매량은 음의 관계로 설정될 수 있다. 이러한 관계를 인과지도로 표시하면 〔그림 16〕과 같이 정리될 수 있다. 이처럼 제3의 매개변수를 고려함으로써 하나의 시스템에 하나의 인과관계만이 존재한다는 원칙을 만족시킬 수 있다.

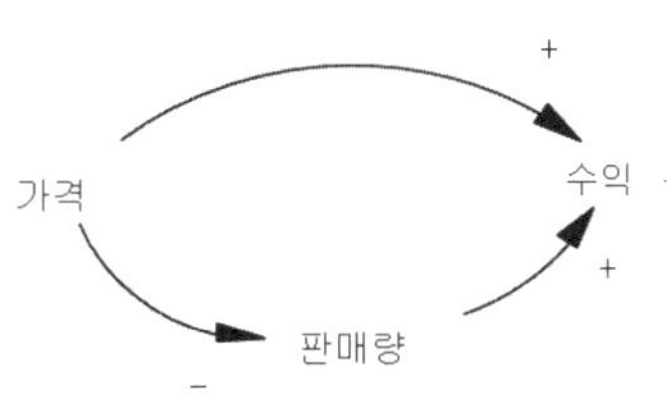

〔그림 16〕 **올바른 인과지도**

19 인과관계의 혼돈 2: 인과관계 부호의 역전

두 변수 사이의 인과관계 부호가 변화되는 경우가 있다. 인과관계가 양에서 음으로 또는 음에서 양으로 변화될 수 있다. 아무리 좋은 음식이라도 매일 먹으면 질리게 마련이다. 너무 추워도 생산성이 떨어지지만, 너무 더워도 생산성이 떨어진다. 부하직원을 너무 심하게 몰아부치면 독창적인 아이디어가 죽고, 너무 친절하게 대하면 생산성이 떨어진다. 과도한 예의는 오히려 무례가 된다. 이러한 예에는 공통점이 있다. 두 변수 사이에 일정한 관계가 없다는 점이다. 처음에는 원인이 결과를 향상시키지만 어느 지점을 넘어서면 결과값을 감소시킨다. 이러한 관계를 보통 거꾸로 된 U커브(Inverted U-curve) 또는 역전되는 관계라 한다.

역전되는 관계는 의사결정자에게 어려움을 준다. 이사진에게 발표할 정책보고서를 작성하는 사람을 생각해 보자. 이사진이 익히 잘 아는 주제를 발표하면 다 아는 것을 보고한다고 질책당한다. 그러나 이사진이 전혀 생각해 보지 않았던 획기적인 아이디어를 발표하면 황당한 말만 한다고 질책당한다. 지식과 학습 사이의 인과관계도 역전적이다. 알기 때문에 공부하는 것이 아니라 모르기 때문에 공부한다. 그러나 전혀 모르면 공부할 수 없다. 전혀 모르면 영화를 보러 가고 싶은 마음은 생기지 않는다. 하지만 영화의 내용에 대해 너무 많이 알면 영화 보는 것이 재미없어진다.

역전되는 인과관계는 의사결정자의 기대를 무너뜨리기도 한다.

금전적인 유인(incentive)을 풍부하게 제공함으로써 직원의 사기를 증진시키고, 높은 사기는 생산성을 증대시킨다. 그러나 과도하게 많은 유인을 제공하면 직원은 일에 흥미를 잃게 되고 여가를 즐길 생각에 몰두하게 되며, 그 결과 생산성이 떨어진다. 따라서 급속히 발전하던 회사가 갑자기 활력을 잃기 시작한다. 역전되는 인과관계에서 적당한 선을 넘지 말아야 한다. 그런데 문제는 적당한 선이 어디인지 모른다는 데 있다.

역전되는 인과관계에는 마술적인 힘이 있다. 오랫동안 금전적 유인이 생산성 향상을 가져오는 현상을 오랫동안 경험한 관리자는 그러한 인과관계가 변하지 않으리라고 믿고, 이러한 믿음에 고착되어 고정관념이 형성된다. 더 많은 금전의 제공에 직원이 고마움을 느끼고 감사한 마음으로 열심히 일하리라고 관리자는 기대한다. 그러나 직원은 열심히 일하려고 하기는커녕 더 많은 휴일을 요구하며 인간적으로 대접해 줄 것을 요구한다. 금전적인 보수가 향상되어 생활에 안정을 얻은 직원은 금전적인 보수보다 인간적인 대우에 더 많은 관심을 갖는다. 더 이상 금전적 유인이 직원의 사기를 증진시키지 못하는 현실에 관리자는 배신감을 느낀다. 배신감에 사로잡힌 관리자는 모든 책임을 직원에게 전가하기 쉽다.

역전되는 인과관계는 앞에서 논의하였던 모순된 인과관계와 관련된다. 역전되는 인과관계에서는 시간의 흐름에 따라 또는 조건의 변화에 따라 모순된 인과관계가 나타나기 때문이다. 모순된 인과관계는 두 개 이상의 하위 인과관계로 구분하여 이해하는 것이 원칙이었듯이, 역전되는 인과관계 역시 두 개 이상의 하위 인과관계로 구분하여 이

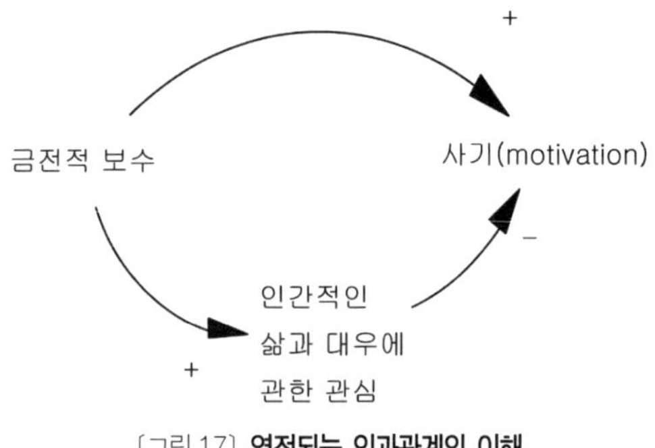

〔그림 17〕 **역전되는 인과관계의 이해**

해하는 것이 원칙이다. 금전적 보수와 생산성 사이의 관계는 〔그림 17〕과 같이 상세히 분절하여 인과관계로 설정할 수 있다. 초기에는 금전적 보수가 사기에 직접 영향을 주는 인과관계가 강하게 나타나다가, 어느 정도 이상의 금전적 보수를 받게 되었을 때부터는 아랫부분의 간접적인 인과관계가 강하게 나타난다고 해석하는 것이다.

20 **인과관계의 혼돈 3: 인과관계의 방향성**

인과관계의 부호가 음으로도, 양으로도 해석되어 혼돈을 겪을 수도 있지만, 인과관계의 방향 자체가 혼돈을 줄 수도 있다. 앞에서 보았듯이 가격이 수요에 영향을 미치는 동시에, 수요가 가격에 영향을 미칠 수도 있다. 시스템 사고에서 인과관계의 양방향성은 원칙적으로 인정된다. 즉, 하나의 시스템에서 인과관계의 부호(음/양)는 어느 한 가지만 허용되지만, 인과관계의 방향은 A⇒B와

B⇒A 모두 동시에 있을 수 있다는 것이다.

시스템 사고를 처음으로 접하는 독자는 인과관계의 양방향성에 혼돈을 일으킬 수 있다. 종종 양방향의 인과관계를 쌍방향의 화살표로(A⇔B) 도식화하기도 한다. 그러나 시스템 사고에서는 이러한 관습은 허용되지 않는다. 시스템 사고에서는 A⇒B의 인과관계와 B⇒A의 인과관계는 서로 독립적인, 그리고 별개의 인과관계로 취급되기 때문이다. 일반적인 시장의 경우 수요와 공급, 그리고 수요와 가격을 생각해 보자. 이는 〔그림 18〕과 같이 표현될 수 있다.

가격이 수요에 영향을 미치는 인과관계와 수요가 가격에 영향을 미치는 인과관계는 완전히 다른 인과관계이다. 전자는 음의 인과관계이지만, 후자는 양의 인과관계이다. 가격과 공급도 마찬가지이다. 이번에는 거꾸로 가격이 공급에 영향을 미치는 것은 양의 인과관계이지만, 공급이 가격에 영향을 미칠 때는 음의 인과관계로 설정된다. 그렇다면 왜 이렇게 설정되는지 조용히 따져 보아야 한다. 상품가격이 상승하면, 그 상품을 제조·판매하려는 사람이 증가하기 때문에 시장에서 그 상품의 공급량이 증가한다. 그러나 공급량이 증가하게 되면, 즉 시장에 상품이 넘쳐나게 되면, 판매상은 판매에 어려움을 겪게 되

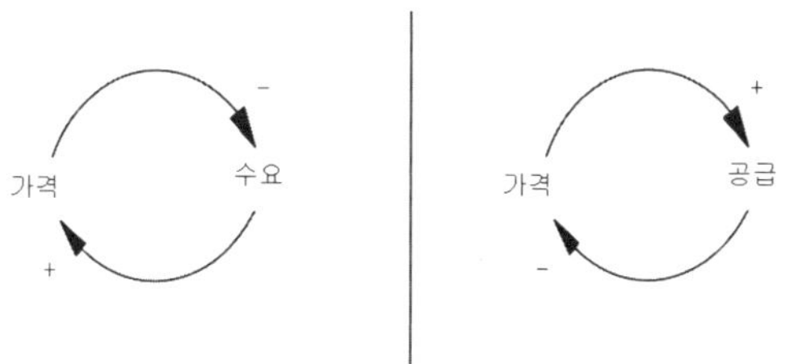

〔그림 18〕 **일반적 시장의 수요와 공급, 가격의 관계**

어 가격을 낮추어 판매하려고 한다. 그렇기 때문에 공급은 가격에 음의 관계로 영향을 미친다. 이처럼 양방향의 인과관계는 각각 독립적인 인과관계로 취급해야 한다.

양방향의 인과관계가 모두 허용되지만, 종종 어느 한 방향의 인과관계만 강조되는 경우가 있다. 1997년 태국으로부터 시작된 금융위기는 한국에까지 전파되었다. 어느 날 갑자기 돈의 가치가 절반으로 떨어졌다. 많은 사람이 외국인의 투기로 인하여 금융위기가 촉발되었다고 주장하였다. 말레이시아의 마하티르 총리는 대표적인 투기꾼으로 조지 소로스를 지적하면서 비난을 한 적이 있다. 이러한 비난은 외국인의 투기로 인하여 금융시스템이 파괴되었다는 인식에 근거한다. 이러한 인과관계는 거꾸로 해석될 수도 있다. 금융시스템이 취약하기 때문에 외국인이 투기하였다는 것이다. 이는 그 당시 대통령으로 당선된 김대중 대통령이 주장한 인과관계의 방향이었다. 이러한 관점에서 김대중 대통령은 조지 소로스를 욕하기는커녕 직접 만나 위기를 극복할 수 있는 방법에 대하여 자문을 구하기까지 하였다.

금융위기와 투기라는 두 가지 변수 중에서 어느 것이 원인이고 어느 것이 결과인지에 관한 토론은 아직도 계속되고 있다. 어떠한 인과관계를 타당하다고 인식하는가에 따라 행동이 달라진다. 마하티르 총리는 외국인의 투기를 원천적으로 차단시킬 수 있는 폐쇄정책을 채택하였다. 반면 김대중 대통령은 금융구조조정과 개방정책을 통하여 금융시스템을 강화시킴으로써 외국인의 투기를 극복하는 방안을 채택하였다.

다른 한편으로 두 가지 인과관계가 모두 타당할 수도 있다. 항상 역방향으로 작용할 수도 있는 것이 인과관계이기 때문이다. 그러나 양방향의 인과관계는 매우 조심스럽게 살펴보아야 한다. 양방향의 인과관계를 잘 살펴보면 다른 변수가 중간에 개입되어 있는 것이 보통이다. 금융위기가 외국인의 투기를 유발시키는 이유는 금융위기가 발생할 때 단기적인 투기가 장기적인 투자보다 더 많은 이익을 주기 때문이라고 할 수 있다. 거꾸로 외국인의 투기는 금융질서의 교란을 가져오고 이로 인하여 금융위기가 유발된다고 분석할 수도 있다. 결국 외국인의 투기가 금융위기를 가져왔는가, 아니면 금융위기로 인하여 외국인의 투기가 유발되었는가라는 논쟁은 어떠한 인과관계가 타당한가 하는 논쟁이라기보다는 어떠한 경로의 인과관계가 더 강하게 활성화되었는가 하는 논쟁이라고 할 수 있다. 이것은 양방향의 인과관계가 동시에 존재할 수 있기 때문이다. 이렇듯 양방향의 인과관계를 보다 면밀히 검토하기 위하여는 인과관계의 사슬을 보다 상세히 분절하여 검토해 볼 필요가 있다.

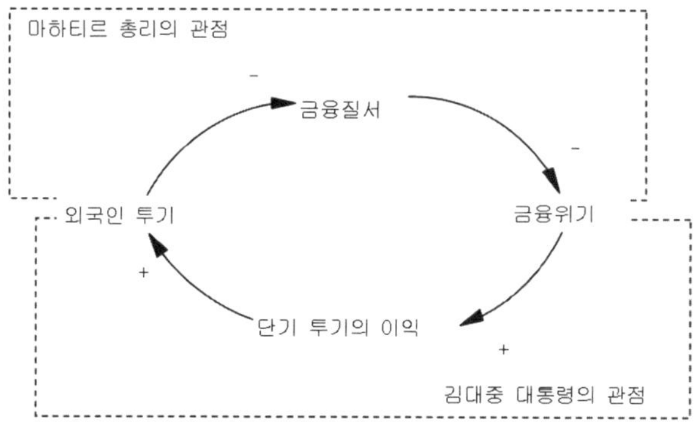

〔그림 19〕 **금융위기에 대한 마하티르 총리와 김대중 대통령의 대처방법**

21 상호의존성

양방향 인과관계는 상호의존성(interdepend-ence), 상호작용성(interaction)과 깊은 관련이 있다. 두 변수가 서로에게 원인이 되는 동시에 결과가 되는 경우, 두 변수는 상호의존적인 관계에 있다. 남편의 기분이 부인에 의해 결정되고 동시에 부인의 기분이 남편에 의해 결정되면, 남편과 부인은 상호의존적인 관계에 있다. 상호의존성은 사회과학에서 핵심적인 단어이다. 상호의존적이기 때문에 사회관계에는 역동성이 있다.

겉으로 볼 때에는 적대적·경쟁적인 관계로 보이지만, 그 이면에는 상호의존적인 관계가 형성되어 있는 경우가 많다. 부자는 빈자가 있음으로써 존재하고, 강자는 약자가 있음으로써 존재한다. 약자가 있기 때문에 강자가 강자로 존재한다. 다수는 소수의 존재를, 지도자는 추종자의 존재를 전제로 한다. 적대적으로 보이던 남한의 정권과 북한의 정권이 사실은 공생관계로 표현되는 상호의존적인 관계를 지니고 있었다는 점은 더 이상 놀라운 일이 아니다. 공산주의의 위협이 없다면, 반공을 이념으로 하는 정권이 존재할 수 없다.

일단의 동물애호가가 자연공원을 방문한 적이 있다. 이들은 사슴이 사자에게 잔인하게 잡아 먹히는 광경을 목격하게 되었다. 이들은 사슴을 보호하기 위하여 사자사냥을 허용하는 운동을 하였다. 사자의 숫자가 줄어들자, 예상하였듯이 사슴의 숫자가 늘어나기 시작하였다. 그러나 몇 년 후에 사슴의 비극이 발생하였다. 사슴의 숫자가 너무 많아져 풀이 부족하여졌으며, 수십만 마리의 사슴이 굶어 죽은 것이다. 결국 사슴의 숫자를 줄이기 위하여 다시 사자사냥을 금지하였다. 이번에는 사자의 숫자가 급격히 증가하기 시작하였다. 많은 사슴 때문에 사자는 풍부한 먹이를 얻을 수 있었기 때문이다. 사슴의 숫자가 급격하게 줄어듦에 따라, 이번에는 사자의 비극이 시작되었다. 경쟁에서 밀린 약한 사자들이 굶어 죽기 시작한 것이다. 애당초에 사슴과 사자는 상호의존적인 관계를 형성하고 있었다. 이러한 상호의존성을 보지 못하고 죽어 가는 사슴의 비극이라는 표면적인 현상만을 보고 시스템을 변화시킨 것이 더 큰 비극을 초래한 원인이었다.

먹는 자와 먹히는 자 사이의 상호의존성은 사회에서 수없이 발견할 수 있다. 깡패와 상인은 상호의존적인 관계에 있다. 깡패는 상인에게 적당히 돈을 뜯어야 한다. 상인의 영업을 방해할 정도로 뜯으면 그 손실은 깡패에게로 돌아간다. 국가의 세금과 기업활동 사이에도 이러한 상호의존성이 있다는 것이 경제학자가 말하는 래퍼곡선이다. 세율이 지나치게 높으면 기업활동이 위축되고 지하로 숨어 든다. 이러한 상황에서 세율을 낮추면 기업활동이 활성화·양성화되기 때문에 오히려 걷히는 세금의 총액은 증가한다.

시스템에 만연되어 있는 경쟁, 게임, 전쟁, 투쟁, 생존, 멸종 등은 이러한 상호의존성을 바탕으로 하여 움직인다. 경쟁, 게임, 생존 등을 이해하기 위해서는 먼저 상호의존성을 둘러싼 인과관계를 이해해야만 한다. 시스템 사고의 핵심은 이러한 상호의존성을 발견하는데 있다. 사회의 역동성에 대한 이해와 고도의 전략적 사고는 상호의존성에 대한 인식으로부터 출발한다. 이러한 상호의존성을 보다 깊이 있게 이해하기 위하여 시스템 사고에서는 피드백 사고(feedback thinking)를 강조한다.

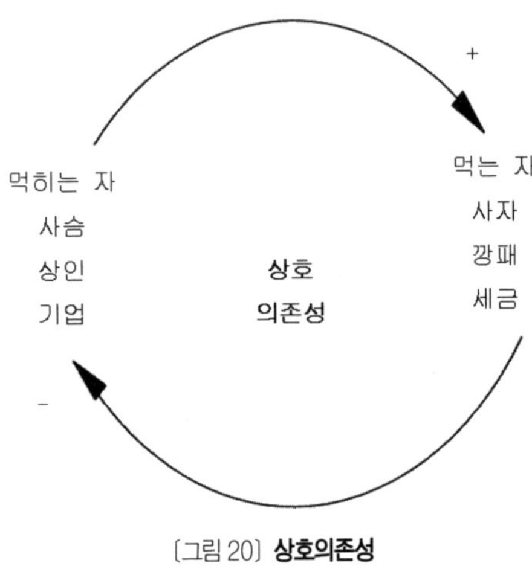

〔그림 20〕 **상호의존성**

제4부

피드백 사고
feedback thinking

1 피드백 동물
2 피드백의 개념
3 피드백이 동력이다
4 의사결정에 내재된 피드백
5 피드백 구조의 인식
6 피드백 구조의 무지로 인한 비극
7 의인화의 미신
8 부분과 전체의 상이성: 돌발적으로 나타나는 특성
9 음의 피드백 루프와 양의 피드백 루프
10 인구의 성장과 억제
11 지배적 피드백 루프
12 지배적 피드백 루프의 전환
13 시장의 가격조절 메커니즘과 대기행렬 시스템
14 투기적인 시장의 경우
15 미미한 원인
16 양의 피드백 루프와 임계질량: 티핑 포인트
17 선순환과 악순환
18 성장의 한계limits to growth
19 음의 피드백 루프와 통제control
20 음의 피드백 루프+시간지연=과잉행동overaction
21 음의 피드백 루프+시간지연=요동fluctuation
22 사회적 이슈로 등장하는 파동
23 시장실패의 두 가지 메커니즘: 투기와 파동
24 처방의 부작용과 희생양
25 응급처방의 악순환: 중독에 이르는 길
26 목표의 후퇴: 개구리 신드롬
27 과열경쟁으로 인한 앙등효과
28 빈익빈 부익부
29 자기실현적 예언
30 자기실패적 예언
31 피그말리온 효과

1 피드백 동물

시스템 사고의 핵심은 피드백 사고이다. 시스템 사고는 피드백의 아름다움에 대한 경탄에서 시작하고, 피드백의 역동성을 활용하여 문제를 해결할 때 희열을 느낀다. 시스템이 살아 움직이는 생명력의 원천이 바로 피드백 관계이기 때문이다.

"인간이란 스스로 금을 긋고 그 금에 걸려 넘어지는 동물이다"라는 말이 있다. 이 말은 두 가지 중요한 의미를 함축하고 있다. 첫째, 인간은 피드백 동물이라는 점을 간결하게 보여 준다. 사람은 자기 스스로 그은 금을 보고 즐거워하기도 하고, 슬퍼하기도 한다. 자신이 스스로에게 의무를 부과한다. 사람 스스로 법을 만들고, 그 법으로 인해 사람은 죽임을 당하기도 한다. 사형수가 억울하다는 점을 알면서도 스스로 만든 법을 어기지 못해 죽이는 경우도 있다. 사람 스스로 훈장이라는 제도를 만들어 놓고, 훈장을 위해 살고, 훈장을 위해 죽기까지 한다.

둘째, 이 말은 인간은 물리적 조건보다도 정신적 구조에 의해 지배된다는 점을 말해 준다. 자연에 의해 주어진 환경보다는 인간이 만들어 자연에 부과한 의미가 더 중요하다는 점이다. 아무리 배고파도 인도 사람들은 소를 먹지 못하고, 이슬람 사람들은 돼지를 먹지 못한다. 자연에 의해 주어진 규율이 아니라 스스로 만들어 스스로에게 부과한 규율이다. 이러한 점에서 의사결정자에게 가장 중요한 장애는 스스로의 사고 그 자체이다.

성경의 『잠언』 제5장에는 "악인은 자기의 악에 걸리며, 그 죄의 줄에 매이나니"라는 말이 있다. 스스로 죄의 쇠사슬을 만들고 그 사슬에 스스로를 옭아맨다. 인간은 사고를 통해 스스로에게 에너지를 부과하기도 하며, 스스로의 활동을 구속하기도 한다. 이러한 점에서 피드백 관계는 근원적인 의미를 내포하고 있다.

한자로 인간(人間)의 인(人)자는 두 사람이 기대어 있는 모습을 형상화한 것이고, 간(間)자는 두 사람 사이를 의미한다. 서로 영향을 주고 받는 피드백 관계가 사람의 본질적 특성이다. 본질적으로 사람은 피드백 동물이라는 점을 인간이라는 한자는 말해 주고 있다.

거울은 우리의 모습을 반사해서 보여 주는 역할을 한다. 단순한 거울 앞에 선 사람의 마음은 복잡해진다. 거울을 통해 스스로의 모습을 바라보는 사람은 과거를 자책하기도 하고, 미래를 꿈꾸기도 한다. 거울은 피드백을 상징한다.

몸무게를 줄이기 위한 다이어트 방법은 무수히 많지만, 어떤 방법을 사용하건 간에 반드시 갖추어야 할 장비가 있다. 바로 체중계이다. 아침저녁으로 체중계에 몸무게를 측정해 봄으로써, 다이어트의 진도를 확인할 수 있다. 몸무게가 줄어들지 않았을 경우에는 더욱 열심히 다이어트를 수행해야 한다는 동인을 얻는다. 거꾸로 몸무게가

조금이라도 줄어들었을 때에는 커다란 기쁨이 마음으로부터 샘솟으며, 그 기쁨은 다이어트를 지속적으로 수행할 수 있는 동기와 힘을 제공한다.

이러한 사실로부터 행태주의자들은 측정이 중요하다고 한다. 그러나 체중계가 하는 일은 몸무게를 측정하는 일만이 아니다. 그 측정 결과를 우리에게 알려 주는 피드백 역할까지 체중계는 수행한다. 매일 아침 체중계에 몸무게를 재고, 다이어트를 다짐하는 것은 피드백 메커니즘이다. 측정은 피드백 과정의 한 부분일 뿐이다.

2 피드백의 개념

시스템 사고의 핵심은 피드백 관계이다. 피드백(feedback)을 우리 나라 말로 굳이 번역하자면 되먹임이라고 한다. 피드(feed)라는 말은 먹인다는 말이고, 백(back)이라는 말은 거꾸로라는 말이기 때문이다. 환류라고 번역하기도 한다. 되돌아온다는 의미이다. 자신의 행위가 여러 가지 인과관계를 거쳐 자기자신에게로 되돌아오는 것을 피드백 루프(feedback loop)라고 한다. 피드백이라는 말이 자주 사용되기 때문에, 그리고 딱히 우리 말로 번역하기도 어렵기 때문에 그냥 피드백이라는 말을 사용한다. 시스템이라는 말을 굳이 우리 말로 번역하지 않는 것과 마찬가지이다. 시스템과 마찬가지로 피드백이라는 말에는 대단히 광범위한 의미가 내포되어 있다.

일상적으로 피드백이라는 용어는 대단히 협소하게 이해되어 왔다. 종종 피드백은 평가의 관점에서 이해되기도 하였다. 다른 사람이 자신의 행동을 어떻게 생각하는지를 말해 주는 것을 피드백이라고 말하기도 한다. 정부의 활동이나 기업활동을 국민 또는 소비자가 평가하는 것을 피드백이라고 한다. 인터넷 사이트의 하단에 표시된 피드백이라는 아이콘은 이러한 의견을 전달하는 수단을 의미한다. 평가로써의 피드백은 통제(control)를 의미한다. 평가에 따라 상이나 벌을 주는데, 이는 상벌을 가지고 사람의 행태를 변화시키고자 하기 때문이다.

시스템 사고에서 말하는 피드백 관계는 훨씬 더 근원적이고 광범위하다. 피드백은 명시적으로 이루어질 수도 있으나 암묵적으로 이루어질 수도 있다. 정부나 기업활동이 인기가 없어 정책이나 상품에 대한 지지도가 떨어지면, 그것이 바로 피드백 관계이다. 이 때 정책이나 상품의 평가가 명시적으로 이루어지지 않는다. 특별한 평가보고서나 성적표가 있는 것이 아니다. 다만 상품에 대한 소비자의 선호, 정책에 대한 국민의 지지가 있을 뿐이며, 이러한 선호와 지지가 결국 그 상품과 정책의 위상에 영향을 미친다.

피드백은 평가가 아니라 보복의 차원에서 이루어질 수도 있다. 종종 하급자는 상급자가 없는 자리에서 상급자의 욕을 한다. 그렇게 뱉은 욕이 돌고돌아 상급자의 귀에 들어간다. 상급자는 자신을 욕한 하급자를 불러 야단을 친다. 이렇게 욕이 야단으로 돌아온다. 상급자가 야단을 치지 않고, 모른척 하면서 하급자에게 힘든 업무를 맡길 수도 있다. 이것 역시 피드백이다.

보다 일반적으로 말하면, 피드백은 의사결정의 본질적인 과정이다.

자전거나 자동차의 운전자를 생각해 보자. 운전자는 핸들을 움직이고, 그 결과 자동차가 얼마만큼 움직이는지 쉴새없이 관찰한다. 핸들의 회전결과가 운전자의 두뇌로 피드백된다. 회전이 덜 되었으면 핸들을 더 돌려야 하고, 회전이 너무 많이 되었으면 핸들을 반대방향으로 돌려야 한다. 운전자는 차를 움직이고, 또한 차의 움직임에 대한 정보에 기초하여 의사결정을 수정·변화시킨다. 이렇게 피드백은 순환되는 의사결정을 의미한다. 자동차 운전자 뿐만 아니라 정부, 기업체 및 가정의 모든 의사결정자는 매 순간 피드백 과정 속에서 살아가는 셈이다.

3 피드백이 동력이다

피드백 구조는 시스템 사고의 핵심이다. 피드백 구조야말로 시스템에 생명력을 제공하는 원천이기 때문이다. 여러 개의 인과관계가 피드백을 형성하지 못하는 경우가 있다. 이 때에는 시스템에 지속적인 변화가 발생하지 않고, 이 변화는 단 한번 일어나는 것으로 그친다. 밟은 페달이 다시 제자리로 돌아와야 계속해서 페달을 밟을 수 있기 때문이다.

태양에 흑점이 나타나면, 지구에 흉년이 든다는 말이 있다. 이러한 인과관계에 의한 변화는 1회성이다. 게다가 통제하기도 어렵다. 태양의 흑점을 어떻게 감소시킬 것인가? 그러나 농산물가격의 폭락으로 인하여 농지가 황폐되는 경우는 이와 다르다. 농지가 황폐되었기 때문에, 농산물의 물량이 부족하게 되어 그 가격이 급등한다. 농산물가격이 상승함에 따라 황폐된 농지는 다시 경작되어 농산물이 재배되고, 결국에는 많은 농산물이 시장에 출하된다. 그러나 태양의 이상활동으로 인하여 흉년이 드는 경우는 아무리 피해가 크다고 할지라도, 그 사건은 1회성으로 마무리된다.

영구동력 기계는 공통적으로 피드백 메커니즘을 사용한다. 에너지를 소비하여 운동을 하고, 그 운동을 통해 다시 에너지를 생산한다. 만약 시스템에 피드백이 존재하지 않는다면, 어떠한 현상이 발생될까? 모든 힘은 되돌아오지 않을 것이며, 1회적인 작용으로 그칠 것이며, 따라서 한번 발휘된 힘은 순간적으로 소멸될 것이다. 우주를 헤매던 운석조각이 달에 떨어질 때, 그 충격으로 인하여 달의 표면에 급작

피드백 = 동력

스러운 상처가 발생된다. 결국 피드백이 없는 시스템은 적막 중에 고요할 것이며, 간헐적인 충격으로 인한 순간적인 변화만 발생할 것이다. 피드백이 존재하지 않는 시스템은 간헐적·일시적인 변화가 특징이다. 주기적인 움직임이나 변화는 피드백 시스템의 특성이다.

헤겔은 역사의 발전을 정과 반이 충돌하여 합이 탄생되는 변증법으로 보았고, 토인비는 도전과 응전의 반복으로 해석하였다. 역사의 변화에서 주기적인 패턴을 발견할 수 있다면, 역사의 이면에 피드백 시스템이 존재한다고 할 수 있다. 시스템의 규칙적인 움직임과 변화를 이해하고자 하는 시스템 사고는 피드백에 초점을 둔다.

피드백이 없으면 반복적인 움직임과 변화가 없다. 피드백이 없는 시스템은 시스템 사고의 관점에서는 연구할 만한 가치가 없다. 아무리 열심히 연구해 보았자, 피드백이 없는 변화는 1회성 변화일 뿐 반복하여 나타나지 않기 때문이다. 피드백 시스템에 의한 변화는 시스템 내부에서 유지되면서 반복하여 나타나는 변화패턴이다. 피드백 시스템을 분석함으로써 지속적으로 전개되는 시스템의 변화를 이해할 수 있으며, 또한 적극적으로 이용할 수 있다. 피드백 구조야말로 시스템을 움직이는 동력(driving force)이기 때문이다.

4 의사결정에 내재된 피드백

모든 의사결정 시스템에는 피드백이 존재한다. 의사결정자는 환경을 세심하게 관찰하고는 자신의 행위를 결정한다. 그

행위는 크건작건 환경에 변화를 가져온다. 의사결정은 환경에 관한 정보에 기초하지만, 동시에 의사결정이라는 행위는 환경에 변화를 가져온다. 이렇게 의사결정자와 환경은 끊임없이 영향을 주고받는다.

이에 대하여 한 학생이 다음과 같이 질문을 하였다. 우산을 파는 사람은 날씨를 관찰하여 우산을 팔 것인지를 결정한다. 그러나 우산을 팔 것인지에 대한 그의 행위가 날씨에 영향을 주는 것은 아니지 않는가라고 질문하였다. 맞는 말이다. 그러나 이 사람의 환경에는 날씨만 있는 것이 아니다. 다른 우산 장사 역시 이 사람의 환경이다. 이 사람이 고속버스 터미널에서 우산을 팔려고 결정하였다면, 다른 우산 장사는 다른 곳에 가서 우산을 팔아야 한다. 만약 다른 사람이 고속버스 터미널에서 우산을 팔기로 결정했다면, 이 사람은 다른 곳에 가서 팔아야 한다. 이렇듯 모든 의사결정자는 환경과 피드백 루프의 관계에 있다.

우리는 하루에도 수십 번 컵에 물을 따라 마신다. 컵에 물을 따르면서 우리 자신이 물을 따른다고 생각한다. 컵에 물을 따르는 행위가 피드백 루프에 의해 통제된다고는 생각하지 않는다. 그저 "목이 마르면 ⇒ 수도 꼭지를 돌리고 ⇒ 물을 컵에 채워 ⇒ 마신다"라고 생각한다. 이러한 과정은 문제가 있으면 해결한다는 "문제해결"의 관점으로 이해된다. 보다 근원적으로 이러한 관점은 자극 =〉 반응의 도식으로 요약되는 행태주의적인 관점이라고 할 수 있다. 이것은 1회적인 사건을 의미한다. 여기에는 시스템이 존재할 여지가 없다. 이러한 관점은 순환되는 피드백 루프의 존재를 놓치기 때문이다.

컵에 물을 따르는 행위 역시 의사결정행위이다. 그렇기 때문에 피드백 루프의 지배를 받는다. 컵에 물을 따르기 전에 어느 정도 물을 따를 것인지 결정한다. 목이 마르면 많이 따를 것이고, 그렇지 않으면 조금 따를 것이다. 그리고는 컵에 물을 따르기 시작한다. 컵의 물이 자신의 목표에 접근하면, 서서히 따르는 물의 양을 줄이다가 결국은 물을 그만 따른다. 이러한 과정은 전형적인 피드백 루프이다. 컵에 찬 물의 양에 관한 정보가 의사결정자에게 피드백되고, 그 정보에 근거하여 물 따르는 양을 조절한다.

피드백 루프의 존재를 실감하려면, 눈을 감고 물을 따르면 된다. 눈을 감으면 피드백 루프의 고리가 끊어지기 때문에 너무 많이 따라 물이 넘치거나 너무 적게 따르고 멈추게 될 것이다. 이것은 피드백 루프가 결여되어 있기 때문이다. 우리는 너무나 자연스럽게 걸어다니기 때문에, 걸어다니는 것이 피드백 메커니즘에 의해 이루어진다고 생각하지 않는다. 하지만 눈을 감고 걸어 보면, 어딘가에 부딪힐 것 같아 한 걸음도 제대로 움직일 수 없다. 피드백 루프가 끊어질 때, 우리는 피드백의 중요성을 실감한다.

의사결정은 단순히 목표를 세우고 목표를 달성할 수 있는 수단을

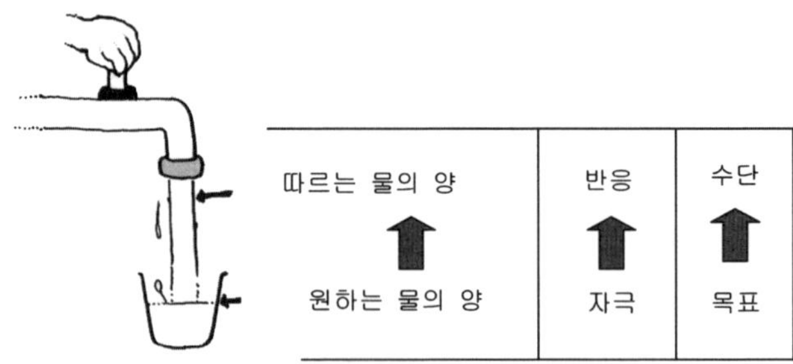

〔그림 1〕 **컵에 물을 따르는 행위의 자극과 반응**

선택하는 단선적인 행위가 아니다. 의사결정은 끊임없이 자신이 설정한 목표가 달성되는지 검토해 보고, 부족한 부분을 채우기 위한 방향으로 노력을 경주하는 것이다. 이러한 피드백 루프에서 의사결정자는 하나의 요소일 뿐이다. 자신의 의사결정이 어떠

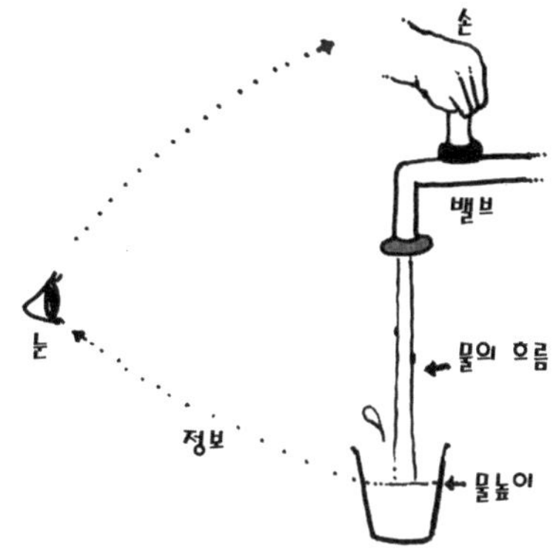

〔그림2〕 **컵에 물을 따르는 행위의 피드백 루프**

한 피드백 루프를 형성하고 있는지 정확히 간파해야 한다. 의사결정은 의사결정자에 의해서뿐만 아니라 피드백 루프에 의해 지배되기 때문이다.

5 피드백 구조의 인식

시스템 사고를 처음 접하는 사람은 대개 피드백 관계를 생소하고 특별한 것으로 생각하기 쉽다. 일부학자는 정부 또는 기업의 시스템에서 피드백 루프가 부족한 것이 보통이라고 생각한다. 이것은 피드백이라는 개념에 대한 오해에서 비롯된 생각이다. 사실 일상생활은 피드백 루프로 가득하다. 피드백 루프가 적은 것이 문제가 아니다. 너무나 많은 피드백 루프가 있는데도 불구하고 이를 인식하지 못하는 것이 문제이다. 피드백 루프가 시스템 사고의 핵심인 이

유는 모든 시스템에 피드백 루프가 충만하기 때문이다. 피드백 루프가 부족하기 때문에 시스템 사고가 필요한 것이 아니라, 피드백 루프가 너무나 풍부하기 때문에 시스템 사고가 필요하다. 피드백 루프를 발견하지 못하는 한, 시스템의 이해는 시작도 할 수 없다.

그러나 피드백 루프를 인식하고 활용할 수 있는 능력은 소수의 사람에게 허용된 특별한 능력으로 여겨져 왔다. 1976년 액셀로드(Axelrod)는 『의사결정의 구조(*Structure of Decision*)』라는 저서에서 정책결정자의 인지지도(cognitive map)를 연구하였다. 인지지도란 정책결정자의 어록을 분석하여 정책결정자가 생각하고 있었으리라고 추론되는 인과지도를 추출한 것을 말한다. 분석결과의 놀라움을 액셀로드는 다음과 같이 서술하고 있다.

> 그러나 중요한 점은 우리가 상세히 연구한 세 개의 인지지도에서 양의 피드백 루프건 음의 피드백 루프건 간에, 그리고 기다란 루프건 짧은 루프건 간에, 그 어떤 피드백 루프도 발견되지 않았다는 점이다. 이상한 일이다. 이 인지지도에서 순환이 결여되어 있다는 것은 의사결정자가 회의를 통하여 서로 제기하는 정책환경의 이미지에 피드백이 결여되어 있다는 점을 의미한다. 이는 정말로 이상한 일이다. 거의 모든 복잡한 환경, 특히 사회환경과 같은 복잡한 환경의 동태적 변화에서 피드백은 필수적이라는 점을 우리는 알고 있기 때문이다(232 쪽).

그러나 모든 정책결정자가 피드백 구조에 대한 인식을 결여하고 있는 것은 아니다. 전략적인 마인드를 가지고 있는 것으로 평가되어 온 정책결정자는 정책시스템에 숨겨져 있는 피드백 구조를 알고 있었을 뿐만 아니라 적극적으로 활용했다는 점이 밝혀지고 있다. 예를 들어 마오즈(Maoz) 교수는 미국의 유명한 외교전략가였던 헨리 키신저의 인지지도를 연구했는데, 많은 피드백 루프를 발견할 수 있었다. 이에 관하여 마오즈는 다음과 같이 언급한 바 있다.

이 순환은 다음과 같이 설명될 수 있다. 원자폭탄이라는 재앙에 대한 두려움이 클수록, 미국과 소련 사이의 관계는 보다 건설적으로 될 것이다. 이들의 관계가 건설적으로 될수록 평화에 대한 희망은 보다 커질 것이다. 평화의 희망이 커질수록, 양대 초국가 사이의 이데올로기 갈등은 약화될 것이다. 그리고 이것은 원자폭탄이라는 재앙의 두려움을 감소시킬 것이다. 비록 이러한 순환적 주장이 키신저의 연설에서 명백하게 드러나는 것은 아니지만, 이러한 인과관계의 경로는 키신저의 명백한 주장으로부터 논리적으로 도출되는 결과이다(Maoz, *National Choice and International Processes*, 132~133쪽).

또한 필자의 연구에 의하면 김대중 대통령이나 마하티르 총리는

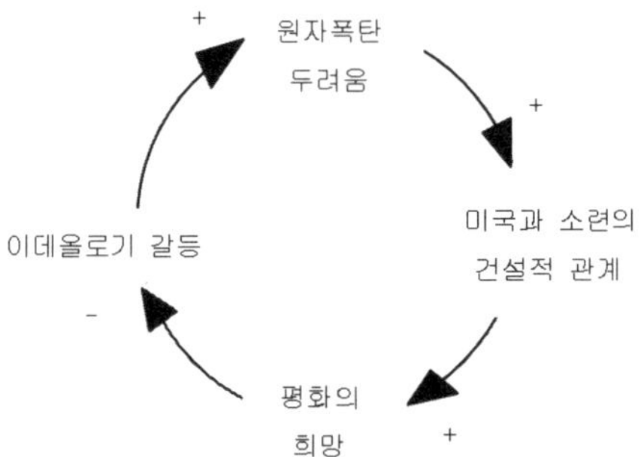

〔그림 3〕 **키신저가 믿었던 피드백 루프**

상당히 많은 피드백 루프를 인식하고 있었으며, 키신저와 마찬가지로 그러한 피드백 루프를 전략적으로 활용할 줄 아는 정치인이었다. 그들은 거의 동시에 닥친 금융위기를 성공적으로 극복하였다. 비록 그들이 사용했던 정책의 내용은 달랐지만, 그들은 금융위기를 둘러싼 다양한 피드백 루프를 인식하고 있었으며, 이것을 활용함으로써 금융위기를 극복하고자 하였다. 그리고 그들은 성공하였다.

그러나 전략적으로 뛰어난 정책결정자보다는 그렇지 못한 정책결정자가 더 많은 것으로 보인다. 필자가 연구한 바에 의하면, 금융위기에 대처했던 경제부총리 중의 한 사람은 거의 피드백 루프를 인식하지 못했던 것으로 나타났다. 최고의 명문대학을 졸업하고 경제정책을 수십 년 간 입안한 정책 관료가 오히려 피드백 루프를 인식하지 못하고 있다는 점은 시사하는 바가 크다. 경제학·경영학·정책학 교과서만을 공부한 사람은 피드백 구조의 중요성을 알지 못한다. 아직까지 우리의 사회과학은 시스템 사고에 익숙하지 못하기 때문이다. 그러나 전략적으로 뛰어난 지도자는 스스로의 경험과 학습을 통하여 시스템에 내재되어 있는 피드백 루프를 인식·활용한다.

종종 최고지도자들이 모든 부문을 잘 알아야 할 필요는 없다고 한다. 각 부문에서 가장 훌륭한 전문가를 선발해서 일을 맡기고, 최고지도자는 이들을 관리하기만 하면 된다고 생각하기도 하는데, 이것은 크게 잘못된 생각이다. 시스템을 각각의 부문으로 나누어 놓으면, 여러 부문 사이에 걸치는 피드백 루프를 인식하지 못할 위험이 커지기 때문이다. 실제로 경제부문, 정치부문과 외교부문 사이에는 긴밀한 피드백 루프가 존재하지만, 경제부문만을 바라보는 경제부총리는 이러한 피드백 루프를 인식하지 못할 가능성이 높다. 사회의 각 부분에 걸쳐 거미줄처럼 얽혀 있는 거시적인 피드백 루프를 볼 수 있는 사람은 국무총리와 대통령이라고 할 수 있다. 만약 이들이 거시적인 피드백 루프를 인식하는 데 실패한다면, 기본적인 국가정책이 방향성을 잃게 된다. 과거 김대중 대통령은 정치, 경제, 금융, 산업, 외교 등의 지식이 해박하여 사회 각 부문에 걸쳐 존재하는 피드백 루프를 인식하고 있었다.

기업에서도 마찬가지이다. 최고관리자는 기업 전체를 관통하는 피드백 루프를 볼 수 있어야 한다. 판매부서의 장과 생산부서의 장은 기업 전체를 흐르는 피드백 루프를 볼 위치에 있지 않다. 판매부서의 장이 열심히 일해 판매량을 증가시키면, 생산부서에 무리한 하중이 부여되어 불량률이 증가한다. 급격히 불량률이 증가하는 경우 소비자의 불만이 커지게 되고, 이는 기업 전체의 신뢰를 떨어뜨리는 요인으로 작용한다. 기업 전체의 피드백을 인지하고 있는 최고관리자라면 하위부서들 사이의 상호작용을 조절·관리해야 한다. 전체의 피드백 루프를 인식하지 못하는 경우, 각 부서의 사람이 열심히 일해서 개별적으로는 성공했는데, 기업 전체로 보면 실패하는 결과가 발생한다. 분할해서 정복하는 전략은 반드시 통합을 거쳐야 한다. 그래야만 피드백 루프를 발견할 수 있다.

많은 정책결정자가 피드백 구조를 이해하는 데 어려움을 겪는 것으로 보인다. 피드백 구조를 인식하지 못한다는 것은 시스템의 메커니즘을 이해하지 못한다는 점을 의미하며, 결국은 잘못된 인식의 토대에서 정책을 결정·집행한다는 점을 의미한다. 오해에 기초한 정책이 성공하리라고 기대하는 것은 무리이다. 장님이 장님을 인도하는 것과 조금도 다를 바가 없다. 피드백 루프를 인식하지 못하고 정책을 결정하는 것은 스스로가 자신의 함정을 파는 것과 마찬가지이다. 자신이 고민하여 입안한 정책이 자신을 옭아매는 올가미가 되어 재앙을 불러일으킨다.

6 피드백 구조의 무지로 인한 비극

시스템 다이내믹스 학문이 정립된 1960년대부터 시스템 다이내믹스 학자는 기업가나 정책결정자들이 피드백 시스템을 잘 이해하지 못한다는 점을 경험으로 알고 있었다. 1980년대 들어 MIT의 스터만(Sterman) 교수를 중심으로 과연 의사결정자가 피드백 루프의 구조를 인식하고 있는가에 관한 본격적인 연구를 수행하기 시작하였다.

스터만의 실험에서 피실험자는 기업의 자본투자를 결정하는 역할을 담당한다. 즉, 피실험자는 주문량에 적절한 생산능력을 확보하기 위하여 얼마의 자본을 새로이 투자할 것인가를 결정해야 한다. 피실험자는 〔그림 4〕의 왼쪽 부분에 있는 '자본투자'라는 변수값을 결정한다. 상품의 주문량은 처음 2년간은 450이며, 2년 후에 갑자기 증가하여 500으로 되며 이후에는 동일하게 500만큼의 주문이 이루어진다. 이 모델에서 외부변수는 상품의 주문량이며, 이는 상당히 안정적 환경이라고 할 수 있다.

〔그림 4〕에서 네모상자는 물건의 축적, 즉 저량(stock)을 의미하며, 밸브는 물건의 흐름 즉 유량(flow)을 의미한다. 실선은 물질흐름을 의미하고, 점선은 의사결정을 위한 정보흐름을 의미한다.

스터만은 그림과 같은 피드백 구조를 피실험자에게 알려주었다. 그렇기 때문에 피실험자는 피드백 구조를 알고 있었다고 할 수 있다. 그럼에도 불구하고, 피실험자는 지속적으로 의사결정을 잘못하였다. 대부분의 피실험자는 초기의 갑작스러운 주문량의 증가에 대응하기

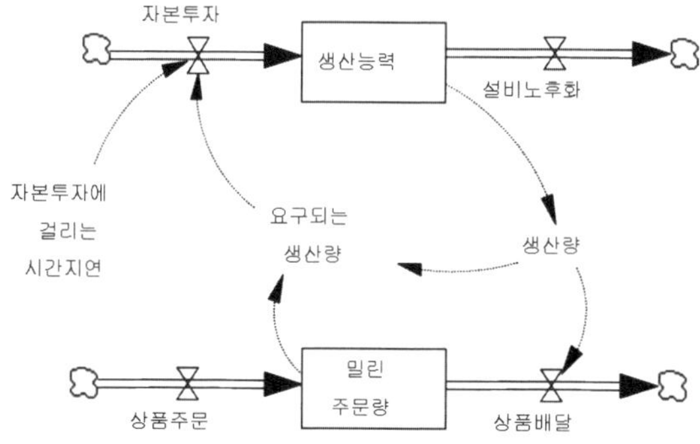

〔그림 4〕 **스터만의 실험**

위하여 지속적으로 자본투자를 증가시켜 결국은 생산설비의 과도한 증가를 가져왔다. 과도한 투자의 결과 상품공급이 수요를 초과하였다. 피실험자의 의사결정규칙을 살펴본 결과 스터만은 피실험자들이 피드백 구조의 역할에 관하여 제대로 이해하지 못한다고 결론지었다. 의사결정자는 피드백 구조의 동태적 역할을 이해하지 못하며 그 결과 잘못된 의사결정을 수행한다는 것이다.

나아가 스터만은 실험이 끝난 후에 피실험자에게 잘못된 의사결정의 원인이 무엇이냐고 물어 보았다. 피실험자는 대부분 외부의 환경이 불안정하였기 때문에 올바른 의사결정을 내리기 어려웠다고 응답하였다. 그리고 피실험자들은 상품주문의 보다 정확한 예측이 필요하다고 주장하였다. 그러나 앞에서 언급하였듯이 상품 주문량은 처음 2년간은 450, 그 후로는 500으로 고정되어 안정적으로 이루어졌다. 피실험자는 자신의 잘못된 의사결정을 외부환경의 탓으로 돌리는 것이다.

의사결정자는 자신의 잘못된 의사결정을 외부환경에 귀인시키는 데 익숙하다. 보다 많은 정보와 보다 정확한 예측이 시스템을 구원할 것이라고 믿는다. 그러나 실패의 원인은 정보가 부족해서도 아니고 미래를 예측하지 못해서도 아니다. 대부분의 실패는 피드백 구조의 역할을 이해하지 못하는 무지로 인하여 발생된다. 값비싼 예측시스템이 아니라 피드백 구조를 이해하는 시스템 사고의 도입만으로도 잘못된 의사결정으로 인한 비극을 예방할 수 있다.

일상생활 역시 피드백 루프로 가득하다. 종종 노래방의 마이크에서 고막을 찢는 듯한 소리가 들려서 깜짝 놀라는 경우가 있다. 이는 바로 피드백 루프로 인한 것이다. 마이크로 들어가 증폭된 음성이 스피커로 나오고, 그렇게 스피커에서 나온 음성이 다시 마이크로 들어가서는 증폭된다. 이러한 과정이 순식간에 수천 번 반복되어 갑자기 고음이 된다. 이러한 피드백 루프를 인식하지 못하고, 우리는 종종 마이크가 고장났다고 생각하고서 마이크를 손으로 쳐본다. 그러면 고음은 더 커지고, 급기야 마이크를 꺼 버린다. 그리고는 그 마이크를 고장난 것으로 생각하여 사용하지 않는다. 그러나 그러한 고음은 마이크의 성능이 나빠서가 아니고 오히려 좋기 때문에 발생한다. 피드백 루프를 인식하지 못하여 성능 좋은 마이크를 고장난 것으로 오해하게 된다.

이러한 현상이 노래방에 국한되는 것은 아니다. 사업이나 정책결과의 낙관적인 전망 또는 비관적인 전망이 조직 내에서 피드백 과정을 거치면서 증폭되기도 한다. 그리고는 이 과정에 충실했던 사람이 잘못된 의사결정을 내린 사람으로 지목되어 책임을 뒤집어 쓴다. 이것은 마이크나 의사결정자에게 결함이 있는 것이 아니고 환경의 불확

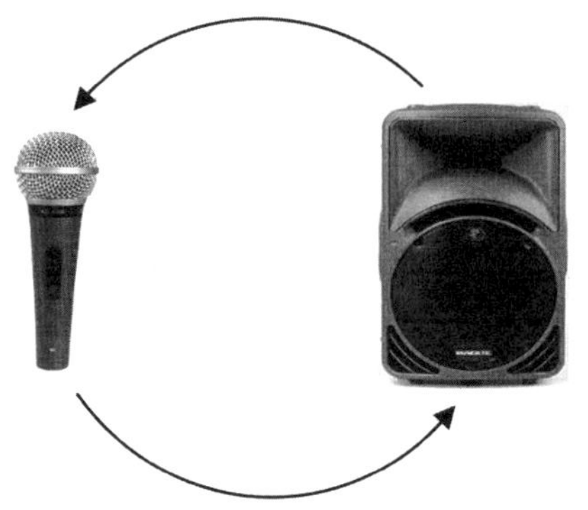

〔그림 5〕 **마이크와 스피커의 피드백으로 고음이 발생한다.**

실성에 책임을 돌릴 일도 아니다. 피드백 루프를 인식하지 못하고 이해하지 못하는 것이 의사결정에서 핵심적인 문제이다.

7 의인화의 미신

우리는 종종 행태를 보고 구조를 추론하는데 이는 쉽지 않은 일이다. 노력과 시간을 필요로 한다. 그러나 성급한 사람은 깊이 생각하지 않고 구조를 추론한다. 그러다 보니 잘못된 추론에 도달하고는 한다. 모든 물체에 생명이 깃들어 있다는 생각 역시 성급한 추론의 산물이며, 이러한 생각을 의인화라고 한다. 식물이나 물체의 행태를 보고 사람과 비슷한 점을 발견한다. 그리고는 식물과 물체가 사람과 마찬가지로 의식이나 생명을 지닌다고 생각하고, 식물이나 물체가 목적을 달성하기 위해 의도적으로 움직인다고 생각한다.

나뭇가지는 햇빛이 드는 방향으로 움직이고, 해바라기는 햇빛을 향해 꽃을 피운다. 이것은 나무가 햇빛을 좋아하거나 햇빛을 향해 움직이려는 의도가 있어서가 아니다. 이는 목적지향적인 의도에서 비롯된 행동이 아니다. 피드백 루프에 의해 그러한 움직임이 발생되는 것일 뿐이다. 햇빛에 가까운 나뭇가지가 잘 자란다. 햇빛을 향해 자란 가지는 더 많은 햇빛을 받는다. 결국 햇빛이 있는 방향으로 나뭇가지가 자라게 된다.

용수철을 잡아당겼다가 놓으면 원래의 위치를 향해 힘차게 되돌아간다. 용수철을 꾹 눌렀다가 놓아도 역시 제자리로 급하게 돌아간다. 자석의 음극과 양극은 서로 끌어당긴다. 마치 음극과 양극이 서로 좋아하는 것처럼 보인다. 그러나 이는 의식적·목적적 행위가 아니다. 힘의 균형을 유지하려는 피드백 루프가 작동하기 때문에 나타나는 현상일 뿐이다.

농구 골대를 향해 공을 던지다 보면 자꾸만 골대가 공을 피하는 것 같은 느낌이 들 때가 있다. 당구를 칠 때에도 당구공이 자꾸만 피해 가는 것 같은 착각이 들고는 한다. 이러한 의인화의 뒤에는 피드백 루프가 숨어 있다. 공이 의도한 대로 움직이지 않을수록, 공을 더 정확하게 보내려고 노력한다. 그런데 그렇게 노력할수록 어깨와 손목에 힘이 들어가고, 이렇게 근육이 긴장될수록, 공은 더욱더 엉뚱한 곳으로 움직인다.

행복을 추구하면 행복은 저만큼 멀리 달아난다. 불행을 피해 도망치면, 불행은 어느덧 등 뒤로 바짝 좇아온다. 마치 행복과 불행이 사람과 같이 살아 있는 것처럼 느껴진다. 행복은 나를 피해 도망다니고, 불행은 그림자처럼 나를 좇아다닌다. 행복은 짝사랑하는 애인처럼 잡을 수 없으며, 불행은 스토커처럼 떼어 버릴 수 없다.

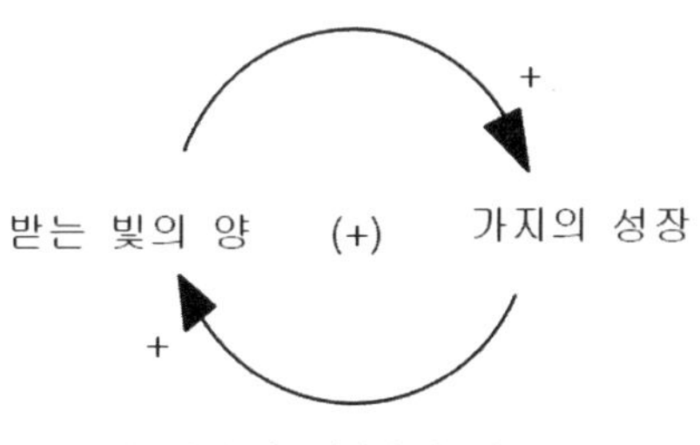

〔그림 6〕 **나뭇가지의 피드백 루프**

식물이나 물체에 대한 의인화는 사회시스템에도 적용된다. 사회시스템을 의인화함으로써 사회를 깊이 이해할 수 있다. 사회시스템을 하나의 생명체로 간주함으로써, 사회시스템의 복잡성을 이해할 수 있기 때문이다. 그러나 맹목적인 의인화는 이해에 못지않을 정도로 큰 오해를 가져다 준다. 사회시스템은 사람과 사람을 연결시키는 제도로 구성된다. 사람이 변수라면 제도는 관계이다. 의사결정자로써의 사람은 사회라는 환경과 피드백 루프의 관계에 있다. 이를 수직적인 피드백 관계라고 할 수 있다. 사회가 복잡해 짐에 따라 사회를 구성하는 제도 사이에 피드백 루프를 형성하기도 한다. 이를 수평적 피드백 관계라고 할 수 있다. 사회시스템이 생명체와 같은 행동을 보이는 이유는 이와 같은 수직적 피드백 관계와 수평적 피드백 관계가 서로 얽혀서 복잡한 상호작용을 보이기 때문이다.

식물이나 물체 또는 거대한 사회시스템이 사람처럼 의식을 지니는 생물체로 생각되는 것은 결국 숨어 있는 피드백 루프를 인식하지

〔그림 7〕 **행복의 영원한 추구**

못하기 때문이다. 피드백 루프는 스스로 움직인다. 그렇기 때문에 피드백 루프는 종종 생명체와 같이 목적지향적인 행태를 보인다. 그러한 행태를 피드백 루프로 해석하지 않고 생명체로 해석할 때 미신이 시작된다. 피드백 루프에 대한 인식의 결여는 미신을 가져온다.

8 부분과 전체의 상이성: 돌발적으로 나타나는 특성

부분과 전체는 다르다는 말이 있다. 부분을 다 합한다고 해서, 전체가 되는 것은 아니라는 것이다. 100명으로 구성된 기업에서 20명이 출장을 나간다고 하더라도, 기업 자체가 변화되지는 않는다. 심지어는 공휴일에 2명의 직원만 회사를 지키고 있다고 하더라도 전체로서의 기업은 여전히 돌아간다. 전체는 부분이 갖지 못하는 독특한 성질을 갖는다. 이를 종종 '돌발적으로 나타나는 특성(emergent property)'이라고 한다. 하나하나의 부분에는 전혀 존재하지 않았던 특성이 전체 시스템이 형성될 때 갑작스럽게 나타나고는 하기 때문이다. 축구장의 관객 개개인은 법을 잘 지키고 순종적이지만, 개인이 모여 군중이 되었을 때에는 파괴적인 특성이 돌발적으로 나타나기도 한다. 이렇게 부분과 전체는 상이하다.

"전체는 부분의 합 이상이다"라는 말은 시스템 사고의 관점에서 보다 명확하게 이해될 수 있다. 부분이란 앞에서 설명했듯이 시스템의 구성요소를 의미한다. 이러한 하나하나의 구성요소가 인과관계로 상호연결되어 피드백 루프를 형성할 때, 부분에서 찾아볼 수 없었던

'전체로서의 특성'이 돌발적으로 나타난다. 전체에 돌발적으로 나타 나는 특성은 피드백 루프를 통해 이해될 수 있다.

피드백 구조가 부분의 합을 어떻게 변형시키는가에 관해 생각해 보기 위하여 임금과 물가의 관계를 생각해 보자. 임금이 오르면 상품 을 생산하는 요소비용의 증가로 상품가격이 상승하게 되고, 이는 결 국 물가를 상승하게 만든다.

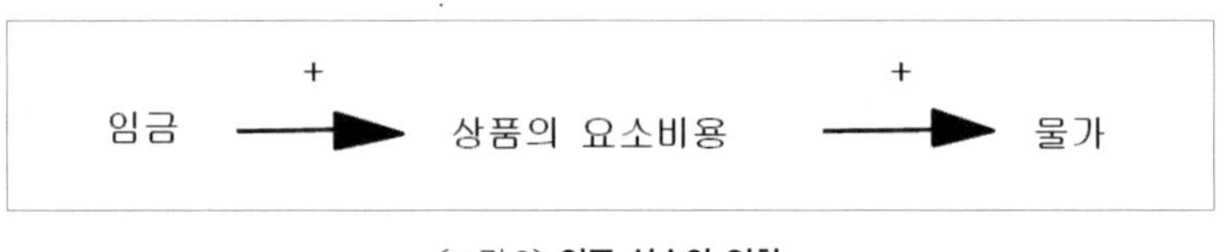

〔그림 8〕 **임금 상승의 영향**

이제 물가가 오르면 어떻게 되는가를 생각해 보자. 물가가 오르면 임금생활 근로자의 생활이 어려워진다. 이에 따라 노동조합은 임금을 올리라는 압력을 받는다. 결국 근로자의 임금수준은 전반적으로 증가 하게 된다.

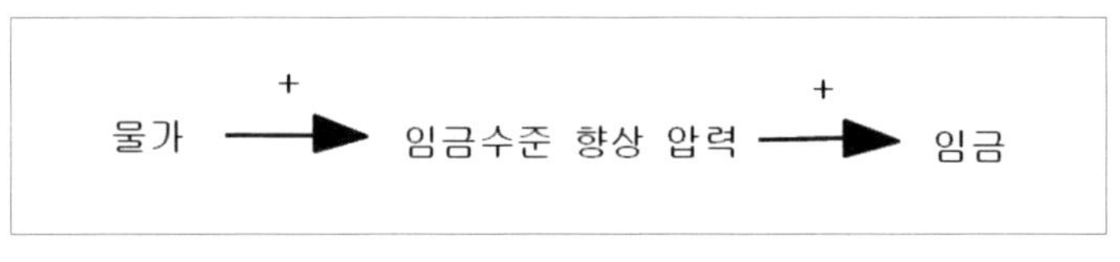

〔그림 9〕 **물가 상승의 영향**

이상에서 두 개의 하위시스템에 관하여 논의하였다. 이것은 각각 세 개의 변수와 두 개의 인과관계로 구성된다. 이것을 개별적으로 살펴보면, 더 이상의 전개를 보이지 않는다. 단순히 임금이 올라 결과적으로 물가가 상승했다거나, 물가가 오르니까 임금을 올릴 수밖에 없었다는 정도에서 끝난다. 그러나 이것을 상호연결시킴으로써 형성되는 피드백 구조는 전혀 다른 구조와 속성을 창출한다. 〔그림 10〕을 살펴보자.

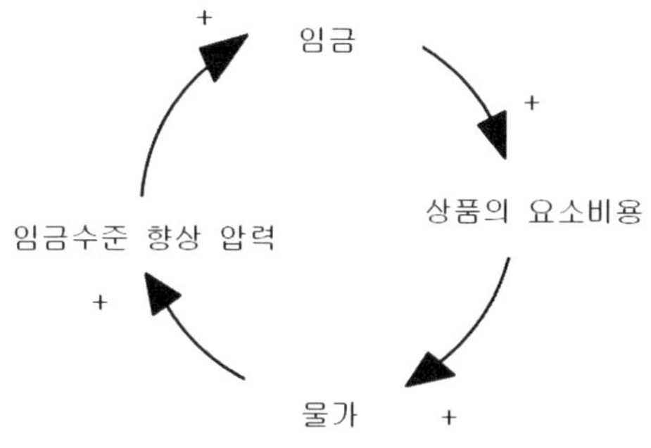

〔그림 10〕 **임금과 물가의 피드백 구조**

임금과 물가의 물고물리는 피드백 구조는 지속적인 임금상승과 물가상승이라는 동태적 변화를 창출시킨다. 임금을 올리더라도 물가가 오르면, 다시 임금을 올려야만 한다. 마치 다람쥐 쳇바퀴 돌듯이 임금인상을 향한 운동은 지속적으로 반복될 수밖에 없다.

그런데 여기에서 주목해야 할 점이 있다. 이러한 순환이 진행되면서 부분만을 보아서는 예측할 수 없는 돌발적인 현상이 등장한다는 점이다. 즉, 인플레이션의 발생이라는 전혀 기대하지 못했던 경제현상이 창출된다. 인플레이션의 발생은 경제흐름을 왜곡시키며, 장기적으로 경기침체를 가져온다. 경기가 침체될 때 제일 먼저 피해를 보

는 것은 임금근로자들이다. 결국 근로자 개개인의 복지를 향상시키려
는 노력이 결과적으로 인플레이션의 발생으로 인한 근로자의 복지수
준 하락이라는 예상치 못한 결과를 가져오기도 하는 것이다.

이와 유사한 예는 사회 곳곳에서 찾아볼 수 있다. 1997년도 금융
위기가 도래하였을 때에 노숙자가 서울 시내 곳곳에 넘쳐나기 시작하
였다. 종교단체를 중심으로 한 사회봉사단체가 이들에게 음식과 이불
을 제공하기 시작하였다. 그런데 이러한 도움이 노숙자들을 도와주기
보다는 오히려 노숙자에게 노숙생활에 익숙하도록 도와 준다는 비판
이 제기되었다. 부분적인 인과관계만 보면, 노숙자를 도와주는 것이
바람직한 것으로 보이지만, 전체적인 피드백의 관계에서 보면 오히려
노숙자를 수렁에 빠지도록 유도한다는 것이다. 이러한 사례는 피드백
구조가 어떻게 부분의 합으로부터 단순한 합 이상의 결과를 가져오는
지 보여준다.

9 음의 피드백 루프와 양의 피드백 루프

음과 양의 인과관계가 있듯이 피드백 루프에도 음
과 양이 있다. 다시 한번 상기해 보자. 음의 인과관계는 변화를 억제
하는 인과관계이고, 양의 인과관계는 변화를 촉진하는 인과관계이
다. 마찬가지로 음의 피드백 루프는 변화를 억제하는 루프이고, 양의
피드백 루프는 변화를 촉진하는 루프이다.

이제는 변화의 방향을 생각해 보자. 두 변수가 같은 방향으로 변

화되면 양의 인과관계이고, 반대방향으로 변화하면 음의 인과관계이다. 피드백 루프의 극성도 마찬가지이다. 피드백 루프의 극성은 특정변수의 변화가 피드백 루프를 따라 자기자신에게 양의 영향으로 되돌아오는가, 아니면 음의 영향으로 되돌아오는가를 의미한다. 예를 들어 피드백 루프에 존재하는 변수값이 증가하였다고 생각해 보자. 이러한 변화가 피드백 루프를 타고 돌면서 순차적으로 영향을 미친다. 그러다가 결과적으로 자기자신에게 그 영향이 돌아올 때에, 증가시키는 방향으로 영향을 미치면 양의 피드백이 되는데, 이것은 같은 방향으로 변화하기 때문이다. 거꾸로 한 바퀴 돌아서 오는 영향이 처음의 변화와는 달리 감소시키는 방향이면, 음의 피드백 루프이다.

양의 피드백 루프와 음의 피드백 루프를 구별하는 방법은 간단하다. 피드백 루프에 포함된 인과관계의 극성(+,−)을 모두 곱한다. 다 곱한 것이 플러스 기호이면 양의 피드백 루프, 마이너스 기호이면 음의 피드백 루프이다. 보다 더 단순하게는 피드백 루프에 포함된 인과관계 중에서 음의 인과관계가 짝수인가 홀수인가를 살펴본다. 짝수이면 양의 피드백 루프, 홀수이면 음의 피드백 루프이다.

이렇게 판별한 피드백 루프의 극성은 피드백 루프로 인해 형성되는 원의 한 가운데에 플러스(+) 또는 마이너스(−)로 표시한다. 피드백 루프의 극성을 판별함으로써 시스템의 본질을 꿰뚫어 볼 수 있다. 아무리 복잡한 인과지도라도, 피드백 루프의 극성을 먼저 살펴봄으로써 시스템의 전반적인 메커니즘을 한눈에 직관적으로 파악할 수 있다.

양의 피드백 루프는 '자기강화(self-reinforcing)'루프라고도 한다. 한 변수가 변화되면 그 변화하는 방향으로 영향이 되돌아 오기 때문에, 변화가 더욱더 강화된다. 양의 피드백 루프는 '일탈강화(deviation amplifying)'루프라고도 한다. 균형점으로부터 벗어나는 변화가 일단 발생되면 그 변화를 더욱더 강화시키는 성질이 있기 때문이다. 따라서 양의 피드백 루프를 지닌 시스템은 일단 성장하기 시작하면 계속해서 성장하는데, 이것은 성장의 힘이 계속해서 증폭되기 때문이다. 거꾸로 양의 피드백 시스템이 쇠퇴하기 시작하면, 끝도 없이 쇠퇴하는데, 이것은 쇠퇴의 힘이 양의 피드백을 타면서 증폭되기 때문이다.

반면 음의 피드백 루프는 '자기균형(self-balancing)'루프 또는 '일탈억제(deviation counteracting)'루프라고 한다. 피드백 루프 내에 존재하는 한 변수값이 증가하면, 음의 피드백 루프는 그 변수값을 감소시키도록 작용한다. 거꾸로 한 변수값이 감소하면, 음의 피드백 루프는 그 변수값을 증가시키도록 작용한다. 결국 음의 피드백 루

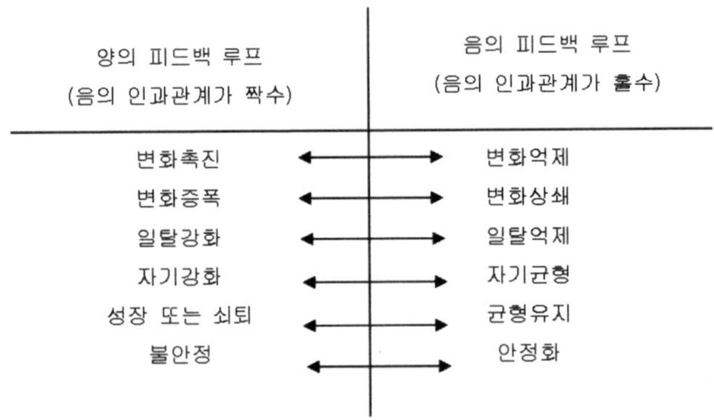

〔그림 11〕 **피드백 루프의 음과 양**

프는 각 변수를 균형상태로 유지시키는 성질을 지닌다.

 시스템의 구조를 이해하기 위한 첫걸음은 먼저 어떠한 피드백 루프가 있는지 살펴보고, 그 피드백 루프가 양인지 음인지를 판단하는 것이다. 양의 피드백 루프이면 그 시스템은 지속적으로 증가하거나 아니면 지속적으로 감소할 것이다. 그러나 음의 피드백 루프이면, 그 시스템은 성장이나 쇠퇴를 거부하고 안정적인 상태를 유지하려고 할 것이다.

10 인구의 성장과 억제

 동네의 사진관에 걸려 있는 대형 가족사진을 보고는 한다. 한가운데에 할아버지와 할머니가 앉아 있고, 어느덧 아버지 어머니로 성장한 자녀가 손자를 안고 있다. 수십 명의 손자를 거느린 할아버지, 할머니를 보노라면 양의 피드백 루프가 떠오른다. 할아버지가 아버지를 낳고, 아버지는 아이를 낳고, 그 아이가 커서 또 아이

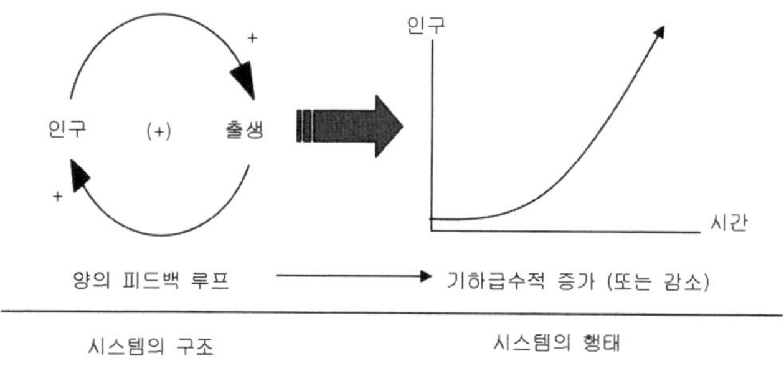

〔그림 12〕 **인구와 출생의 양의 피드백 루프**

를 낳는다. 이러한 과정은 [그림 12]와 같은 비교적 단순한 피드백 루프로 구성된다.

출생이 늘어나는 것은 곧 인구증가를 의미하며, 증가한 인구는 이전보다 많은 아이를 출산한다. 이러한 양의 피드백 루프는 기하급수적인 증가와 연결되기도 한다. 여름철에 갑자기 불어나는 모기숫자는 이와 같은 양의 피드백 루프에 의한 것이다. 아프리카와 아시아 일대를 황폐하게 만든 메뚜기떼의 기하급수적인 증가 역시 인구성장을 주도하는 양의 피드백 루프에 의한 것이다. 이와 같은 기하급수적인 인구성장을 목격한 맬더스는 농산물의 부족으로 인하여 발생하는 인류의 비극을 예견하기도 하였다.

농업사회에서 맬더스의 우려는 기우가 아니었다. 농업사회에서 가장 중요한 생산수단은 사람이었다. 인구가 증가할수록 더 많은 농산물을 생산하여야 했으며, 농산물을 증산시키기 위하여는 더 많은 노동력이 요구되었고, 더 많은 노동력을 확보하기 위하여 사람들은 더 많은 아이를 낳았다. 그 아이도 이러한 순환을 거쳤으며, 또 그 아이의 아이도 그 순환 속에서 더 많은 아이를 낳기를 원했다. 결국 인구는 기하급수적으로 증가할 수밖에 없었다. 그러나 농토의 면적은 제한되어 있기 때문에 농산물은 기하급수적으로 증가할 수 없었다. 인구는 양의 피드백 루프에 의해 기하급수적으로 증가하고, 농산물의 증가는 제한되어 있다는 점을 간파한 맬더스는 인류의 비극을 걱정하지 않을 수 없었다.

그렇다면 이러한 인구성장은 멈추지 않고 계속되는가? 그렇지는 않다. 브레이크 없는차가 없듯이, 인구성장을 억제하는 음의 피드백 루프가 존재한다. 죽음이 바로 그러한 메커니즘이다. 인구가 증가할수록, 죽음 역시 증가한다. 그리고 죽음이 증가하는 것은 곧 인구감소를 의미한다. 이는 음의 피드백 루프를 의미한다. 음의 피드백 루프는 변화를 억제하는 힘 또는 균형을 유지하려는 힘을 지속적으로 산출한다.

인구가 지나치게 많아지면, 과도한 경쟁으로 인한 스트레스, 질병과 전쟁이 증가하고, 그로 인하여 사망률은 급속하게 증가한다. 결국 인구는 감소한다. 그런데 지나치게 인구가 감소하게 되면, 이번에는 거꾸로 사망이 줄어들고, 이로 인하여 인구감소가 정체된다. 즉, 인구는 다시 증가한다. 이러한 음의 피드백 루프는 균형을 유지하고자 하는 힘을 발휘한다.

[그림 12]와 [그림 13]은 시스템의 구조가 시스템의 행태를 결정한다는 시스템 사고의 기본원리를 보여 준다. 양의 피드백 루프의 구조를 지니는 시스템은 기하급수적으로 증가하는 행태를 보이고, 음의 피드백 루프의 구조를 지니는 시스템은 균형을 유지하는 행태를 보인

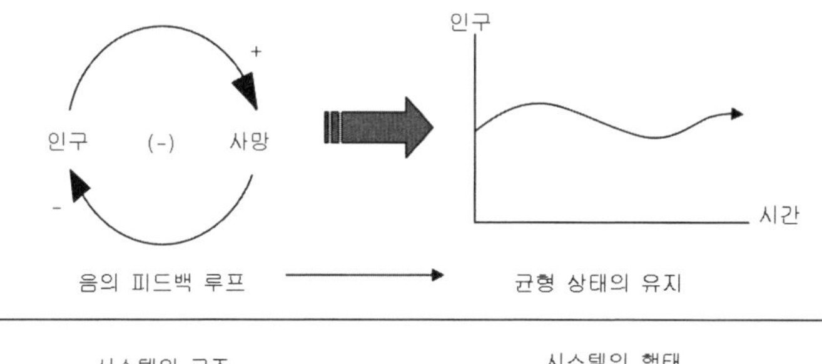

[그림 13] **인구와 사망의 음의 피드백 루프**

다. 이렇게 피드백 루프의 극성을 판별하여 시스템의 행태를 추론할 수 있다.

11 지배적 피드백 루프

하나의 바퀴로 움직이는 수레가 없고, 한 개의 날개로 나는 새가 없듯이, 하나의 피드백 루프로만 구성되는 시스템은 거의 존재하지 않는다. 대부분의 시스템은 수십 개 또는 수백 개의 피드백 루프가 상호연결되어 있는 복합적인 시스템이다. 앞에서 논의한 인구성장 시스템도 마찬가지이다. 인구증가와 출생을 가속화시키는 양의 피드백 루프로만 구성되는 것도 아니고, 사망이라는 저울추를 통하여 인구시스템에 균형을 잡아 주는 음의 피드백 루프로만 구성되는 것도 아니다.

인구성장 시스템의 한편에서는 인구와 출생을 이어 주는 양의 피드백 루프가 작동하며, 다른 한편으로는 인구와 사망으로 구성되는

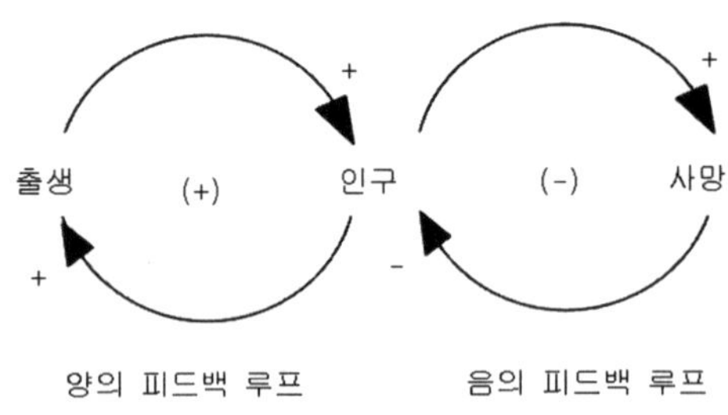

〔그림 14〕 **경쟁적인 두 개의 피드백 루프**

음의 피드백 루프가 돌아간다. 인구라는 변수를 공유하는 두 개의 상이한 피드백 루프가 동시에 돌아가는 것이다. 그렇다면 인구성장 시스템은 전체적으로 음의 시스템인가, 양의 시스템인가?

전체 시스템의 극성을 판단하기 위해서는 어떠한 피드백 루프가 시스템을 지배하고 있는가를 살펴보아야 한다. 음의 피드백 루프가 시스템을 지배하는 경우 시스템은 균형을 유지하거나 정체에서 벗어나지 못한다. 그러나 양의 피드백 루프가 시스템을 지배하는 경우에는 시스템은 지속적으로 성장하거나 쇠퇴한다. 이와 같이 특정한 피드백 루프가 전체 시스템의 특성을 결정할 때, 이를 '지배적 피드백 루프(dominant feedback loop)'라고 한다.

지금 이 순간에도 지구는 태양을 중심으로 돌고 있다. 태양을 벗어나려는 원심력과 태양을 지향하는 구심력처럼 상반되는 힘이 동시에 작용한다. 개인에게도 놀고 싶은 마음과 일하고자 하는 마음이 동시에 작용한다. 사랑하는 사람 사이에도 애정과 증오가 동시에 작용한다. 힘이 가해질 때 작용과 반작용이 동시에 존재한다는 것이 근본적인 물리법칙이기도 하다. 마찬가지로 음의 피드백 루프와 양의 피드백 루프가 동시에 작용하기도 한다. 음의 피드백 루프가 균형을 유지하려는 힘이라면, 양의 피드백 루프는 균형에서 벗어나려는 힘이다.

음의 피드백 루프와 양의 피드백 루프 중에서 어느 힘이 더 강한가에 따라 시스템의 특성이 결정된다. 우라늄 원자들을 모아서 시스템을 만든다. 양의 피드백 루프가 이 시스템을 지배하는 경우, 이 시스템은 원자탄이 된다. 그러나 음의 피드백 루프가 이 시스템을 지배하는 경우, 이 시스템은 원자력 발전소가 된다. 전자는 파괴적이지만,

후자는 건설적이다.

구성요소는 동일하지만 이것이 어떻게 연결되어 있는가에 따라 시스템의 특성이 달라진다. 영국에서 죄수가 넘쳐 수용할 교도소가 부족해지자, 죄수를 대량으로 오스트레일리아로 이주시켰다. 그러면 죄수로 구성된 오스트레일리아는 해적국가가 되었는가? 그렇지 않다. 아마도 오스트레일리아는 가장 질서를 잘 지키고 평화로운 나라 중의 하나일 것이다. 거꾸로 어렸을 때부터 착하고 공부 열심히 해서 명문대학을 졸업하고 출세한 사람만을 국회의원으로 뽑아서 국회를 구성했다고 하자. 그러면 의회가 항상 고상하게 돌아간다고 하겠는가? 그렇지 않다. 국회는 어느 집단 못지않게 속임수, 욕설과 싸움이 난무하는 곳이기도 하다. 중요한 것은 구성요소가 아니라 관계성이다.

아침식사 때 반주를 곁들이는 사람이 있다. 이 사람에게 왜 아침부터 술을 먹느냐고 물어 보았다. 이 사람은 반주는 술이 아니라 밥이라고 주장하였다. 처음에는 말도 되지 않는다고 생각했지만, 이 사람

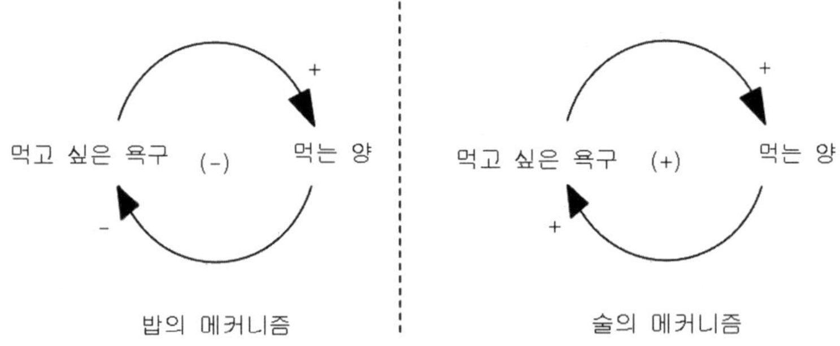

〔그림 15〕 **지배하는 피드백 루프에 의한 차이**

의 말을 들어 보니 말이 될 법도 하다.

밥은 먹을수록 그만 먹고 싶어진다. 반대로 술은 먹을수록 더 먹고 싶어진다. 그러다가 취해서 더 이상 마실 수 없을 때까지 술을 먹는다. 그러나 그렇게 밥을 먹는 사람은 없다. 밥을 먹을 때에는 음의 피드백 루프가 지배하여 먹을수록 먹고 싶은 욕구가 감소된다. 이윽고 배가 부르면 더 먹으라고 해도 못 먹는다고 사양한다. 술을 마실 때에는 양의 피드백 루프가 지배하여 마실수록 더 마시고 싶어진다. 이런 점에서 반주는 술이 아니라 밥이라는 사람의 말이 이해된다.

알코올이 있다고 술은 아니다. 알코올은 빵에도, 커피에도, 심지어는 아이스크림이나 초콜릿에도 들어간다. 시스템의 특성을 결정하는 데 구성요소가 중요한 것이 아니다. 피드백 루프의 관계성이 시스템의 특성을 결정짓는다. 양의 피드백 루프가 지배할 때에는 술이지만, 음의 피드백 루프가 지배할 때에는 밥이다.

12 지배적 피드백 루프의 전환

음과 양의 피드백 루프 중에서 어느 하나가 시스템을 지배하는 경우도 있지만, 음과 양의 피드백 루프가 교대로 시스템을 지배하는 경우도 있다. 강하게 군림하던 피드백 루프의 힘이 약해지고, 약하던 피드백 루프가 강해지면서, 시스템을 지배하는 피드백 루프가 바뀌는 현상을 '지배적 피드백 루프의 전환(a shift of dominant feedback loops)'이라고 한다.

획기적인 아이디어를 가지고 사업을 시작하는 기업을 생각해 보자. 처음에는 양의 피드백 루프가 지배한다. 기업의 규모는 하루가 다르게 기하급수적으로 확대된다. 그러나 어느 정도 성장을 하고 나서는 서서히 성장이 멈추게 된다. 시장이 커질수록, 경쟁자들이 새로이 생겨나고 경쟁이 치열해지기 때문이다. 경쟁이 치열해질수록, 이윤이 감소되고 더 이상 기업을 확대시킬 수 없게 된다. 즉, 성장을 억제하는 음의 피드백 루프가 지배하게 된다.

거대한 세력을 형성했던 유행은 오래 가지 않아 언제 그랬냐는 듯이 흔적없이 사라진다. 유행의 초기에는 양의 피드백 루프가 지배하지만, 후기에는 음의 피드백 루프가 지배하기 때문이다. 사람은 두 가지 상반된 심리를 지닌다. 유행에 뒤지지 않으려는 마음과 진부해지지 않으려는 마음이다. 미니스커트를 입는 사람이 등장하면서, 미니스커트가 유행이라는 인식이 확산된다. 미니스커트를 입지 않으면 유행에 뒤떨어지는 것으로 생각된다. 미니스커트를 입는 사람이 많아질수록 유행으로 정착되고 더 많은 사람이 미니스커트를 입는다. 이렇게 유행의 초기에는 양의 피드백 루프가 지배한다.

그런데 너도나도 미니스커트를 즐겨 입으면서, 서서히 미니스커트는 첨단유행을 넘어서서 대중성을 띠게 된다. 미니스커트를 입는 것이 더 이상 유행의 선두에 선다는 신호가 되지 못한다. 모든 사람이 미니스커트를 입기 때문에, 미니스커트는 진부한 패션으로 인식된다. 이제 많은 사람이 미니스커트를 입을수록 사람들은 미니스커트를 입기 싫어하게 된다. 이것이 음의 피드백 루프가 양의 피드백 루프를 지배하기 시작하는 것이다. 그리고 미니스커트라는 유행은 서서히 막을 내린다. 음의 피드백 루프가 지배하는 시점을 인식하지 못하고 미니스커트를 입고 나가면 촌스럽게 보인다. 양의 피드백 루프의 지배가 멈추는 시점에서 기업을 확장시키면, 머지않아 그 기업은 부도위기에 내몰리게 될 것이다. 피드백 루프가 전환되는 시점을 정확하게 인식하는 사람만이 새로운 유행을 창조할 수 있다.

이렇게 피드백 루프의 활성화상태에 따라 시스템 전체의 극성이 변화된다. 인구가 급격하게 성장하고 있는 국면을 생각해 보자. 이때에는 양의 피드백 루프가 강하게 돌아가고 있으며, 양의 피드백 루프의 힘이 음의 피드백 루프의 힘을 압도한다. 따라서 이러한 국면에서 인구성장 시스템은 전체적으로 양의 극성을 취한다. 그러나 시스템 전체가 무한정 양의 극성을 취할 수는 없다. 점차로 음의 피드백 루프가 강하게 활성화되면서, 이윽고 음의 피드백 루프가 양의 피드백 루프를 지배하게 된다. 이렇게 음의 피드백 루프가 양의 피드백 루프를 압도하는 순간, 시스템 전체는 음의 극성으로 바뀌기 시작한다.

지배적 피드백 루프의 전환은 국가라는 시스템에서 정권이 바뀌는 것과 비슷하다. 한 국가에는 개혁적인 정당이 있는가 하면, 보수적인 정당이 있다. 그러나 국가 자체의 성향은 개혁적이라거나 보수적이라고 고정되어 있는 것은 아니다. 개혁적인 정당이 정권을 잡아 지배하면, 국가 자체의 성향이나 움직임이 개혁적으로 변화할 뿐이다. 그러나 그렇다고 해서 보수적인 정당이 사라지는 것은 아니다. 다만 그 힘이 약화되어 시스템을 지배하지 못할 뿐이다. 시간이 지나면서 개혁적인 정권에 대한 시스템의 저항이 증가하게 되고, 이윽고 보수적인 정당이 정권을 잡게 되면, 국가 시스템은 이제 보수적인 행보로 발길을 돌린다. 이처럼 '지배적인 피드백 루프의 전환'은 정권의 변동과 마찬가지의 효과를 가져온다. 정치에서 정권변동이 가장 중요한 주제이듯이, 시스템 사고에서도 지배적 피드백 루프가 언제, 왜 변화하는가는 매우 중요한 주제이다.

지배적 피드백 루프가 변화할 때 어떠한 현상이 발생되는가? 가장 일반적으로 발생되는 지배적 루프의 전환은 양의 피드백 루프의 지배에서 음의 피드백 루프의 지배로 전환되는 경우이다. 이러한 전환에서 시스템은 S커브라고도 하고 '시그모이드 커브(sigmoid curve)'라고도 하는 행태를 보인다. 즉, 초기에는 서서히 증가하고 어느 시점에 이르면 급격하게 증가하다가 서서히 증가세가 꺾이면서 안정국면으로 접어드는 행태이다. 이러한 곡선이 발생하는 원인은 '지배적인 피드백 루프의 전환'이라는 구조적인 변화에서 찾을 수 있다. 즉, 초기에는 양의 피드백 루프가 시스템을 지배하여 시스템의 성장을 견인하고, 후기에는 음의 피드백 루프가 시스템을 지배하여

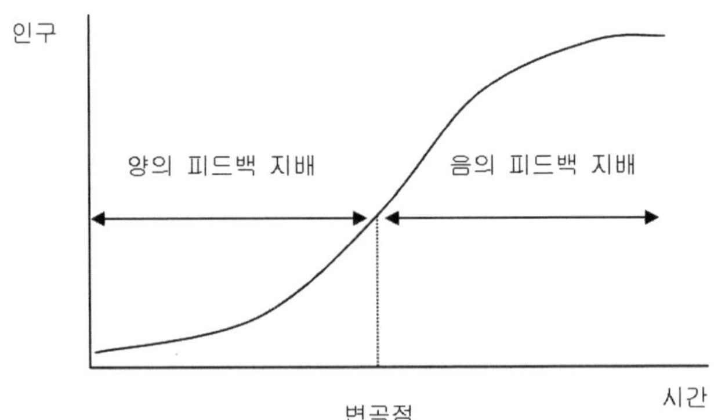

〔그림 16〕 **지배적 피드백 루프의 전환과 S커브**

안정화시키는 것이다.

이러한 S커브는 거의 모든 성장시스템에서 공통적으로 발견되는 현상이다. 사람의 키는 사춘기를 전후하여 급격히 성장하다가 서서히 증가를 멈추게 된다. 도시의 성장이나 기업의 성장은 물론이고 국가의 성장 역시 마찬가지이다. 거의 모두 '느린 성장-급격한 성장-느린 정체'로 이어지는 S커브를 그린다.

여기에서 한 가지 주목해야 할 점이 있다. 양의 피드백 루프의 지배에서 음의 피드백 루프의 지배로 바뀌는 지점을 종종 '변곡점(turning point)'이라고 한다. 그런데 양의 피드백 루프가 힘을 잃는 변곡점 이후에도 시스템의 성장은 지속적으로 이루어진다는 점이다. 즉, 음의 피드백 루프가 시스템을 지배하기 시작한 이후에도 시스템의 성장은 멈추지 않고 당분간 이어진다는 점이다.

시스템 사고에 익숙하지 못한 사람은 시스템의 성장이 끝난 다음에야 음의 피드백 루프가 시스템을 지배하는 것으로 착각하고는 한다. 그러나 음의 피드백 루프가 양의 피드백 루프보다 힘이 강해진다고 해서, 성장이 갑자기 멈추지는 않는다. 음의 피드백 루프가 양의 피드백 루프를 제압하는 순간, 성장세가 꺾이는 것이지, 성장 그 자체가 멈추는 것은 아니다. 즉, 성장속도가 비로소 감소하기 시작하는 것이다. 이는 마치 차를 운전하다가 브레이크를 밟는 것과 같다. 브레이크의 효과가 차량을 지배하기 시작하자마자, 차량이 정지하는 것은 아니다. 브레이크의 효과가 차량을 지배하기 시작하자마자, 차량의 주행속도가 감소하기 시작하는 것이다.

선거결과 정권을 잡은 정당이 보수정당에서 혁신정당으로 전환되었다고 생각해 보자. 많은 공직에는 보수정당에서 추천하여 임명된 사람이 공직을 수행하고 있다. 그런데 혁신정당이 정권을 잡자마자 기존에 임명되었던 보수적인 사람이 일시에 물갈이 되는 것은 아니다. 더 이상 보수적인 사람이 채용되지 않고 서서히 혁신적인 사람이 충원되기 시작할 뿐이다. 그리고 어느 정도의 시간이 지나고 나서야 보수적인 사람보다 혁신적인 사람이 공직에 더 많이 진출하게 된다. 시스템을 지배하는 힘이 구조적으로 변화한다고 해서, 시스템의 행태 자체가 급격하게 변화되지는 않는다. 지배적인 피드백 루프의 전환에서도 이러한 현상을 관찰할 수 있다.

종종 시스템의 행태를 보고, 시스템의 구조를 추론하는 경우가 있다. 시스템이 급격하게 증가하면, 그 시스템은 양의 피드백 루프에 의해 지배당한다고 추론할 수 있다. 시스템이 균형상태를 유지하고

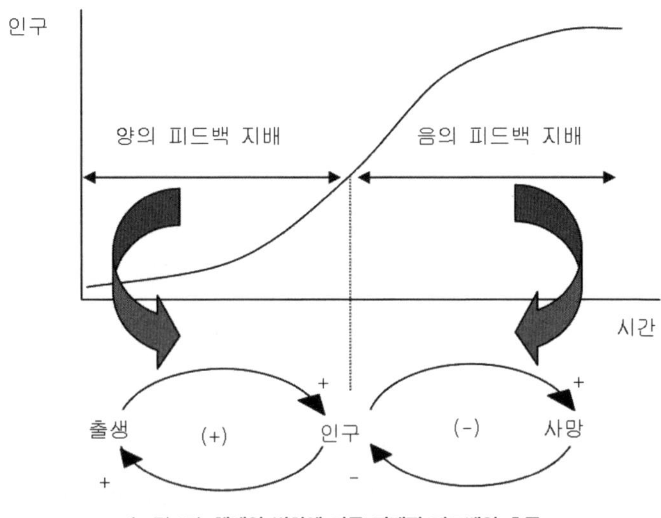

〔그림 17〕 행태의 변화에 따른 지배적 피드백의 추론

있으면, 그 시스템은 음의 피드백 루프에 의해 지배당하고 있다고 추론할 수 있다.

그런데 피드백 루프의 전환이 일어나는 시점에서 이러한 추론은 오류를 범하기 쉽다. 앞에서 언급하였듯이, 양의 피드백 루프에서 음의 피드백 루프로 지배권이 넘어가는 변곡점에서도 시스템의 성장이 멈추지 않기 때문이다. 시스템이 계속해서 성장한다고 해서, 시스템이 양의 피드백 루프에 의해 지배당하고 있다고 판단하는 것은 잘못된 생각이다. 보다 정확한 판단은 시스템의 성장속도가 둔화되기 시작한 시점부터 음의 피드백 루프가 지배하기 시작했다고 추론하는 것이다.

만약 기업을 지속적으로 성장시키고자 하면, 기업이 어떠한 피드백 루프에 지배당하는지 지속적으로 관찰해야 할 것이다. 그리고 음의 피드백 루프의 지배가 시작되는 징후가 보이는 즉시, 그러한 음의 피드백 루프를 약화시키고, 기업의 성장을 견인하는 양의 피드백 루프를 강화시킬 수 있는 투자를 개시하여야 할 것이다. 즉, 음의 피드백 루프를 약화시키는 적기는 기업의 성장속도가 둔화되는 바로 그 시점이라고 할 것이다. '지배적 피드백 루프의 전환'의 인식은 시스템에 언제 개입할 것인가에 관한 타이밍을 결정하는 데 중요한 의미를 지닌다.

13 시장의 가격조절 메커니즘과 대기행렬 시스템

많은 경제학 교과서의 핵심적인 주제는 시장이다. 경제학 교과서는 시장이 얼마나 안정적으로 작동되는 시스템인지 설명한다. 시스템 사고의 관점에서 볼 때에도 시장은 상당히 안정적인 시스템이라고 할 수 있다. 어떤 시스템이 안정적이라고 하면, 그리고 그 시스템이 균형을 회복하는 특성을 지니고 있으면, 그러한 시스템은 음의 피드백 루프에 의해 지배된다고 추론할 수 있다. 그렇다면 시장은 어떠한 음의 피드백 루프에 의해 지배되는가? 시장을 둘러싼 기본적인 피드백 루프는 〔그림 18〕과 같다.

시장가격에 의해 수요와 공급이 조절된다. 그렇기 때문에 시장원리를 가격조절 메커니즘이라고도 한다. 어느 날 갑자기 상품가격이 상승했다고 생각해 보자. 가격이 상승하면 수요가 감소한다. 그리고 수요가 감소하여 상품이 잘 팔리지 않으면, 상품가격이 내려간다. 이렇게 상품가격이 오르면, 수요를 둘러싼 음의 피드백 루프로 인하여 가격을 내리려는 압력이 작용한다. 공급부문에서도 마찬가지이다.

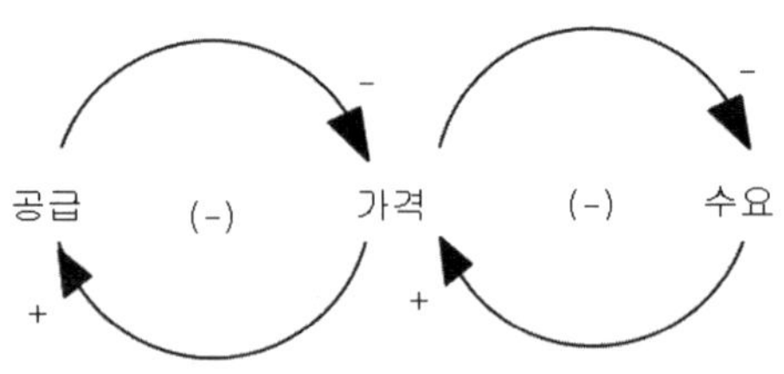

〔그림 18〕 **시장을 둘러싼 기본적 피드백 루프**

가격은 공급에 양의 영향을 주며, 거꾸로 공급은 가격에 음의 영향을 준다. 상품가격이 높으면 보다 많은 사람들이 그 상품을 생산하려 할 것이며, 가격이 낮아지면 적은 사람만이 생산하고자 할 것이기 때문이다. 가격이 너무 높은 경우 공급이 많아져서 가격을 내리게 되며, 가격이 너무 낮은 경우에는 생산자가 하나둘 시장을 떠나게 되어 공급이 줄어들고, 그 결과 점차 상품이 희소하게 되어 다시 가격이 오르게 된다. 이렇게 시장은 수요부문과 공급부문 모두 음의 피드백 루프에 의해 작동된다. 그만큼 시장은 안정적이라고 할 수 있다.

이와 유사한 시스템으로써 대기행렬 시스템을 들 수 있다. 가격 메커니즘에 못지않게 대기행렬 메커니즘은 사회에서 자원을 분배하는 중요한 메커니즘이다. 특히 가격이라는 지표로 전환되기 어려운 상품이나 서비스에서 대기 행렬은 중요한 지표로 활용된다. 대기행렬 시스템은 은행창구 앞에서 줄지어 있는 사람, 식당에서 음식이 나오기를 기다리는 사람, 대사관 앞에서 비자를 발급받기 위해 기다리는 사람, 관청에서 증명서를 떼기 위해 기다리는 사람 등에서 발견할 수 있다. 대기행렬은 쉽게 말해 서비스를 받기 위해 기다리는 줄을 의미한다. 이러한 줄의 길이가 서비스를 제공하는 공급자나 서비스를 제

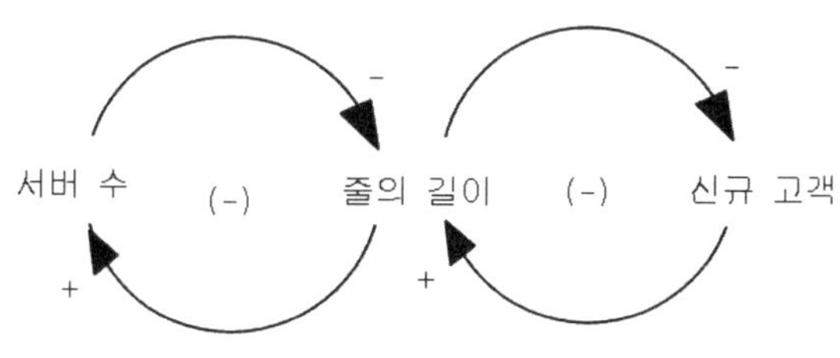

〔그림 19〕 대기행렬 메커니즘

공받으려는 수요자에게 하나의 중요한 지표로 기능한다.

점심시간에 맛이 좋기로 유명한 음식점에 들렀다고 생각해 보자. 음식을 먹기 위해 기다리는 사람의 줄이 길게 늘어서 있을 경우, 새로 온 고객은 기다리기 싫어 다른 음식점으로 발길을 돌린다. 즉, 줄의 길이가 길면 신규고객이 감소된다. 그리고 신규고객이 감소되면 줄의 길이가 감소되기 때문에, 전체적으로 음의 피드백 루프를 형성한다. 이제 서비스 공급부문에 관하여 생각해 보자. 줄의 길이가 길어 고객이 자꾸만 다른 음식점으로 가 버리면, 음식점 주인은 더 많은 서버를 채용한다. 서버가 증가해서 음식을 빨리 만들면, 음식을 기다리는 고객의 줄이 줄어든다.

이처럼 대기행렬 시스템 역시 시장 시스템과 마찬가지로 두 개의 음의 피드백 루프에 의해 조절되며, 따라서 시장 못지않게 안정된 시스템이라고 할 수 있다. 시장 가격으로 환산되기 어려운 서비스 영역에서 이와 같은 줄 조절 메커니즘을 통해 자원배분이 이루어지고, 이를 통하여 사회의 안정성과 균형성이 확보된다.

14 투기적인 시장의 경우

앞에서 설명한 바와 같이 안정적인 시장이 있는가 하면, 그렇지 못한 시장도 있다. 하루에도 몇 번씩 가격이 요동치는 시장, 갑자기 가격이 상승하였다가는 곤두박칠치고는 하여 사람을 혼비백산시키는 시장이 있다. 이를 종종 투기적 시장이라고 부른다. 투기적 시장의 대표적인 예는 증권시장과 부동산시장을 들 수 있다. 부동산투기가 과열되면서, 부동산가격이 천정부지로 상승하는 경우를 흔히 볼 수 있다. 주식에 대한 투기가 횡행하는 증권시장은 불균형상태에 익숙하다. 미래의 가격을 예상하여 상품을 구입하는 것이 투기시장의 특징이다. 가격조절 메커니즘을 통하여 안정적으로 균형상태를 유지하는 시장을 정상적인 시장, 그렇지 못한 시장을 투기적인 시장이라고 한다.

정상적인 시장과 투기적인 시장이 어떻게 다른지를 피드백 루프를 통해 이해할 수 있다. 일반적인 시장은 음의 피드백 루프이다. 수요가 증가하면 가격이 상승한다. 수요와 가격은 같은 방향으로 움직이며, 따라서 수요와 가격은 양의 인과관계이다. 거꾸로 가격이 오르면 수요가 감소한다. 이처럼 서로 반대방향으로 움직이기 때문에 음의 인과관계이다. 양과 음을 곱하면 음이기 때문에, 수요와 가격 사이에 형성되는 피드백은 음의 피드백 루프이다. 이러한 음의 피드백 루프는 앞에서 설명한 바와 같이 안정적인 특성을 지닌다.

이에 비해 투기적인 시장은 양의 피드백 루프로 해석할 수 있다. 투기시장에서도 여전히 수요가 증가하면 가격이 오른다. 그런데 가격이 오르면 수요가 어떻게 되는가? 증권 가격이 오르면, 그 증권에 대한 수요가 증가하는 것이 정상이다. 부동산시장에서도 마찬가지이다. 부동산가격이 오르면 그에 대한 수요는 감소하기보다는 증가하는 것이 일반적이다. 어느 날 갑자기 아파트값이 오르기 시작하면, 너도나도 아파트를 사기 위해 몰려 들고, 이로 인하여 아파트값은 더 오른다. 결국 아파트에 대한 투기수요는 급격히 증가하게 되어, 한두 달만

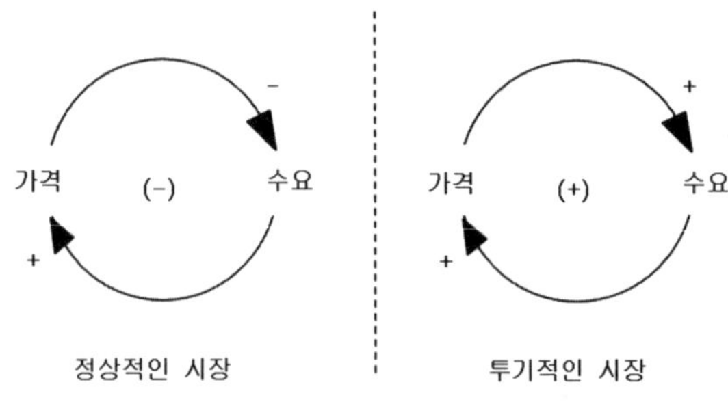

〔그림 20〕 **정상적인 시장과 투기적인 시장**

에 아파트값이 두 배로 뛰는 기현상을 목격하기도 한다.

투기적인 시장에서 수요는 미래에 예상되는 가격을 중심으로 이루어지기 때문이다. 가격이 오를 것으로 전망되면, 수요가 증가한다. 그런데 현재시점에서 가격이 오르면, 이는 미래에도 가격이 오를 것이라는 기대를 증가시킨다. 따라서 투기적인 시장에서는 가격이 증가하면 수요가 증가하는 기현상이 발생한다. 나중에 되팔면 큰 수익을 올릴 수 있으리라고 기대하기 때문이다.

투기적 시장의 경우 가격에서 수요로 이행하는 인과관계는 정상적인 시장과는 달리 양의 극성이다. 결국 가격과 수요는 양의 피드백 루프를 형성한다. 양의 피드백 루프가 존재하기 때문에, 투기적인 시장은 불안정하다. 이것은 자기강화적인 성격이 존재하기 때문이다. 가격이 오르면 수요가 따라서 오르고, 증가한 수요로 인하여 다시 가격이 오른다. 거꾸로 무슨 이유로 갑자기 가격이 떨어지면, 수요가 감소하고, 이어서 다시 가격이 곤두박질친다. 투기시장이 불안정한 이유는 양의 피드백 루프의 지배를 받기 때문이다.

15 미미한 원인

바위의 조그마한 틈

새에 빗물이 저장된다. 그러고는 바람결에 날려온 이름모를 식물의 씨앗 하나가 이 작은 틈새에서 자라기 시작한다. 싹이 트고 나무가 자라면서 바위의 틈이 벌어지기 시작한다. 나무가 커지면서 바위의 틈은 점점 더 벌어진다. 이렇게 미미한 틈새로 인해 결국은 바위가 쪼개지고 거대한 나무가 자란다.

거대한 도시가 탄생되는 과정도 이와 다를 바 없다. 서부를 향해 질주하던 마차의 바퀴가 고장난다. 바퀴를 고치려고 노력해 보다가 포기하고는 그 곳에서 짐을 풀고 정착한다. 지나가던 다른 농부도 그 옆에 자리를 잡고 정착한다. 같이 살 이웃이 그 곳에 있고, 살기에 그다지 나쁘지도 않기 때문이다. 그렇게 해서 마을이 형성되다 보니, 농기구 가게가 열리고, 그 옆에는 식당이 들어선다. 결국은 하나의 도시가 형성된다. 바위에 생긴 조그마한 틈, 고장난 마차로 인해 정착한 농부는 미미한 원인에 지나지 않는다. 그러나 미미한 원인이 성장함으로써 거대한 나무가 자라고 거대한 도시가 형성된다.

성경에서는 겨자씨 한 알이 공중의 새가 깃드는 나무로 성장한다고 한다. 아무 힘도 없는 재야인사의 시국선언과 아무런 무기도 들지 않은 학생의 데모로 인하여 거대한 집권세력이 무너진다. 한 사람의 조그만 실수로 인하여 거대한 기업이 무너진다. 양의 피드백 루프에 의한 갑작스러운 균형붕괴는 사회생활의 도처에서 발견할 수 있다.

우리는 거대한 결과만을 보고, 애초에 미미한 원인이 있었다는 점을 잊어버리고는 한다. 자극과 반응의 도식에 익숙해진 우리의 머리는 거대한 결과는 거대한 원인에 의해 발생되었으리라고 판단한다. 거대한 도시를 보고 영웅적인 도시건설자가 있었을 것이라고 생각하며, 집권자의 몰락을 보고 거대한 세력의 조직적인 저항이 있었을 것이라고 생각한다. 그리고는 또 다른 거대도시를 만들기 위해 거대한 도시계획을 구상하며, 새로운 혁명을 위하여 거대한 조직을 구성한다. 거대한 결과의 원인은 거대한 요소에 있는 것이 아니다. 미미한 원인을 증폭시키는 구조에 있다. 그 구조가 바로 양의 피드백 루프이다. 조그마한 틈은 더 큰 틈을 만든다. 사람이 모여 마을을 만들면 더 많은 사람이 모여든다. 한 사람의 억울한 희생은 수십 명의 추가적인 희생을 불러일으키고, 또 다른 수천 명이 기꺼이 희생당할 각오로 독재자에게 저항한다. 이전에는 숨어 말하던 것을 이제는 공공연하게 외친다. 이러한 양의 피드백 메커니즘에 의해 단단하던 바위가 쪼개지고, 황야에 거대한 도시가 형성되며, 강력한 권력자가 하루 아침에 몰락한다.

초등학교 교과서에서 읽었던 마을을 구한 소년의 이야기가 생각난다. 저수지의 뚝에 조그마한 틈새가 발생하였다. 이를 목격한 어린 소년이 자신의 주먹으로 틈을 막아, 마을을 구했다는 이야기이다. 교과서에서는 이 소년의 용기와 희생정신에 초점을 두었던 것으로 기억난다. 그런데 시스템 사고의 관점에서 볼 때 이 소년이 위대했던 이유는 시스템의 위험을 간파하는 지혜를 지니고 있었다는 데 있다. 보통의 소년이라면 뚝에 미미한 틈이 발생하였다는 사실을 보고도, 별일 없겠지 하고 지나치기 쉽다. 조그마한 틈이 있다고 해서, 그 틈에서 물이 조금 흘러나온다고 해서, 당장 큰일이 벌어지지는 않을 것이라고 생각할 수 있다. 그러나 이 소년은 양의 피드백 루프를 볼 줄 아는 안목을 갖고 있었던 모양이다. 뚝의 균열로 인하여 발생된 조그마한 틈새에서 물이 새어나가기 시작하면, 틈은 더 커지고, 커진 틈새로 더 많은 물이 흐르고, 많은 물이 흐를수록 틈새는 더 커진다. 이러한 양의 피드백 루프는 급속하게 진행된다. 얼마 지나지 않아 조그마한 틈새로 인하여 뚝이 터지고 마을 전체가 물에 잠길 수도 있었다.

수년 전 타이완의 쇼잉 영(Showing Young)이라는 시스템 다이내믹스 학자가 서울에서 열린 학습조직 워크숍에 참석한 적이 있었다. 그는 흥미로운 사례를 제시하였다. 칠판에 1.0000001이라는 숫자를 적은 다음, 이 숫자를 서른번 제곱하면 어떠한 숫자가 될 것인가라고 질문하였다. 잠시 침묵의 시간이 흘렀다. 이윽고 영교수는 칠판에 숫자를 써내려가기 시작하였다. 어마어마하게 큰 숫자였다. 그 숫자는 20701713399667156972 1067이었다. 참석자들은 깜짝 놀랐다. 그토록 조그마한 숫자가 상상할 수 없을 정도로 커진다는 사실에 놀랐다. 그러나 그 다음 질문은 더욱 놀라웠다. 영교수는 스물세 번째 제곱은 얼마나 될 것 같으냐고 질문하였다. 또 다시 침묵의 시간이 흘렀다. 다시 영교수는 칠판에 숫자를 써내려 갔다. 그 숫자는 1.5211 이었다. 참석자들은 두 번째로 뒤통수를 맞은 기분이었다. 처음에는 너무 작은 숫자를 생각했다가 틀렸고, 두번째 질문에 대해서는 너무 큰 숫자를 생각했다가 틀린 것이다.

제곱 횟수		제곱의 결과
초기값	⟶	1.0000001
23회 제곱	⟶	1.5211
27회 제곱	⟶	821.298
28회 제곱	⟶	674530
30회 제곱	⟶	207017133996671569721067

　　이 예는 양의 피드백 루프에 의해 나타나는 기하급수적 성장의 전형을 보여 준다. 그리고 이 예는 두 가지 중요한 교훈을 준다. 첫째는 조그마한 원인이 커다란 결과를 가져올 수 있다는 점이다. 1을 주인이라고 한다면, 0.0000001은 점원보다도 못한 존재이다. 1 을 서른번 곱한다고 해도 1이다. 그러나 비록 미천하지만 덧붙여진 부분이 있기 때문에 수억 배의 수억배로 성장한다. 둘째는 이러한 성장이 실현되는 데는 오랜 시간이 걸린다는 점이다. 스물세 번째 제곱이 되더라도 1.5211에 불과하다. 스물세 번째의 단계까지는 성장이 하도 미미하여 성장하고 있다는 사실 자체가 외부에 드러나지 않는다. 그러나 그럼에도 불구하고 성장의 메커니즘은 이전이나 이후나 동일하게 작용하고 있다. 그러다가 어느 정도 단계가 지나가면 갑자기 그 성장의 결과가 눈에 띄게 된다. 스물네 번째 단계에는 2.314로 성장하고 스물다섯 번째 단계에서는 5.353으로 성장하다가 급기야 스물여덟 번째에는 674530으로성장하며, 서른 번째에는 천문학적인 숫자로 나타난다.

　　양의 피드백 루프는 사후적으로는 설명하기 쉽지만, 사전적으로 관리하기는 어렵다. 갑작스럽게 나타난 거대한 성장을 목격할 때, 우리는 양의 피드백 구조가 어디에서인가 활발하게 작동하였으리라고 짐작할 수 있다. 그러나 이는 사후적인 확인에 그칠 가능성이 높다. 시스템의 행태를 관찰하고 나서 구조를 추론하는 방법, 즉 겉으로 드러나는 현상을 보고서 피드백 구조를 추론하는 방법이 있다. 그러한 접근은 양의 피드백 루프에서는 별로 추천할 만한 방식이 아니다. 양의 피드백 루프가 작동하고 있다고 할지라도, 미미한 값으로 남아 있을 때에는 겉으로는 아무 일도 일어나지 않는 것처럼 보이기 때문이다.

갑작스럽게 급격한 성장이 이루어진 다음에는 양의 피드백 루프가 존재했었다는 사실을 알고도 손을 쓸 수 없는 경우가 많다. 뚝이 터진 다음에는 마을이 물에 잠기는 것을 막을 수 없다. 도시가 이미 그 한계까지 팽창한 다음에는 되돌리기가 어렵다. 별 볼일 없는 것으로 여겨지던 2인자가 조금씩 세력을 확장하다 어느날 갑자기 1인자를 내려친다. 2인자의 배신을 알게 되었을 때는 이미 손을 쓰기에 늦는 경우가 많다. 겉으로 드러난 시스템의 행태를 관찰하여 구조를 개선하려는 시도는 최소한 양의 피드백 루프에서는 통하지 않는다. 양의 피드백 루프의 관리는 '행태에서 구조로'가는 접근이 아니라 '구조에서 행태로' 가는 접근이 요구된다. 그러니까 아예 역모를 일으킬 구조를 허용하지 않는 것이 최선의 방책이다.

16 양의 피드백 루프와 임계질량: 티핑 포인트

양의 피드백 루프는 기하급수적인 성장 또는 급전

직하로 떨어지는 쇠퇴를 가져온다. 사실 급격한 성장과 급격한 쇠퇴는 동전의 앞면과 뒷면 같은 관계이다. 한 기업의 시장 점유율이 급격하게 성장하는 만큼 경쟁기업의 시장점유율은 급격하게 감소한다. 정부의 불신이 급격하게 증가하는 만큼, 정부의 신뢰는 급격하게 감소한다.

동일한 양의 피드백 루프는 시스템을 성장으로 몰고갈 수도 있지만, 거꾸로의 방향, 즉 실패로 몰고갈 수도 있다. '돈놓고 돈먹기'라는 말이 있다. 많은 투자를 해야 많은 이익을 얻고, 다시 그 많은 이익을 얻은 기업은 더 많은 투자를 할 수 있어 더 큰 이익을 얻는다. 그런데 동일한 양의 피드백 루프가 성장이 아닌 축소를 지향하여 움직일 수도 있다. 투자를 적게 하니 이익이 적어지고, 적은 이익으로는 보다 더 적게 투자할 수밖에 없으니 이후의 이익은 더 적어진다.

그렇다면 문제는 양의 피드백 루프가 언제 성장하고 언제 쇠퇴할 것인가라는 점이다. 이를 분석하는 도구로써 '임계질량(critical mass)'이라는 개념이 있다. 제2차 세계대전이 한창일 때 원자탄을 연구하면서 이 개념이 중요하게 부각되었다. 임계질량 이하의 우라늄

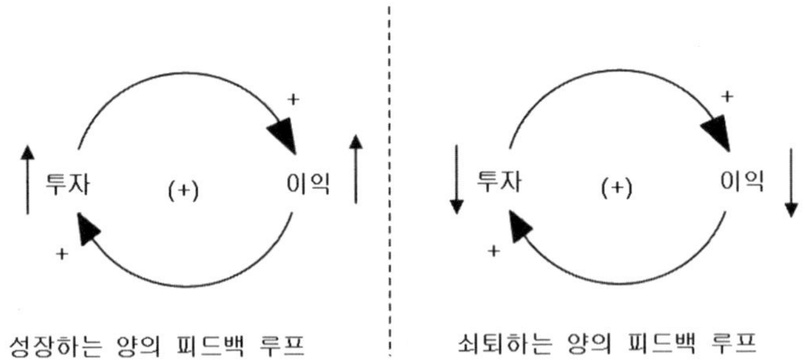

〔그림 21〕 **양의 피드백 루프의 양면성**

은 아무리 충격을 가해도 폭발하지 않는다. 그러나 일단 우라늄 덩어리가 임계질량 이상으로 되면 우라늄은 순식간에 엄청난 에너지를 분출하면서 폭발한다. 원자탄은 이러한 원리를 이용하여 설계되었다. 초기의 원자탄은 임계질량에 못미치는 두 개의 우라늄 덩어리로 구성되어 있었다. 비행기에서 투하된 원자탄이 하늘에서 땅으로 내려오면서, 분리되어 있던 두 개의 우라늄 덩어리가 합쳐져 임계질량을 초과한다. 임계질량을 초과하는 바로 그 순간 우라늄 붕괴는 연쇄반응(chain of reaction)을 일으키면서 우라늄 덩어리 모두가 폭발하고 일순간에 거대한 에너지를 방출한다.

임계질량이란 특정한 변수값을 의미한다. 이 값에 도달하기 전의 변수행태와 이 값을 넘어선 후의 변수행태는 현격하게 달라진다. 영하의 온도에서 물은 얼음이라는 고체로 존재한다. 그러다가 0℃를 넘어서게 되면, 딱딱하던 얼음은 갑자기 액체로 변한다. 또한 100℃에 가까워질수록 액체로 존재하던 물은 급격하게 증기로 변화된다. 임계질량을 전후하여 시스템의 행태는 급격히 변화된다.

임계질량과 유사한 개념으로써 '티핑 포인트(tipping point)'라는 말이 있다. 맬컴 글래드웰은 그의 저서 『티핑 포인트』에서 이처럼 갑작스럽게 변화하는 현상을 조망하고 있다. 티핑 포인트란 모든 것이 한꺼번에 변화하고 전염되는 극적인 순간을 의미한다. 1970년대에 미국 북동부의 도시에 살던 백인이 교외로 탈출하는 현상이 종종 티핑 포인트로 묘사되고는 하였다. 흑인인구가 증가할수록, 서서히 백인은 그 도시를 떠나게 된다. 그런데 흑인이 도시인구의 20%에 도달하게 되면, 남아 있던 거의 모든 백인이 한순간에 떠나 버린다는 것이다. 이러한 순간을 티핑 포인트라고 한다. 사회의 네트워크를 통하여 전염·확산되는 유행은 거의 예외 없이 티핑 포인트라는 현상을 보인다.

임계질량은 시스템의 존속이냐 멸망이냐를 결정짓기도 한다. 타락한 소돔과 고모라를 멸망시키려는 하나님에게 아브라함은 끈질기게 질문한다. 아브라함은 그 도시에 의로운 사람이 10명 있으면 용서하여 줄 것이냐고 하나님에게 질문한다. 하나님께서는 그렇게 하겠다고 말씀하신다. 그러나 의로운 사람이 10명이 없기 때문에 소돔과 고모라는 멸망을 당한다. 이처럼 임계질량을 넘어서는가, 그렇지 않는가는 한 국가의 흥망을 결정하기도 한다.

최근 임계질량의 개념은 정보통신산업에서 활발히 적용되어 왔다. 인터넷을 사용하는 인구가 임계질량 이하일 때 인터넷산업의 성장은 더디게 이루어진다. 그러나 일단 인터넷을 사용하는 인구가 임계질량을 넘어서면서, 인터넷시장은 급격히 폭발하기 시작한다. 학

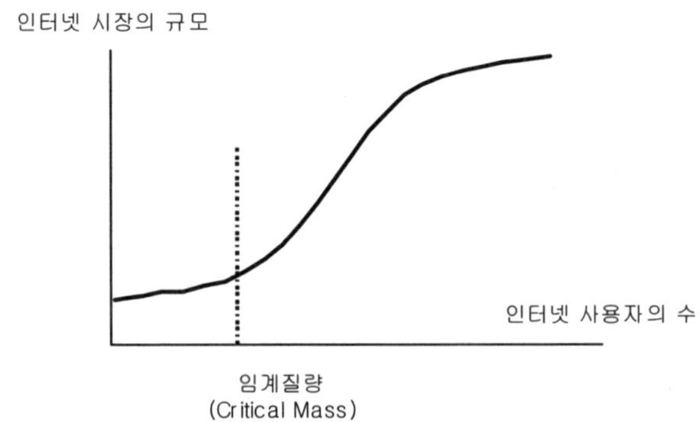

〔그림 22〕 **인터넷의 임계질량**

자들은 그 임계질량을 대략 인구의 20% 안팎으로 본다. 임계질량에 도달하기 전에는 일부 사람들이 호기심이나 편리성 때문에 인터넷과 휴대폰을 사용하다. 그러나 일단 임계 질량을 넘어서게 되면, 인터넷이나 휴대폰은 더 이상 개인적인 선택차원이 아니라 집단적 강제의 차원으로 전환된다. 인터넷을 사용하지 않으면 시대에 뒤쳐지게 되고, 사회적인 교류를 지속할 수 없기 때문이다. 임계질량의 예는 자동차, 냉장고, 텔레비전, 팩스, 오락기계, 컴퓨터, 휴대폰 등의 확산과정에서도 발견할 수 있다.

그러나 임계질량은 발견되기 어렵다는 특성을 지닌다. 임계질량에 도달하지 못한 민주화운동은 한없이 허약해 보인다. 임계질량에 미달된 우라늄은 폭발하지 않는다. 그렇기 때문에 우라늄이 폭발할 수 있다는 점은 인류 역사상 최근에 와서야 발견되었다. 마찬가지 이유에서 임계질량은 의사결정자에게 어려움을 준다. 임계질량에 도달하여 문제가 표면화되기 전까지는 문제의 심각성을 인식하기 어렵기 때문이다. 의사결정자는 어느 곳에 임계질량이 도사리고 있는지 살펴보아야 한다.

17 선순환과 악순환

시간이 흐를수록 점점 더 나빠지는 시스템을 악순환(vicious circle)에 빠졌다고 하고, 거꾸로 시간이 흐를수록 자꾸만 좋아지는 시스템은 선순환(virtuous circle)을 탄다고 표현한다.

한쪽 방향으로의 변화가 계속해서 증폭되기 때문에 선순환과 악순환은 모두 양의 피드백 루프에서 나온다. 다만, 양의 피드백 루프에 의한 증폭작용이 바람직할 때에는 선순환, 바람직하지 못한 방향일 때에는 악순환이라고 한다.

선생님의 칭찬을 받은 학생은 열심히 공부하여 좋은 성적을 내고, 좋은 성적으로 인해 더 많은 칭찬을 받는다. 이는 양의 피드백 루프이자 선순환이다. 동일한 양의 피드백 구조에서 악순환이 발생할 수 있다. 선생님의 칭찬을 못 받은 학생은 공부에 흥미를 잃고 성적이 떨어지게 되어 결국은 선생님의 칭찬을 더 못 받게 된다. 이는 악순환이다. 학교에 처음 입학할 때에는 두 학생의 수준이 비슷했는데, 칭찬의 선순환을 타는 학생은 모범생이 되고, 칭찬의 악순환에 갇힌 학생은 문제아로 전락한다. 이와 유사한 예는 많다. 부모님의 칭찬을 받는 형은 착실하게 자라 성공하고, 그렇지 못한 동생은 잘못된 길로 들어서 실패하고는 한다.

동일한 양의 피드백 루프가 금융위기를 초래하기도 하고, 극복하게 만들기도 한다. 어느 정도 이상의 외환보유고를 유지하면, 국내경

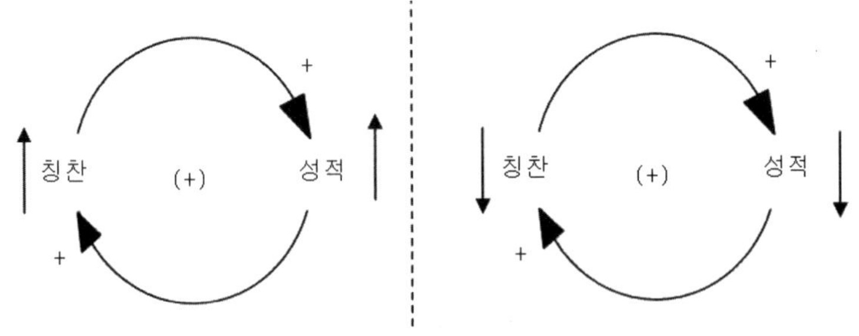

[그림 23] **선순환(왼쪽)과 악순환(오른쪽)**

제의 신용이 높아지고, 외국인이 국내에 안심하고 투자하게 된다. 외국인의 투자는 외환보유고를 더욱더 높인다. 거꾸로 외환보유고가 어느 정도 이하로 떨어지면, 국내경제의 신용이 추락하고, 외국인은 투자했던 돈을 회수한다. 결국 외국인 투자의 회수는 외환보유고를 더 고갈시킨다. 동일한 양의 피드백 루프이지만, 전자는 선순환이며 후자는 악순환이다.

종종 악순환과 선순환을 오해하는 경우가 있다. 즉, 악순환과 선순환이 서로 다른 구조를 지니는 것으로 생각하는 것이다. 악순환은 나쁜 구조에서 나오고, 선순환은 좋은 구조에서 나오는 것으로 생각하기도 한다. 심지어 악순환구조를 선순환구조로 바꾸어야 한다는 주장을 언론에서 심심치 않게 들을 수 있다. 그러나 선순환과 악순환의 구조는 동일한 것이다. 모두 양의 피드백 루프에서 나오는 것으로서 좋은 방향일 때는 '선순환', 나쁜 방향일 때는 '악순환'이라고 할 뿐이다.

그러면 언제 양의 피드백 루프가 선순환이 되고 언제 악순환이 되는 것일까? 이는 앞서 설명한 임계질량(critical mass)에 의해 결

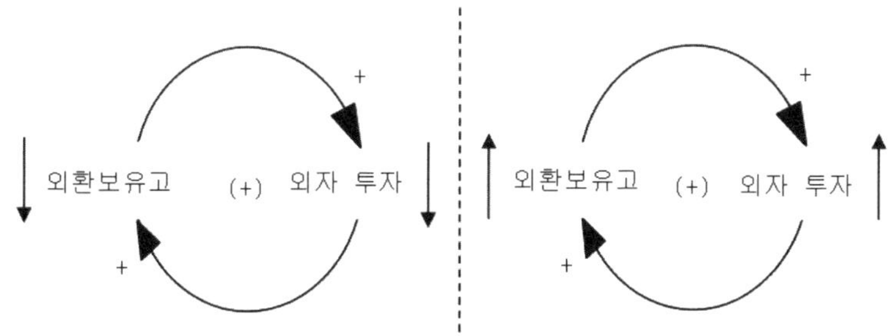

〔그림 24〕 **금융의 선순환(오른쪽)과 악순환(왼쪽)**

정된다. 외환보유고가 임계질량 이하로 떨어지게 되면, 외국인의 투자가 감소되고, 그 결과 외환보유고가 감소되는 악순환의 늪에 빠지게 된다. 그러나 외환보유고가 어느 정도 이상으로 확보되어 있으면, 양의 피드백 루프는 선순환으로 돌기 시작한다. 악순환을 선순환으로 바꾸기 위해서는 변수값을 임계질량 이상으로 올려야 한다. 1997년도에 금융위기가 발생하였을 때를 생각해 보자. 외환위기란 외환보유고가 줄어들어 외국인에게 돈을 내줄 수 없는 국가적인 파산의 위험을 의미한다. 이러한 외환위기를 탈출하기 위해 우리 정부가 사용한 방식은 IMF로부터 외환, 즉 달러를 차입하여 우리 나라의 외환보유고를 강제로 증가시키는 방법이었다. 이렇게 외환보유고를 강제로 증가시킴으로써, 우리 나라에 대한 불안감을 감소시켜 외국인의 투자를 증가시키고, 외국인의 증가된 투자로 인하여 다시 외환보유고가 증가하는 선순환을 유도하고자 한 것이었다. 이러한 정책은 성공적으로 작동되었다.

이렇게 악순환을 선순환으로 전환시키는 것은 구조개혁이 아니라 임계질량의 차원에서 접근될 수 있다. 악순환을 구조적인 문제라고 단정짓는 습관을 버려야 한다. 문제를 일으켜 야단을 맞고, 야단을 맞아 더 문제를 일으키는 문제아를 생각해 보자. 이러한 문제아에게 구조적인 문제가 있는 것은 사실이지만, 그 구조적인 문제에서 탈출하는 지름길은 구조를 개혁하는 방법이 아니라 임계질량에 도달하지 못한 변수를 제어하는 방법에서 찾을 수 있다. 즉, 문제아에게 부족한 칭찬을 강제로 늘려 줌으로써 선순환을 가동시킬 수 있을 것이다. 또는 문제아에게 너무나 많았던 야단을 강제로 줄여 줌으로써 악순환의 가동을 중지시킬 수 있을 것이다. 선순환과 악순환은 동전의 양면과 같다. 양의 피드백 루프는 임계 질량을 분수령으로 하여 선순환이 될 수도, 악순환이 될 수도 있다. 악순환을 중지시키고 선순환을 가동시키고자 하면, 무엇보다도 먼저 넘어서는 안 될 임계질량을 넘어 버린 변수가 무엇인지, 그리고 넘어야 할 임계질량에 다다르지 못한 변수가 무엇인지를 찾아보아야 한다. 악순환과 선순환은 종이 한 장 차이에서 비롯된다.

18 성장의 한계 limits to growth

양의 피드백 루프에 속한 변수는 무한히 성장하거나 무한히 쇠퇴한다. 블랙 홀은 무한히 축소한다고 한다. 중력이 강해지니까 많은 물질을 끌어당기고, 많은 물질이 융합되니까 중력이 더 강해진다. 그렇기 때문에 전형적인 양의 피드백 루프라고 할 수 있다. 그러나 양의 피드백 루프가 무한정 작동되는 것은 드문 일이다. 자원이 제약된 세계에서는 성장이나 쇠퇴가 무한정 지속될 수 없기 때문이다. 조그마한 불씨가 산불을 일으킨다. 많은 나무에 불길이 붙을수록 산불의 위력은 더 강해지고, 그럴수록 더 많은 나무가 불길에 휩싸인다. 그러나 탈 나무가 없으면 산불은 저절로 꺼진다. 산불을 진화하기 위해 주변의 나무를 미리 태워 자원을 소진시키는, 이른바 맞불을 놓기도 한다. 아무리 강력한 양의 피드백 루프이더라도 자원이 고갈되면 멈출 수밖에 없다.

　자원에는 에너지로서의 자원만이 있는 것이 아니라 능력 또는 용량으로서의 자원도 있다. 선순환의 성장가도를 달리는 기업은 성장으로 인하여 더 많은 투자자를 확보할 수 있고, 많은 투자를 확보할수록 더 높은 성장을 한다. 그러나 부족한 자원은 기업의 성장을 제약한다. 공장의 생산용량이 제한되어 있어 더 이상 많은 상품을 생산할 수 없을 수도 있다. 공장의 생산용량을 확대시키려고 해도, 좁은 공장부지로 인해 제약을 받는 경우도 있다. 보다 근원적으로 시장규모가 제한되어 있는 경우, 기업은 더 이상 성장할 수 없다. 이것은 아무리 좋은 상품을 싸게 만들어도 더 이상 구매할 소비자가 없기 때문이다.

　도시의 성장 역시 양의 피드백 루프로 이해되고는 한다. 도시가 커지면 더 많은 사람들이 유입되고, 사람이 많아질수록 도시규모는 더 커진다. 그러나 도시가 무한히 성장할 수는 없다. 도시의 토지면적은 제한되어 있다. 도시가 아무리 커진다고 하더라도, 건물을 지을 수 있는 토지는 제한되어 있다. 아울러 도시가 커질수록 교통수요는 급증하지만, 도로의 규모는 제한되어 있다. 기존의 협소한 도로를 확장시키는데는 어마어마한 비용이 요구된다. 결국 도시의 성장은 토지와 도로의 한계로 인해 멈추게 된다.

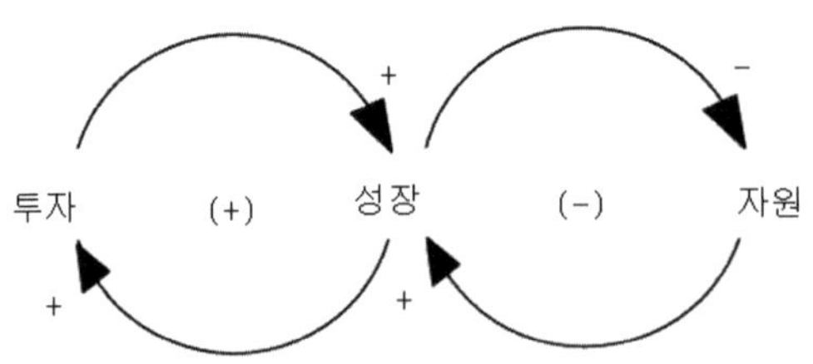

〔그림 25〕 **성장의 한계와 피드백 루프**

오래 전 맬더스가 주장하였듯이 인구의 기하급수적인 성장은 자원의 제약으로 인하여 멈출 수밖에 없다. 1972년도에 출간되어 환경운동의 기폭제가 되었던『성장의 한계』라는 로마 클럽 보고서는 자연자원과 환경의 제약이라는 장벽 앞에서 경제성장은 멈출 수밖에 없다는 점을 예견하였다. 동물의 몸무게가 성장하는 데에도 제약이 있다. 아무리 몸무게가 많이 나가는 공룡이라 할지라도, 영화에 나오는 킹콩과 같은 몸무게를 유지할 수는 없다. 그러한 몸무게를 유지하기에는 먹을 음식이 너무나 부족하기 때문이며, 지구의 중력이 너무 강하기 때문이다.

성장에만 한계가 있는 것은 아니다. 쇠퇴에도 한계가 있다. 선거에서 아무리 인기가 떨어지더라도 가족과 친지와 같은 고정표는 있는 법이다. 사업에서 아무리 크게 실패한다고 하더라도 사형을 받을 만한 사업의 실패란 존재하지 않는다. 다만 쇠퇴에 대한 두려움에는 한계가 없다. 실제의 세계에서 모든 시스템은 무한히 성장할 수도 없지만, 무한히 쇠퇴할 수도 없다.

많은 사람이 무한한 성장은 불가능하다는 사실을 믿지 않는다. 믿고 싶어하지 않는 것인지도 모르겠다. 재작년에도 성장했고, 작년에도 성장했으니, 올해에도 당연히 성장해야 한다고 믿는다. 올해에는 마이너스 성장이 예상된다는 뉴스에 온 국민이 경악한다. 그리고는 믿을 수 없다고 한다. 많은 사람이 '성장중독'이라는 병에 걸려 있다. 그러나 무한한 성장이 있다면, 그 자체가 가장 두려워해야 할 만한 병일 것이다.

19 음의 피드백 루프와 통제 control

이제까지 양의 피드백 루프를 집중적으로 살펴보았
다. 이렇게 양의 피드백 루프를 강조한 이유는 양의 피드백 루프를
소홀히 생각하는 경향이 있기 때문이다. 피드백 시스템이라고 하면,
양의 피드백 루프보다는 음의 피드백 루프를 생각하는 경향이 있다.
일반시스템 이론(general system theory)을 중심으로 하는 철학
적·추상적인 시스템 이론가들이 음의 피드백 루프를 강조하였기 때
문이다. 정치학, 정책학 등의 분야에 쉽사리 확산되었던 철학적이고
추상적인 시스템 이론은 시스템 다이내믹스 및 시스템 사고와는 상이
한 계열의 사고방식이다. 리차드슨(George Richardson)은 이러한
시스템 이론을 사이버네틱스 계열이라고 하여 구분하였는데, 이것은
음의 피드백 루프에 초점을 두었으며, 시스템의 균형을 달성하기 위
한 통제를 강조하였다.

전통적으로 음의 피드백 루프는 통제·제어(control)를 위한 장
치로 간주되어 왔다. 음의 피드백 루프의 가장 전형적인 시스템으로

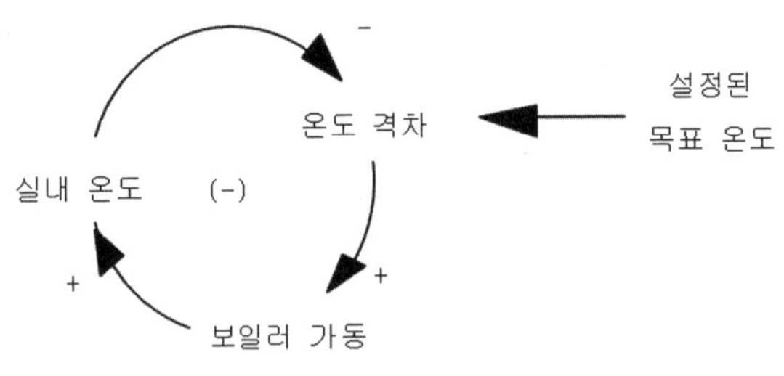

[그림 26] **보일러의 가동과 피드백 루프**

난방시스템의 자동온도조절기구가 논의되고는 하였다. 난방시스템
은 미리 설정된 목표온도에서 실내온도를 뺀 값, 즉 온도격차에 의해
조절된다. 온도격차가 높으면 보일러를 가동하여 실내온도를 올리
고, 그 결과 온도격차가 감소된다. 그런데 온도격차가 0에 가까워지
거나 마이너스값을 갖게 되면 보일러 가동이 중단되어 실내온도가 내
려간다. 이렇게 음의 피드백 메커니즘을 활용하여 난방시스템은 목표
로 하는 온도와 실내온도를 일치시키도록 작동한다.

결국 음의 피드백 메커니즘은 보일러를 통제하는 목적으로 활용
되는 셈이다. 즉, 보일러를 통제함으로써 실내온도를 목표온도에 접
근시키는 것이다. 통제시스템은 발생한 오류를 수정하는 시스템이라
고 단순화시킬 수도 있다. 앞에서 온도 격차를 오류라고 하면, 보일러
를 가동시키거나 중단시키는 일은 오류의 수정에 해당된다.

오류를 수정하는 음의 피드백 구조는 균형을 유지하려는 제어 시
스템에서 쉽게 발견할 수 있다. 잠자리에서 아이가 이불을 걸어차는
행동도 음의 피드백 루프의 관점에서 이해될 수 있다. 처음에는 이불
을 뒤집어 쓰고 자다가, 덥고 땀이 나면 무의식중에 이불을 걸어 찬
다. 새벽이 되어 서늘해지면 잠을 자고 있다가도 더듬어 이불을 찾아

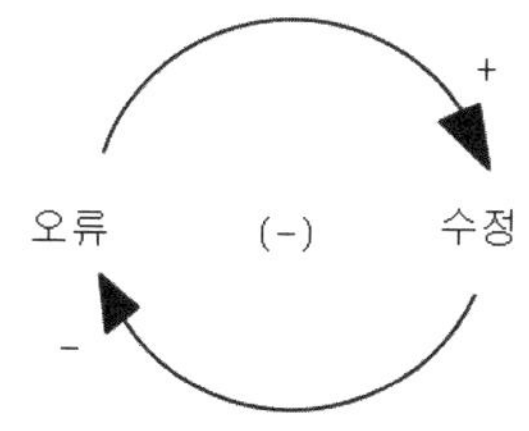

〔그림 27〕 **오류수정과 피드백 루프**

내고는 다시 뒤집어 쓴다.

　자전거를 타면서 핸들을 좌우로 조정하는 것 역시 음의 피드백 루프로 해석할 수 있다. 즉, 자전거가 오른쪽으로 기울면(오류), 핸들을 왼쪽으로 틀어(수정), 자전거의 방향을 바로잡는다. 오른쪽으로 갔다가 왼쪽으로 가는 우왕좌왕(右往左往)하는 행태는 술 취한 사람의 갈 지(之)자 행보에서 여실히 드러난다. 그러나 술취한 사람만 우왕좌왕하는 것은 아니다. 사실상 모든 사람은 걸을 때 몸의 무게중심을 왼쪽에 두었다가 오른쪽에 두었다가를 반복한다. 정상적인 사람은 그 과정이 빠르게 이루어지기 때문에 자연스럽게 보인다. 그런데 술취한 사람은 그 과정이 느리게 이루어질 뿐만 아니라 한쪽으로 너무 많이 무게 중심이 이동하는 바람에 휘청거린다.

　나아가 한 국가의 이데올로기 역시 우와 좌를 반복한다. 인정사정 없는 자본주의 정책으로 인해 빈곤층이 증가하고 그들의 불만이 정치세력화되면서 빈곤층의 복지를 강조하는 정책이 시행된다. 그런데 이렇게 증가한 복지비용으로 인해 가격경쟁 및 생산력에서 뒤쳐지게 되면, 다시 시장자본주의 논리가 세력을 얻어 국가의 좌표는 오른쪽으로 회귀한다. 핸들을 왼쪽, 오른쪽으로 꺾으면서 자전거가 전진해 가듯이, 국가의 정책 역시 좌익과 우익의 방향을 번갈아 가면서 전진한다. 이데올로기의 좌익과 우익은 하늘을 나는 새의 왼쪽 날개와 오른쪽 날개에 비유되기도 한다. 새는 왼쪽 날개(좌익)와 오른쪽 날개(우익)를 동시에 펄럭일 때에만 하늘을 향해 비상할 수 있다. 그러나 목적지를 향해 방향을 수정하기 위해서는 몸을 왼쪽으로, 오른쪽으로 기울이기도 한다. 이렇게 오류를 지속적으로 수정하여 원하는 목적지

로 날아가기 위해서는 끊임없이 음의 피드
백 루프에 의한 통제 메커니즘이 가동되어
야 한다.

20 음의 피드백 루프 + 시간지연 = 과잉행동 overaction

지금까지 인과관계를 논의할 때 시간지연(time delay)은 언급하지 않았다. 그런데 원인과 결과의 영향이 순식간에 이루어지는 경우도 있지만, 오랜 시간을 두고 이루어지는 경우도 있다. 목재가 필요해 나무를 자르는 데는 거의 시간이 걸리지 않지만, 묘목을 심어 나무가 자라는데에는 오랜 시간이 걸린다. 시장의 가격 조절 메커니즘에 대해 생각해 보자. 가격이 오르면 수요가 감소되는 인과관계는 즉각적으로 이루어질 수 있다. 또한 수요가 감소되면 가격을 내리는 인과관계 역시 즉각적으로 이루어질 수도 있다. 그러나 가격이 증가하기 때문에 공급이 증가하는 인과관계는 오랜 시간이 소요될 가능성이 높다. 공장을 새로 짓거나 생산설비를 확충해야 하기 때문이다.

배가 고프면 밥을 먹는다. 그리고 밥을 먹으면 배가 부르다. 이 두 가지 인과관계 중 어느 곳에 시간지연이 발생할까? 만약 배가 고파야 밥을 하고 반찬을 마련한다면, 전자의 인과관계에서 시간지연이 발생할 것이다. 그런데 재미있는 것은 후자의 인과관계에도 시간지연이 발생한다는 점이다. 입으로 밥을 먹고 식도로 넘어가 위에서 소화되기까지는 30분의 시간지연이 필요하다고 한다. 배가 부르다는 신호는 30분이 지나야 뇌에 도달하기 때문에 밥을 빨리 먹는 사람은 몸에서 요구하는 것보다 많은 양의 식사를 하게 된다.

이보다 더 심각한 것은 술을 먹을 때이다. 술을 먹으면 취하고, 취하면 술을 안 먹게 된다. 그런데 술을 먹고 취하는 데에는 시간지연이 존재한다. 이 시간지연으로 인하여 술을 먹는 사람은 자신이 아직 술에 취하지 않은 줄 알고 과음하게 되고, 얼마 지나지 않아 술에 취한 자신을 발견하게 된다. 그러나 이미 때는 늦었다. 점점 더 술에 취하고 비틀거리기 시작한다. 이렇게 여타의 인과관계에 비해 상대적으로 오랜 시간에 걸쳐 인과의 영향이 이루어지는 경우 시간지연을 특별히 표시해 준다. 인과관계에서 시간지연은 화살표의 가운데 부분에 빗금을 그어 표시한다.

밥을 먹거나 술을 마시는 데 개입되는 시간지연의 효과는 음의 피드백 루프의 관점에서 이해될 수 있다. 밥을 먹으면 배고픈 느낌이

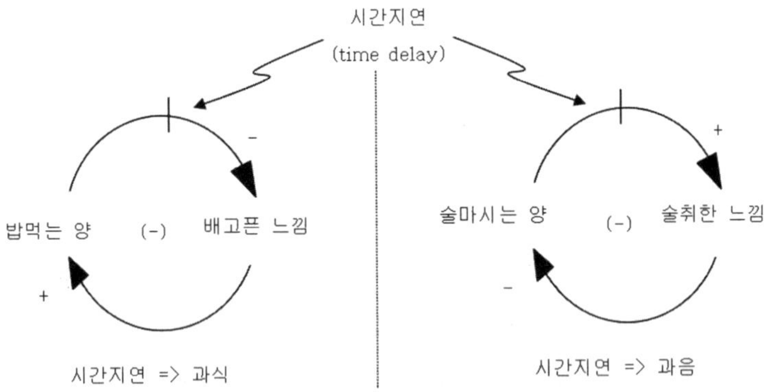

[그림 28] **음식(왼쪽)과 술의 시간지연과 과잉행동**

없어지고, 배고픈 느낌이 없어지면 밥을 그만 먹는다는 점에서 이는 음의 피드백 루프이다. 마찬가지로 술을 마시면 술취한 느낌이 강해지고, 술취한 느낌이 강해지면 술을 그만 먹기 때문에, 이 역시 음의 피드백 루프이다.

만약 이러한 음의 피드백 시스템에서 시간지연이 존재하지 않는다면, 과식이나 과음은 존재하지 않을 것이다. 먹은 만큼 그 즉시 배고픔이 사라진다면, 과식은 거의 없을 것이다. 술을 마시자마자 취한다면, 과음 역시 거의 없을 것이다. 그러나 밥을 먹고 나서 30분이 지나서야 배고픈 느낌이 사라진다면, 30분 동안은 그저 퍼먹을 수밖에 없다. 밥을 먹기 시작해도 30분간은 계속해서 배가 고프기 때문이다. 역시 술을 먹기 시작하면 취기가 오르기 전까지는 계속해서 술을 마실 수밖에 없다. 술을 마시기 시작하더라도, 여전히 정신이 말짱하기 때문이다.

이처럼 음의 피드백 루프에 시간지연이 내재된 인과관계가 존재할 때, 균형점에서 벗어나게 하는 과도한 행동이 발생한다. 이를 '과잉행동(overshoot)'이라고도 한다. 과잉행동은 국가정책에서도 발생될 수 있다. 국민보험을 생각해 보자. 국민보험의 유용성을 홍보하기 위하여 정부에서는 높은 수준의 보험금 지급을 약속한다. 처음에는 보험금 수령자가 많지 않기 때문에 별 문제가 없지만, 시간이 지나면서 수령자가 늘어나고 급기야 보험기금은 바닥을 드러내고 만다. 초기에 정부가 약속한 높은 수준의 보험금 지급이 무리수였던 것이다. 왜 이토록 무리하게 높은 수준의 보험금을 약속하는 것일까? 만약 약속한 보험금을 1~2년 내에 모두 지급해야 한다면, 그러한 약속은 하지 않았을 것이다. 무리한 약속은 시간 지연으로 인해 가능하다. 지금 당장 높은 수준의 보험금 지급을 약속한다고 하더라도, 당장 기금에 펑크가 나지는 않는다. 적어도 5년 이상의 시간지연이 존재한다. 5년은 긴 시간지연이다. 무리하게 높은 보험금을 약속한 정책결정자는 5년 후에는 그 자리에 있지 않을 것이기 때문이다.

이렇게 무리한 약속은 정치인에게서도 자주 발견된다. 국회의원 선거나 대통령 선거에서 실현하기 불가능한 공약을 남발하는 경우가 많다. 무리한 공약은 문제가 되지 않는다. 왜냐하면 이 공약을 당장 실천해야 하는 것은 아니기 때문이다. 선거기간에는 실천할 필요도 없고, 실천할 수도 없다. 이러한 시간지연은 무리한 공약, 심지어는 모순되는 공약까지 약속하게 만든다.

개인 역시 마찬가지이다. 10년 후에 무슨 일을 하고 싶은가라고 물으면 대부분 거창한 일을 이야기한다. 작가, 변호사, 군인, 정치인 등이 되고 싶다고 말하기도 한다. 그러나 내일 무슨 일을 하고 싶은가라고 물으면, 그러한 꿈을 실현시키기 위해 노력하겠다고 말하기 보다는 쉬고 싶다든지 여행을 가고 싶다고 한다. 장래에 대한 꿈 역시 시간지연으로 인해 커진다. 시간지연은 과잉행동을 유발시킨다. 시간지연에 의한 과잉행동은 과식해서 뚱뚱해지는 사람, 술취해서 비틀거리는 사람, 무리한 정책으로 펑크난 공공시스템, 장밋빛 공약을 남

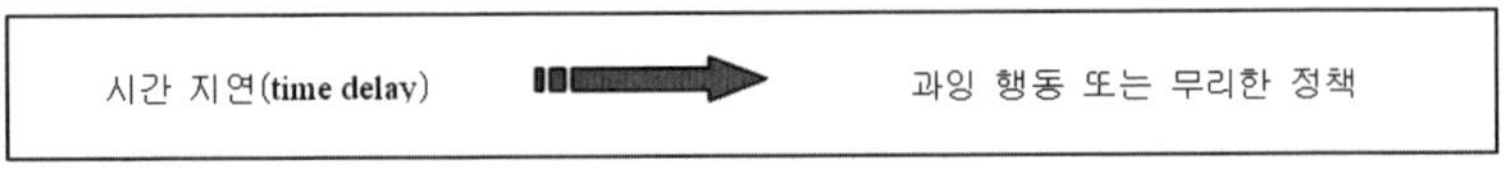

시간 지연(time delay) ▮▮▮▶ 과잉 행동 또는 무리한 정책

[그림 29] **시간지연에 따른 과잉행동**

발하는 정치인에게서 공통적으로 발견되는 현상이다.

21 음의 피드백 루프 + 시간지연 = 요동 fluctuation

종종 음의 피드백 루프는 좋은 것이고, 양의 피드백 루프는 나쁜 것이라고 생각하는 사람이 있다. 음의 피드백 루프는 균형을 가져오는 데 반하여, 양의 피드백 루프는 균형을 깨뜨리고 시스템을 파국으로 몰아가기 때문이다. 그러나 시스템이 균형에서 벗어나지 않으려는 현상은 바람직하지 않을 수도 있다. 이는 정체를 의미하며 변화에 대한 저항을 의미하기도 하기 때문이다. 음의 피드백 루프가 바람직한가 그렇지 않은가는 균형점이 바람직한가 그렇지 않은가에 의해 결정될 뿐이다. 그러나 균형점 자체가 바람직하다고 하더라도, 음의 피드백 루프가 항상 바람직한 것만은 아니다. 음의 피드백 루프에 시간지연이 개입되는 경우, 시스템은 불안정해진다. 시간지연이 있는 음의 피드백 루프는 시스템에 요동(fluctuation) 또는 파동(wave)을 가져온다.

샤워하려고 옷을 벗고 목욕탕에 들어간 사람을 생각해 보자. 샤워꼭지를 왼쪽으로 돌리면 뜨거운 물이 나오고, 오른쪽으로 돌리면 차가운 물이 나온다. 샤워꼭지를 왼쪽으로 적당히 돌리고 따스한 물이 나오리라고 기대한다. 그러나 기대와는 달리 차가운 물이 나온다. 깜짝 놀라 물을 피해 샤워꼭지를 더 왼쪽으로 돌린다. 서서히 따스한 물이 나온다. 손으로 물을 만져 보고 이제 적당하다고 생각하고 샤워를 시작한다. 그런데 이번에는 물이 너무나 뜨거워 깜짝 놀란다. 얼른 피해 샤워꼭지를 급히 오른쪽으로 돌린다. 샤워꼭지와의 씨름이 한동안 계속된다.

이렇게 물이 기대와는 달리 차가웠다가 뜨거웠다가 하는 현상을 요동 또는 파동이라고 한다. 샤워하는 사람은 열심히 물의 온도를 조절하려고 하지만 실패한다. 왜 이러한 파동이 발생하는가? 그 원인은 시간지연에서 찾을 수 있다. 샤워꼭지를 돌린다고 해서 물의 온도가 금방 변화하지 않기 때문이다. 샤워꼭지를 돌리는 행위와 물의 온도가 변화하는 결과 사이에는 시간지연이 존재한다. 시간지연의 존재는 과도한 행동을 유발시킨다. 물의 온도조절기를 왼쪽으로 돌린 그 순간부터 보일러에 불이 붙고 물이 데워지기 시작한다. 그러나 아직까지 샤워기에서 나오는 물은 차갑다. 보일러에서 데워진 물이 나오는데에는 시간지연이 존재한다. 이러한 시간지연을 이해하지 못할 때, 차가운 물에 당황한 사람은 온도조절기를 더 왼쪽으로 돌린다. 보일러에서는 더 강하게 불이 붙고, 물은 뜨겁게 데워진다. 이렇게 뜨거워

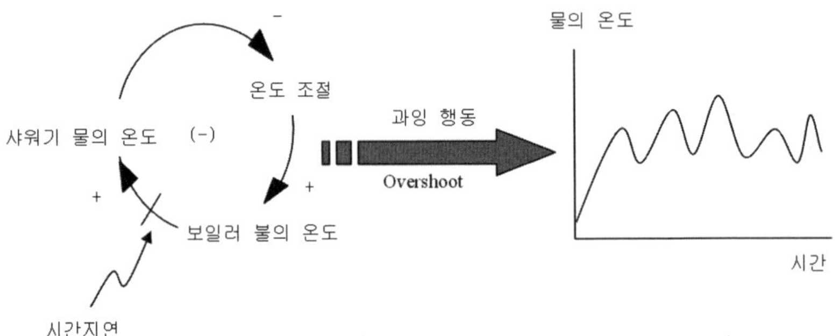

〔그림 30〕 **음의 피드백 루프 + 시간지연 ⇒ 요동**

진 물이 샤워기에서 나올 때면, 너무나 뜨거운 물로 인하여 샤워기의 온도조절기를 급하게 오른쪽으로 돌린다. 샤워기의 온도조절기를 오른쪽으로 돌리는 순간, 보일러의 불은 약해진다. 그러나 뜨겁게 데워진 물이 갑자기 사라지는 것이 아니다. 이미 뜨겁게 데워진 물이 다 쏟아질 때까지 샤워기에서는 뜨거운 물이 나온다. 물의 온도가 차가워지는데에도 시간지연이 발생하는 것이다. 계속해서 뜨거운 물이 나오면, 샤워기의 온도조절기를 끝까지 오른쪽으로 돌린다. 이윽고 보일러의 불은 꺼지고, 조금 지나서는 차가운 물이 나오기 시작한다. 시간지연으로 인하여 과잉행동이 유발되고, 과잉행동으로 인하여 시스템 전체에 파동, 즉 요동이 발생된다.

예상치 못했던 요동과 파동은 종종 의사결정자에게 균형을 유지하려는 행위를 포기하도록 만들고는 한다. 샤워꼭지와 씨름을 하다가 화가 나서 다른 샤워기로 옮겨가거나 아예 탕 속으로 들어가는 사람을 종종 볼 수 있다. 시간지연이 있는 음의 피드백 루프는 의사결정자에게 인내를 요구한다. 의사결정자는 인내심을 가지고 서서히 시스템이 균형점으로 돌아올 때까지 기다려야 한다.

파동을 가져오는 샤워기 모델은 일반적인 오류수정의 메커니즘에도 적용된다. 오류가 커지면, 수정하려는 노력이 커지면서 오류가 감소한다. 이러한 음의 피드백 루프에 종종 시간지연이 개입되고는 한다. 두 인과관계 모두에서 시간지연이 발생될 수 있다. 오류가 발생되었는데도 불구하고 이를 수정하는 노력을 시작하는 데 오랜 시간지연이 개입될 수 있다. 다른 한편으로 오류가 발생하자마자 즉시 수정하였지만, 오류가 수정되는 데에 오랜 시간지연이 발생하는 경우도 있다.

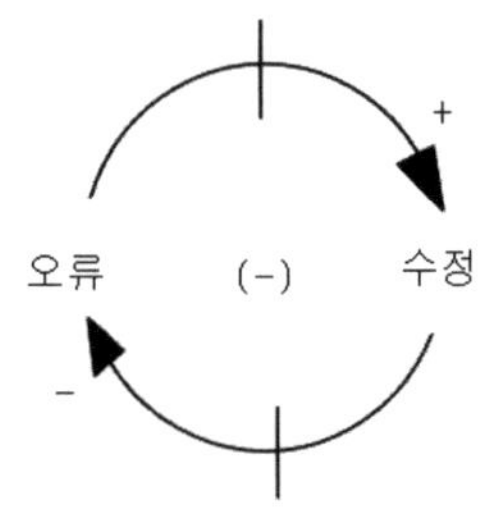

〔그림 31〕 **오류수정과 시간지연**

　　음의 피드백 루프에 시간지연이 결합되어 있을 때에는 과잉행동
과 이로 인한 파동이 발생한다는 것은 피드백 사고의 법칙에 해당될
정도로 중요한 원리이다. 인과지도를 살펴보다가, 시간지연 표식이
있는 음의 피드백 루프를 발견하면, 틀림없이 이 시스템에는 파동이
발생하겠구나라고 추론할 수 있다. 거꾸로 특정한 시스템에 파동이
발생한다면, 이 시스템의 어디엔가에는 시간지연이 결부된 음의 피드
백 루프가 존재하리라고 생각할 수 있다.

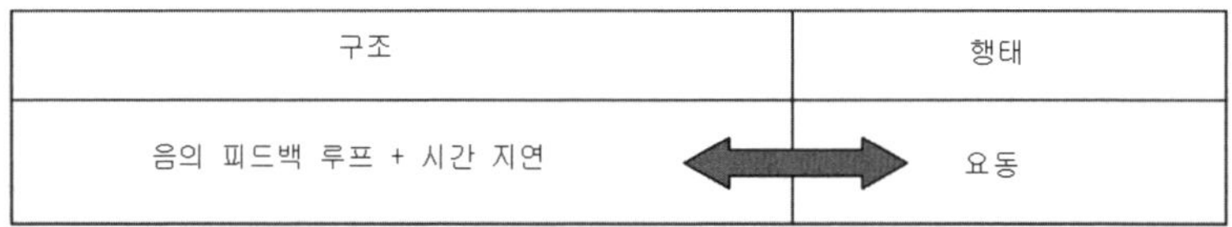

구조	행태
음의 피드백 루프 + 시간 지연	요동

〔그림 32〕 **음의 피드백 루프와 시간지연**

22 사회적 이슈로 등장하는 파동

우리 사회에는 각종 파동이 있다. 석유파동, 돼지파동, 마늘파동, 고추파동 등은 자주 듣는 단어이다. 이렇게 상품이름에 파동이라는 말을 붙이는 이유는 그 상품가격이 폭등하거나 폭락함으로써 경제시스템의 질서가 파괴되는 현상이 발생하기 때문이다. 즉, 여기에서 파동이란 상품가격이 폭등하거나 폭락하는 현상을 의미한다.

그런데 모든 상품이 파동을 겪는 것은 아니다. 발렌타인 데이를 맞이하여 초콜릿의 수요가 급증하지만, 그렇다고 초콜릿의 가격이 폭등하는 것은 아니다. 과자나 라면이 파동을 보이는 경우는 거의 보지 못한다. 그렇다면 석유, 돼지, 마늘, 고추 등은 왜 파동을 보이는 것일까? 이것들의 공통점은 생산하는 데 오랜 시간이 소요된다는 점이다. 수요가 많다고 해서, 이 상품의 생산을 갑자기 늘릴 수는 없는 일이다. 돼지를 키우는 데는 2~3년의 시간이 필요하며, 마늘과 고추를 재배하는데에는 수개월의 시간이 필요하다. 이 상품의 가격이 오르면 공급량을 증가시키고자 하지만, 시간지연이 있어서 공급량이 쉽게 증가하지 못한다. 거꾸로 이 물품의 공급이 과잉되어 가격이 폭락하면, 공급량을 줄여야 하지만, 오히려 때를 못 맞추어 생산된 물품이 대량으로 공급되어 가격이 더욱더 폭락하게 된다. 이로 인해 이런 상품을 생산하는 많은 농축산 농가만 비극적인 늪에 빠진다.

돼지가격이 오른다는 소식을 들은 축산농가에서는 더 많은 돼지를 키우고자 한다. 새로 구입한 새끼돼지를 판매하려면 적어도 1~2년 정도의 시간이 걸리기 마련이다. 그런데 시간이 갈수록 돼지의 공급량은 증가하고, 돼지고기의 공급이 수요를 초과하게 되면서, 돼지가격이 다시 하락한다. 그러나 돼지가격이 하락한다고 해서 돼지공급을 줄일 수는 없다. 이제 다 자란 돼지를 죽일 수는 없기 때문이다. 그렇다고 엄청난 사료를 먹어 치우는 돼지를 농가에서 언제까지 무한정 키울 수도 없다. 3년 전부터 키우기 시작한 돼지는 점차 시장에 공급되기 시작한다. 돼지가격은 더 떨어지고, 급기야 돼지값 폭락이라는 비극이 등장한다.

사료비조차 댈 수 없는 축산농가는 돼지사육을 포기하고, 빚에 쪼들려 도주하는 농민도 등장한다. 한때 희망으로 보였던 돼지사육이

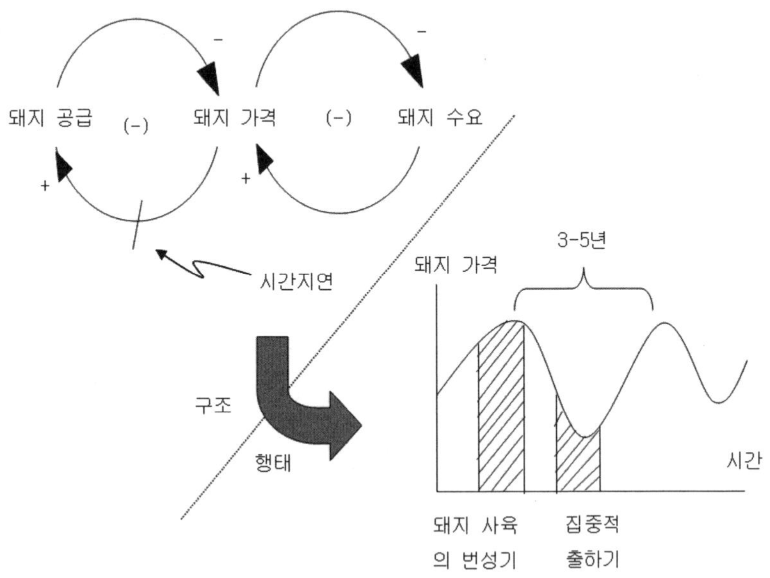

〔그림 33〕 **돼지파동의 메커니즘**

이제 빚의 근원이 된다. 이제 축산 농가는 돼지라면 지긋지긋하게 여긴다. 이런 홍역을 치르면서, 새끼돼지의 수는 급격히 줄어든다. 그리고 다시 시간이 흐르면서, 시장에 공급되는 돼지의 양이 부족하게 되고, 다시 돼지가격이 폭등한다. 이런 메커니즘을 거쳐 돼지파동은 다시 반복된다.

돼지파동만 있는 것이 아니다. 우리 사회에서 흔히 발생하는 파동으로 전문가파동을 들 수 있다. 경제성장기에는 건축과 관련된 전문가가 부족하여 건축학과가 높은 인기를 누린다. 그러다가 경기가 정체되거나 후퇴하면 건설경기가 냉각되고 건축전문가에 대한 수요도 감소한다. 그러나 건설경기가 좋았던 시절에 입학했던 학생들은 무더기로 졸업한다. 이윽고 건축 관련 전문가들의 실직사태는 심각한 사회문제로 등장하게 된다. 그 결과 건축학과에 입학하고자 하는 지망생이 감소한다.

한 명의 전문가가 길러지기 까지에는 최소한 3~10년의 시간이 소요된다. 그러나 10년이 지난 후에 어떠한 분야의 전문가에 대한 수요가 높아질 것인지에 대해서는 아무도 장담할 수 없다. 더욱이 전문가가 부족하고 따라서 전문가의 몸값이 지나치게 비싸지면, 사회는 점점 더 그러한 전문가를 쓰지 않는 방향으로 변화된다. 변호사 비용

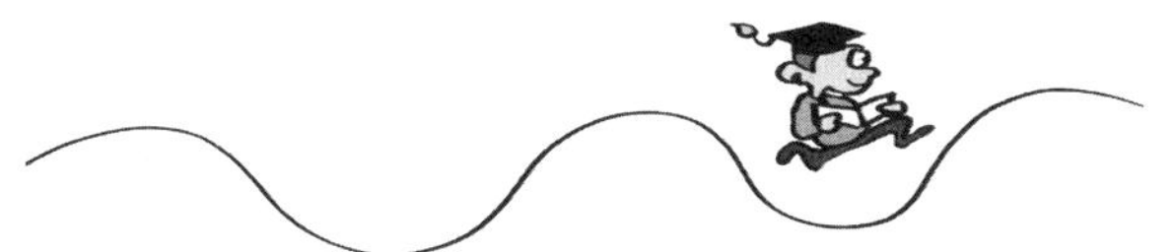

이 높으면 소송 건수가 줄어드는 것이 대표적인 예이다. 이러한 파동은 먼 훗날을 바라보고 석사와 박사 과정의 전문적인 공부를 하려는 학생의 선택을 어렵게 만든다. 그래서 박사과정의 선배는 후배에게 졸업할 때에 취직하기 어렵더라도 후회하지 않을 전공을 선택하라고 충고한다.

23 시장실패의 두 가지 메커니즘: 투기와 파동

이제까지 두 가지 종류의 시장실패 메커니즘에 관하여 논의하였다. 첫째는 양의 피드백 루프에 의해 발생하는 실패로서 수요부문에서 발생하는 투기이다. 둘째는 음의 피드백 루프와 시간지연에 의해 발생하는 실패로서 공급부문에서 발생하는 파동이다. 이러한 두 가지 시장실패는 상호보완적으로 증폭될 가능성이 있다. 양의 피드백 루프에 의해 증폭된 투기적 수요가 공급부분에 충격을 주고, 이 충격은 음의 피드백 루프와 시간지연이 결합된 공급부문에 파동을 몰고 오는 것이다. 다시 공급부문에서 발생된 파동은 수요부문에서의 투기적 수요를 반복시키는 활력소로 작용한다. 이렇게 한 번은 수요부문에서의 급격한 변화가 다음은 공급부문에서의 파동이 교대로 이루어지면서 시장실패가 지속적으로 연장된다.

아파트시장을 생각해 보자. 아파트시장은 두 가지 시장실패 메커니즘에 노출되어 있다. 첫째, 수요부문의 투기 메커니즘을 생각해 보자. 아파트가격이 오르면, 미래의 아파트가격이 더 오를 것이라는 생각이 확산되고, 아파트를 구매하려는 수요자가 증가한다. 이렇게 증가한 수요자로 인하여 아파트가격은 더욱더 오른다. 이렇게 투기적 수요는 양의 피드백 루프에 의해 돌아간다. 둘째, 공급부문의 파동 메커니즘을 생각해 보자. 아파트가격이 오르면, 많은 건축회사가 아파트를 지어 팔고자 한다. 그런데 아파트를 짓는 데는 시간이 걸린다. 짧게는 3년에서 길게는 10년 이상의 시간지연이 존재한다. 사회에는 점점 더 많은 건축회사가 설립되고 아파트건설 열기가 확산된다. 그런데 아파트의 투기적 수요를 중단시키려는 정부의 정책이 강화되면서, 아파트가격이 정상화된다. 이 때 수년 전부터 건축하였던 아파트가 분양되기 시작한다. 아파트가격은 더 떨어진다. 이윽고 미

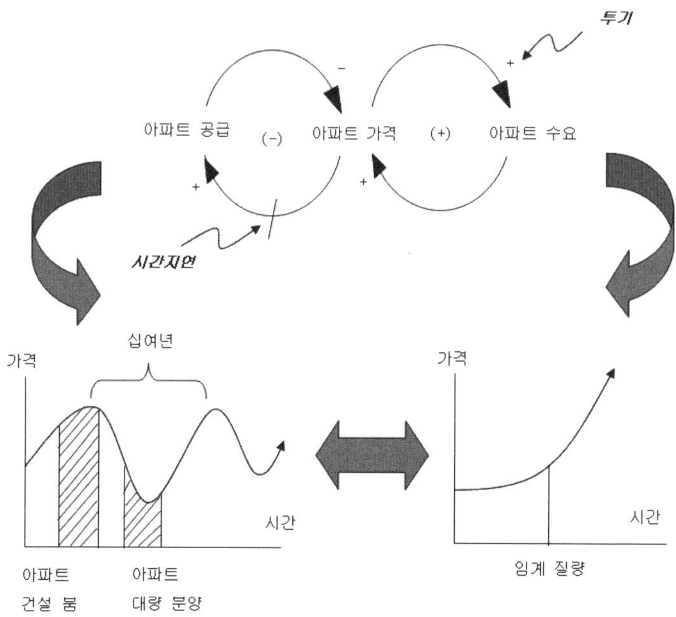

〔그림 34〕 **아파트 시장의 실패: 투기와 파동**

분양 아파트가 나타나기 시작한다. 건축 회사의 도산이 잇따르고, 건축하던 아파트마저 중단되는 사태가 벌어진다. 아파트건설이 중단된 채 수년이 흐른다. 서서히 아파트 물량이 딸리기 시작한다. 이제 다시 아파트에 대한 투기적 수요가 고개를 들기 시작한다. 아파트투기가 수요부문에서 시작하여 공급부문의 파동으로 이어지는 순환이 다시 시작된다.

아파트시장에서와 같이 수요부문과 공급부문 모두에서 시장실패가 발생할 수도 있으며, 어느 한 부문에서만 시장실패가 발생할 수도 있다. 돼지시장이나 채소시장과 같은 경우 투기적 수요는 거의 없다. 이 시장의 실패는 거의 대부분 공급부문에서 발생한다. 금은보석 시장의 경우에도 파동이 발생한다. 그러나 이 파동은 공급부문에 기인하는 것이라기보다는 수요부문의 투기적 수요에서 출발하는 경우가 많다. 금이나 은과 같은 보석은 갑자기 공급이 늘어나거나 줄어들기 어려운 부문이지만, 재산적인 가치가 있기 때문에 투기시장으로 변모하기 쉽다.

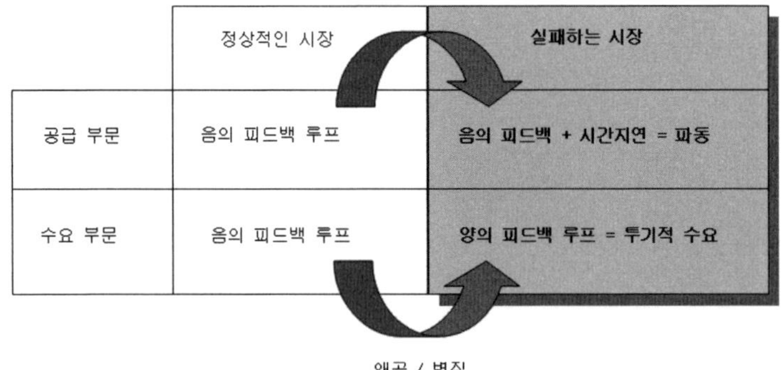

〔그림 35〕 **시장실패와 피드백 루프**

정책결정자는 자신이 당면한 시장실패가 어느 부문에서 발생한 것인지를 신중하게 판단해야 한다. 수요부문에서 발생한 실패를 치료하기 위하여는 수요부문에 정책을 집중하여야 하고, 공급부문에서 발생한 실패를 치료하기 위해서는 공급부문에 정책을 집중하여야 한다. 그런데 종종 공급부문에서 발생한 실패를 치료하기 위해 수요부문에 관한 정책을 강구하는 경우가 있다. 예를 들어, 우유파동은 음의 피드백 루프와 시간지연에 의해 발생한 공급부문의 파동이다. 그럼에도 불구하고 정부에서는 우유파동을 해결하기 위해 소비자들에게 우유 소비를 권장하고는 한다. 거꾸로 수요부문에서 발생한 문제를 공급을 통하여 해결하고자 하는 정책도 있다. 투기적 수요로 인하여 아파트 가격이 급등하였을 때, 이를 해소하기 위하여 신도시 건설과 같이 대량으로 아파트를 공급하려는 정책을 세우는 것이다. 이 역시 문제의 핵심을 공격하는 방법은 아니다. 이는 왼쪽다리가 가려운데, 오른쪽 다리를 긁는 것과 마찬가지이다.

24 처방의 부작용과 희생양

종종 훌륭한 처방을 통해 문제가 해결된 것으로 생각했다가 그 문제가 다시 더 심각한 상태로 등장하는 것을 목격하고 깜짝 놀라고는 한다. 말썽만 피우던 어린이에게 따끔하게 야단을 쳤더니 조용해져서 문제가 해결된 줄 알았다. 그런데 알고 보니, 이 어린이가 보이지 않는 곳에서 더 큰 말썽을 피우고 돌아다니는 것이었다. 따끔한 야단이라는 처방은 어린이에게 말썽을 숨기도록 하는 부작용을 가져온 것이다.

단기적으로는 효과적인 처방이 장기적으로 예상하지 못한 결과를 초래하는 경우, 문제는 이전보다 더 악화된다. 늘어난 주문량을 소화시키기 위해 무리하게 공장을 가동할 때, 이러한 상황에 직면하게 된다. 밀린 주문량을 충족시키기 위해 작업스케줄을 단축시켰다. 단기적으로는 주문량을 충족시킬 수 있었다. 그런데 시간이 조금 지나고 나니 예상치 못한 불량품이 대량으로 발견되어 작업량이 오히려 늘어나 문제가 더 심각해졌다.

시스템 다이내믹스 학자는 이와 같은 상황을 '실패하는 처방(fixes that fail)'이라고 한다. 이는 두 개의 피드백 루프로 구성되는 시스템이다. 윗부분에는 음의 피드백 루프가 있고, 아랫부분을 포함하는 큰 원은 양의 피드백 루프를 형성한다(음의 인과관계가 두 개로 짝수이다).

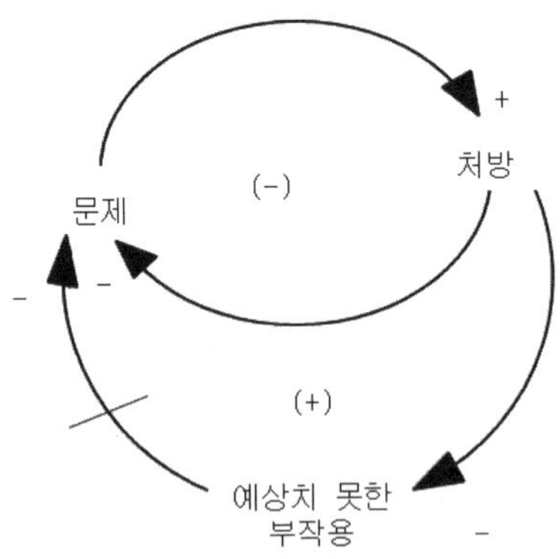

[그림 36] **실패하는 처방**

　문제가 발생하면 처방이 증가하고 문제가 해결된다. 이는 윗부분의 음의 피드백 루프에서 이루어지는 작용이다. 그러나 장기적으로는 보다 큰 원을 그리는 양의 피드백 루프가 돌아가면서 예상치 못한 부작용이 나타나기 시작한다. 즉, 작업 스케줄의 단축으로 인하여 불량품이 증가한다. 이는 결국 반품으로 되돌아와 다시 작업해야 할 문제로 등장한다. 작업 스케줄을 단축시키는 처방은 단기적으로는 문제를 해결하는 것처럼 보이지만, 장기적으로는 불량품의 반품으로 인하여 문제를 더욱 악화시킨다. 결국 장기적으로는 양의 피드백 루프에 의해 문제는 더욱 악화된다.

　이러한 상황은 강력한 리더십을 발휘하는 지도자에게서 발견되고는 한다. 위기상황은 강력한 리더십을 요구한다. 리더는 강력한 리더십을 발휘하여 위기를 해소한다. 그러나 강력한 리더십은 조직원을 억압하게 마련이며, 그만큼 리더에 대한 불만이 쌓이게 된다. 그러한 불만이 당장 표출되지는 않는다. 그러나 시간이 지나고 위기가 어느 정도 해소되면서, 리더에 대한 불만이 폭발된다. 리더에 대한 불만이 폭발되고 위기상황이 조성되는 경우, 이는 다시 강력한 리더십을 요구하는 명분을 제공한다. 그러나 위기를 활용하여 리더십을 보전하려는 시도는 처음에 몇번 성공할 수는 있지만, 장기적으로 성공할 수는 없다. 리더를 향한 불만은 사라지는 것이 아니라 양의 피드백 루프를 타면서 지속적으로 축적되기 때문이다.

　처방이 장기적으로 부작용을 가져오는 시스템은 그 구조가 매우 단순하지만, 예상치 못한 결과가 시간지연을 통해 발생되기 때문에, 피드백 구조를 사전에 발견하기란 쉽지 않다. 종종 우리 나라의 기업체는 외국에서 성공했다는 리엔지니어링과 같은 작업개선운동을 경쟁적으로 도입하고는 한다. 그러나 대부분의 작업개선운동과 조직개선운동은 종업원들에게 과도한 주의력을 요구하기 때문에 그 효과가 단기적이다. 단기적으로는 종업원이 개선운동의 압력에 못이겨 주의력을 집중하겠지만, 구조적인 변화가 뒤따르지 않으면, 단기적인 효과가 지속될 수 없다.

해결하기 어려운 문제에 봉착할 때 가장 자주 사용되는 방법 중 하나가 희생양을 만드는 일이다. 응급처방과는 달리 희생양은 문제 자체를 조금도 해결하지 못한다. 단지 문제의 관심을 다른 곳으로 돌릴 뿐이다. 중세의 마녀사냥에서부터 나치의 유태인 학살에 이르기까지 인류의 역사는 희생양의 역사라고 할 만큼 희생양을 많이 만들었다. 일상생활에서도 우리는 의식적이건 무의식적이건 희생양을 만든다. 사업이 실패하면 가장 힘없는 부서의 장이 책임을 지고 물러난다. 심각한 부정부패가 발각되면, 힘없는 공무원만 구속당한다. 1997년

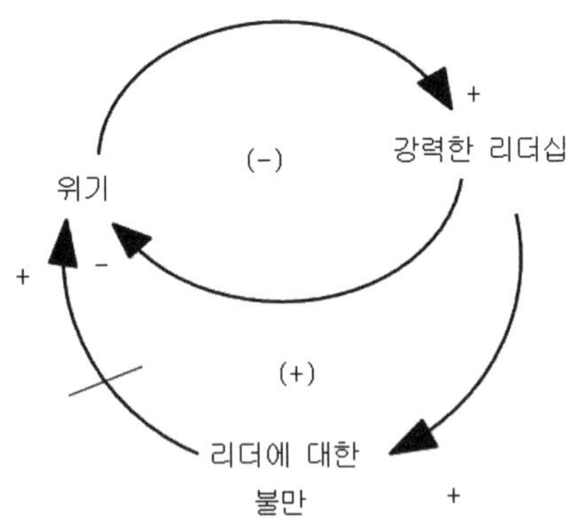

[그림 37] **리더십의 실패**

에 몰아닥친 금융위기에 대하여 국회에서 금융위기를 가져온 원인이 어디에 있는가를 따져 보겠다고 청문회를 개최한 적이 있었다. 그리고 금융위기의 주범으로 그 당시의 경제정책결정자들을 지목하여 책임을 물었다. 이들은 또 하나의 희생양으로 몰렸다.

희생양은 두 가지 폐해를 가져온다. 첫째, 희생양을 만듦으로써 문제를 제대로 바라보지 못하게 만든다. 금융위기의 원인이라는 문제의 본질은 사라지고, 금융위기를 막지 못한 정책결정자의 책임이라는 그다지 중요하지 않은 문제가 국민의 관심을 사로잡는다.

둘째, 시스템의 문제를 관계가 아닌 요소에서 찾으려는 사고를 강화시킨다. 피드백 루프에서 인과관계를 따라가다 보면 결국 출발점에 도달한다. 원인변수가 결과변수가 된다. 피드백 루프에 포함된 모든 변수는 원인인 동시에 결과이다. 따라서 피드백 루프에 있어서 궁극적인 원인이라거나 궁극적인 결과는 존재하지 않는다. 그럼에도 불구하고, 어느 하나의 변수를 문제의 근원으로 단정하는 것은 희생양을

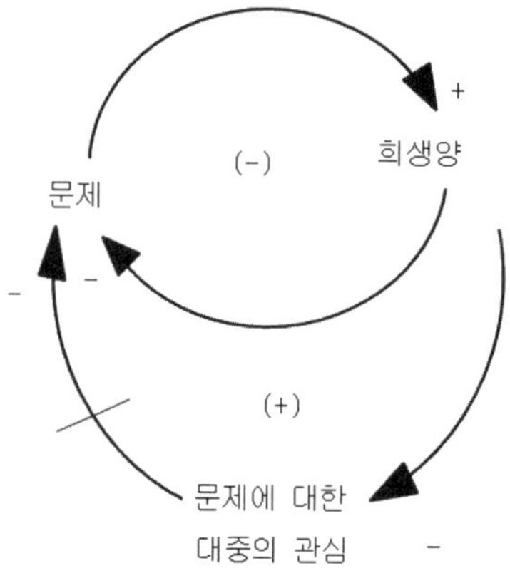

〔그림 38〕 **희생양의 폐해**

만드는 일이며, 이러한 행위는 관계의 중요성을 부인하는 결과를 가져온다. 피드백 루프라는 관계의 중요성을 부인하는 것은 곧 문제의 해결을 포기하는 것과 마찬가지이다.

25 응급처방의 악순환: 중독에 이르는 길

대부분의 가정에는 구급약을 갖추고 있다. 꼭 갖추어야 할 구급약으로 아스피린이 있다. 어느날 갑자기 치통이 시작되면, 아스피린을 먹고 통증을 가라 앉힌다. 아스피린이 없으면 밤새도록 통증에 시달려 잠을 설친다. 그러나 아스피린을 복용하는 것은 응급처방일 뿐이다. 종종 아스피린을 먹고 잠을 자고 일어나면, 언제 그랬냐는 듯이 아무런 통증을 느끼지 못하는 경우가 있다. 어젯밤에 괴로웠던 치통이 별 것 아니었구나 하고 착각에 빠진다. 결국 병원에 가지 않고 일상적인 업무를 계속한다.

아스피린은 통증을 잠시 해결할 수 있을 뿐, 썩은 이를 고치지는 못한다. 썩기 시작한 이를 방치하는 경우, 결국 더 큰 통증에 시달리게 되고 그 이를 뽑고 틀니를 해넣어야 하는 비극에 도달하게 된다. 통증은 하나의 신호이자 메시지이다. 이가 썩고 있음을 알려 주는 신호체계이다. 통증은 병이 아니다. 다만 병이 있다고 알려 주는 메시지일 뿐이다. 그러나 종종 통증은 신호가 아니라 제거해야 할 병으로 받아들인다. 그리고 아스피린은 통증의 제거가 아니라 병을 치료하는 약으로 받아들인다. 아스피린을 복용하여 통증이 사라지면 병이 치료된 것으로 생각한다. 병의 존재를 알려 주는 통증을 제거하는 아스피린은 결과적으로 병을 보호하는 역할을 하여 병을 키운다.

시스템의 병을 알려 주는 메시지를 증상이라고 한다. 상품이나 서비스의 질이 떨어지는 경우, 고객의 불만이 늘어난다. 정책이 잘못 결정되는 경우, 그 정책을 집행하는 공무원의 열정이 식고, 여론이 등을 돌린다. 그러나 이러한 증상을 누그러뜨리기 위하여 응급처방을 실시한다. 국민의 불만을 애써서 감추고, 공무원의 무능력을 탓하며, 정부정책에 우호적인 기사를 써달라고 언론에 부탁한다. 그러한 응급처방이 불필요한 것은 아니다. 그러나 응급처방은 통증을 가라앉히기 위한 아스피린과 같은 것이다. 아스피린과 마찬가지로 응급처방은 치료할 시간을 벌어 준다. 아스피린을 먹고 통증을 가라앉히고는 치료를 받으러 가야 한다. 마찬가지로 응급처방을 통해 시스템의 증상을 완화시킨 다음에는 문제의 근원을 치료해야 한다. 그러나 종종 시스템의 증상이 완화되면, 위기를 넘겼다고 생각하여 문제의 근원에 대한 치료가 불필요하다고 생각한다. 결국 아스피린이 병을 키우듯이 응급처방은 시스템의 실패를 자초한다.

문제의 증상을 단기적으로 해결하기 위하여 응급처방을 사용해야 하는 경우가 많다. 응급처방 그 자체가 문제라고 할 수는 없다. 응급처방을 통하여 문제의 증상(통증)을 완화시키며, 이는 근원적인 해결을 시도할 수 있는 기회를 제공해 준다. 문제는 응급처방의 실시로 인해 근원적인 문제해결 노력을 망각하게 된다는 점이다. 약을 복용하는 응급처방에 익숙해진 사람의 집을 방문하여 보면, 온갖 종류의 약을 비치해 놓고 하루에도 여러 종류의 약을 복용하고는 한다. 응급처방에의 지나친 의존은 근본적인 문제해결에 대한 능력을 상실하게 만들며, 결국에는 증상만을 치료하는 임시요법에 의존하는 습성을 키운다.

이와 같이 응급처방에 의존함으로써 장기적으로 문제를 악화시키는 시스템을 시스템 다이내믹스 학자는 종종 '짐떠넘기기'라고 한다. 근원적인 해결책에 집중해야 할 짐을 응급조치에 떠넘기는 것이다.

이 시스템은 세 개의 피드백 루프로 구성된다. 첫째는 윗부분의 음의 피드백 루프이다. 응급처방으로 인하여 증상이 완화되는 구조이다. 둘째는 아랫부분의 음의 피드백 루프이다. 이 역시 문제의 증상이 나타날수록 근원적인 해결방안을 강구하고, 그만큼 문제가 해결된다는 점을 의미한다. 문제는 굵은 화살표로 연결된 셋째의 피드백 루프로 양의 피드백 루프이다. 이 양의 피드백 루프를 통하여 윗부분의 음의 피드백 루프는 아랫부분에 있는 음의 피드백 루프를 억제한다.

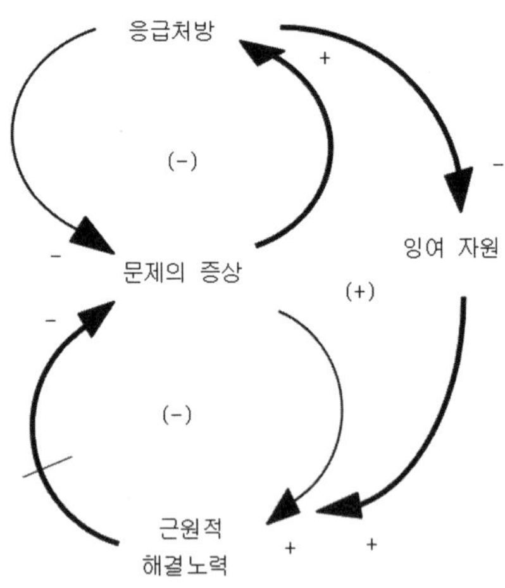

〔그림 39〕 **응급처방의 악순환**

응급처방을 사용할수록 잉여자원이 감소하며, 잉여자원의 감소는 근원적인 문제해결 노력을 감소시키고, 이는 장기적으로 문제를 악화시킨다. 문제가 악화될수록 응급처방에 더 의존하게 되고, 이는 다시 근원적인 문제해결을 저해한다. 결국 문제의 근원적인 해결방안에 대한 능력을 약화시키고 이는 다시 단기적인 해결책에 대한 의존도를 상승시키는 양의 피드백 루프를 구성한다. 즉, 장기적인 방식으로 해결해야 할 문제를 자꾸만 단기적인 해결책으로 떠넘기는 것이다.

신속한 문제해결 능력을 강조하는 우리의 기업풍토에서 단기적인 해결책에의 의존은 장기적인 문제해결 능력의 개발을 억제한다. 상품을 개발하기 어려우면 외국의 상품을 모방하고, 신선한 광고를 만들기 어려우면 외국에서 유행하는 광고를 베낀다. 이는 결과적으로 우리의 상품개발 능력과 광고디자인 능력을 퇴보시켜 외국과의 경쟁에서 살아남을 수 없도록 만든다. 복지정책도 이러한 함정에 빠질 위험이 있다. 정부의 사회복지 프로그램은 가난한 사람의 문제해결 능력을 향상시키기보다는 직접적인 자금지원을 통해 이루어지는 경우가 많다. 이러한 단기적인 정책은 가난한 사람의 정부의존도를 높여 결국에는 보다 많은 예산을 통해서도 가난한 사람들의 문제를 해결할 수 없도록 만든다.

외부의 전문가 또는 외부의 해결책에 의존하여 문제의 증상을 완화시키는 경우는 특히 심각한 결과를 가져온다. 내부의 조직원이 문제에 대처할 수 있는 기회와 능력을 상실해 버리기 때문이다. 우리나라의 대기업체는 조직을 진단하기 위하여 내부의 팀을 가동시키기보다는, 외국의 자문회사에 프로젝트를 맡긴다. 조직내부의 팀에게 맡기거나 국내의 자문회사에 맡기는 경우에는 반발이 심하며 공정을 기하기도 어렵기 때문이라고 한다. 그러나 외부전문가에 대한 의존은 내부의 문제해결 능력을 약화시켜 외국기업에 대한 종속을 심화시킨다. 이러한 점에서 무분별한 아웃소싱(outsourcing)을 경계할 필요가 있다.

스스로 문제를 해결하려는 노력은 오랜 시간을 필요로 하기 때문에, 눈앞의 이익에 급급해하는 참을성 없는 사람은 외부의 도움에 의존하여 문제를 해결하고자 한다. 혼자서 공부하는 방법을 터득하기전에 족집게 과외 선생님에게 의존하던 학생이 대학원에 가서도 스스로 공부하지 못하고 과외를 받는다는 어처구니 없는 일이 발생하기도한다. 외부전문가에 의존하는 임시적인 처방책이 단기적으로는 효율

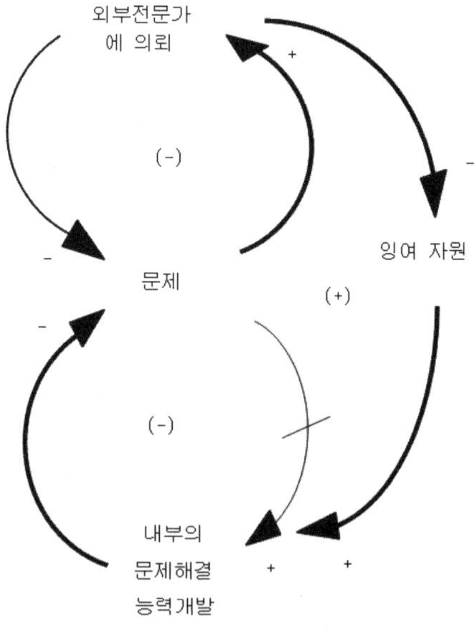

[그림 40] **내부 문제해결 능력의 쇠퇴**

적으로 문제를 해결하는 것처럼 보일 지 모르나, 이는 시간이 흐를수록 문제해결 능력을 왜소화시키는 마약일 뿐이다.

응급처방에의 의존, 외부전문가에게 대한 의존은 중독성을 지닌다. 시간이 흐를수록, 점점 더 응급처방에 의존하게 되고, 점점 더 외부전문가에 의존하게 된다. 근원적인 문제해결 능력이 황폐화되는 것이다.

우리는 어느 정도 무언가에 중독되어 있다. 신문을 보지 않으면 아침식사를 못하는 사람이 있는가 하면, 텔레비전 드라마를 보지 않으면 잠을 못 자는 사람도 있다. 마약을 비롯하여, 담배, 컴퓨터게임, 도박, 경마, 복권 등에 중독된 사람은 재산과 건강을 날리기도 한다. 바람직하지 않은 문제해결수단에 지나치게 의존하게 되면서, 여타의

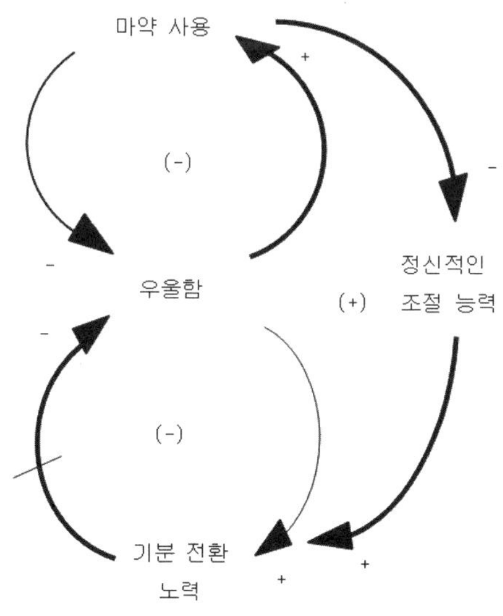

[그림 41] **중독에 이르는 메커니즘**

문제 해결 수단이 황폐화될 때, 필연적으로 중독에 빠지게 된다. 양의 피드백 루프를 타고 진행되는 중독은 급속하게 진행된다. 그리고 중독의 늪에 빠진 사람이나 조직은 그로부터 빠져나오기 위해 오랜 시간 힘겨운 사투를 벌어야 한다.

26 **목표의 후퇴:** 개구리 신드롬

뜨거운 물에 개구리를 넣으면, 개구리는 금방 뛰어 나온다. 그런데 미지근한 물에 개구리를 넣고 서서히 데우면, 물이 끓어도 개구리는 뛰어 나오지 못하고 죽는다. 서서히 변화하는 온도를 개구리가 감지하지 못하고 견딜만 하다고 생각하기 때문이다. 이를 '개구리 신드롬'이라고 한다. 개구리 신드롬은 인간사회에서도 그대로 적용되고는 한다. 7시 30분에 출근하기 위해 6시 30분에 일어난다. 그러나 10분만 더 자도 되겠지 하고 도로 눕는다. 그 다음에는 5분만 더 자야지 하고 눕는다. 이렇게 목표를 후퇴시키다 보면, 어느새 출근 시간을 놓쳐 버린다. 담배를 끊으려고 마음먹었다가 다음 날에 하루에 한 개비만 피우자고 목표를 완화하는 경우, 머지않아 원래의 담배 피우던 습관으로 되돌아간다.

시스템 사고에서 개구리 신드롬은 두 개의 음의 피드백 루프로 표현한다. 목표와 현실 사이의 괴리가 점차 커질수록, 현실을 개선하여 목표수준에 근접시키려고 노력한다. 그와 동시에 목표와 현실 사이의 괴리가 커질수록, 목표를 현실상태에 맞추어 완화시키려고 노력한다. 뜨거운 물도 견딜 만하다고 생각하는 개구리나 10분간 더 잠을 자도 괜찮다고 생각하는 사람은 목표를 후퇴시키는 것이다. 끓는 물 속에서 튀어나오거나 벌떡 일어나 세수하는 것은 현실상태를 개선하는 노력에 해당된다.

문제는 현실을 개선하는 노력이 효과를 보기 위해서는 많은 노력과 시간이 걸린다는 점이다. 끓는 물 속에서 뛰어 나오기 위해서는 마음을 다잡고 몸을 움추리고 뒷다리에 힘을 주어 뛰어야 한다. 일찍 일어나기 위해서는 잠의 달콤함을 뿌리쳐야만 한다. 그러나 목표를 후퇴시키는 것은 마음만 달리 먹으면 된다. 목표를 후퇴시키는 것은 특별한 노력이 들지도 않으며 시간이 소요되지도 않는다. 현실을 개선시키는 것은 어렵지만, 목표를 후퇴시키는 것은 손바닥 뒤집듯이 쉬운 일이다. 결국 목표를 후퇴시키는 피드백 루프가 더 강하게 작동한다.

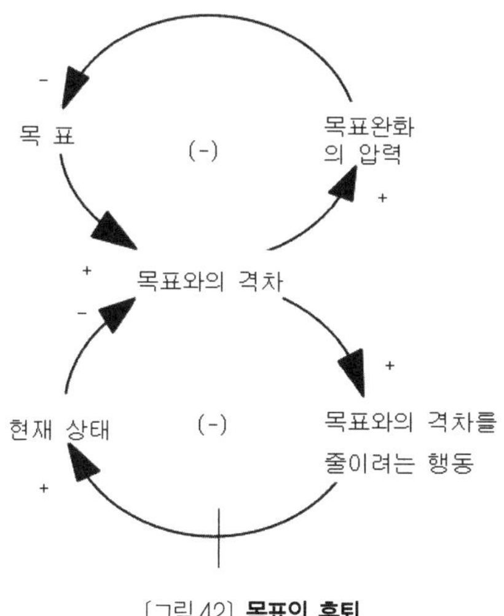

〔그림 42〕 **목표의 후퇴**

이는 정책상황에도 적용된다. 새로이 취임한 대통령은 기존의 정부시스템을 대대적으로 개선하고 재벌을 개혁하겠다고 다짐한다. 그러나 시간이 흐를수록, 온갖 종류의 저항에 부딪히고 개혁에 대한 피로감이 쌓이면서, 대통령이 처음에 제시했던 목표는 점차 후퇴한다. 고객에 대하여 최상의 서비스를 약속한 기업도, 고객의 숫자가 증가할 수록 서비스수준의 저하를 자연스럽게 받아들인다. 30분 내에 피자를 배달하기로 약속한 피자가게는 주문이 별로 없는 초창기에는 목표를 쉽게 달성한다. 그런데 시간이 지나고 주문량이 증가하면서 문제가 발생한다. 피자가게의 주인은 약속을 지키기 위해 직원을 늘릴 것인지, 아니면 약속을 후퇴시킬 것인지를 결정해야 한다. 많은 경우 비용이 많이 드는 전자보다는 비용이 안드는 후자를 선택한다.

현실을 개선하는 대신 목표를 후퇴시키는 시스템은 앞에서 설명한 짐떠넘기기의 구조와 비슷한 측면이 있다. 목표를 계속 후퇴시키는 경우 목표와의 갭을 줄이려는 노력이 완전히 사라질 위험이 있다. 개구리 신드롬의 예에서와 마찬가지로, 목표의 반복되는 후퇴는 소리없이 죽음에 이르는 길이다.

27 과열경쟁으로 인한 앙등효과

목표의 후퇴와 정반대의 현상이 존재한다. 치열한 경쟁관계에 의해 목표가 지속적으로 향상되는 경우이다. 이를 '앙등효과(escalation effects)'라고 한다. 앙등효과의 전형적인 예는 냉전시대의 무기경쟁(arm's race)이다. 20세기 중반 이후 미국과 소련은 오랫동안 냉전체제를 유지하였다. 미국과 소련은 상대방을 위협할 수 있는 무기를 개발하기 위하여 경쟁하였다. 미국의 무기가 소련에 비해 열등하다는 점이 드러나면, 미국은 무기 개발에 박차를 가하고 그 결과 미국의 무기비축은 급격히 늘어난다. 소련 역시 마찬가지이다. 이번에는 소련이 위협을 느끼게 되어 무기개발에 대대적으로 투자함으로써 상대적 우위를 만회하고자 한다. 이렇게 무기경쟁은 끝없이 이루어지게 되고, 무기개발은 과도하게 이루어진다. 결국 소련은 무기경쟁의 부담으로 인하여 붕괴되었다.

과외열풍 역시 앙등효과의 산물이라고 할 수 있다. 학부모나 학생이 인식하는 교육의 목표는 필요한 지식을 습득하는 것이 아니라 남들보다 많은 지식을 습득하고 1등을 차지해서 좋은 대학에 입학하는 것이다. 이러한 상황은 필연적으로 과열경쟁으로 이어질 수밖에 없다. 학급에서 1등을 하기로 결심한 두 학생은 '과열경쟁'의 상황에 있는 셈이다. 이들에게는 얼마나 많은 지식을 어느 정도 깊이 아는가는 중요하지 않다. 어떻게 해서든지 상대방보다 좋은 성적을 거두어야만

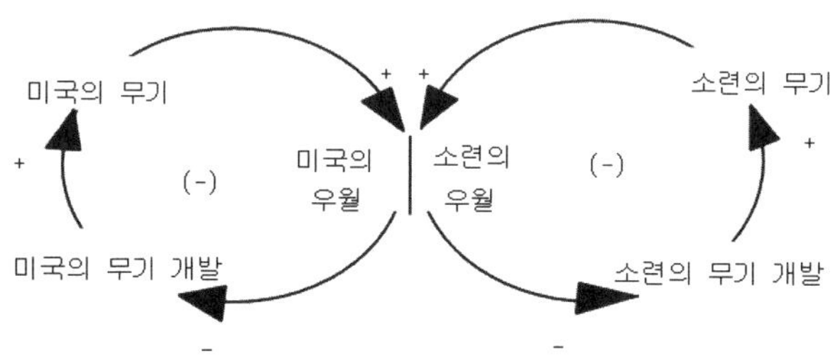

〔그림 43〕 **무기경쟁의 앙등효과**

목표를 달성할 수 있다. 한 학생이 새벽 1시에 잠자리에 들면, 다른 학생은 새벽 2시까지 깨어 있으려고 한다. 경쟁이 중요하기 때문에 한 학생이 10만 원짜리 과외를 받으면, 다른 학생은 20만 원짜리 과외를 받고자 한다.

사교육비가 급증하는 원인에 대해 많은 논의가 있다. 그런데 사교육비의 급증원인은 아주 단순한 데 있다고 하는 사람이 있다. 사교육비의 급증은 이웃집 아줌마 때문이라는 주장이다. 아이를 학원에 보낸다는 이웃집 아줌마의 이야기를 들으면, 우리 아이도 그 정도 수준에 맞는 학원에 보내야 하겠다는 강박관념이 작용한다. 이러한 이웃집 아줌마 사이의 경쟁이 사교육비의 폭발적인 증가를 가져온다는 주장이다.

그런데 앙등효과를 가져오는 피드백 루프를 가만히 살펴보면, 각 개인은 앙등효과를 가져오는 데 아무런 책임이 없다는 점을 발견할 수 있다. 앙등효과는 경쟁이 지속적으로 과열되고 상승하는 현상을 의미한다. 따라서 앙등효과는 양의 피드백 루프에 의해 발생되는 것이라고 생각할 수 있다. 그러나 미국에 관련된 왼쪽의 피드백 루프만을 보면, 안정을 지향하는 음의 피드백 루프라는 점을 알 수 있다. 학부모도 마찬가지이다. 그 어느 학부모도 수천만 원짜리 고액과외를 시키고자 원하지 않는다. 다만, 다른 학생보다 좋은 과외를 시키고 싶을 뿐이다.

개인은 음의 피드백 루프에 의거해 행동할 뿐이다. 개인의 행동은 상당히 안정적인 대응이라고 할 수 있다. 그러나 이렇게 안정적·합리적인 개인들의 상호작용에 의해 발생되는 사회 전체의 행동은 비합리적인 행위로 돌변한다. 이는 앞에서 설명한 '돌발적으로 나타나는 특성 (emergent property)'이라고 할 수 있다. 개별적인 음의 피드백 루프가 결합되어 사회 전체로는 양의 피드백 루프가 된다.

어떻게 음의 피드백 루프가 모여 양의 피드백 루프를 형성하는지 살펴보자. 〔그림 44〕의 피드백 루프에서 무한대의 기호(∞) 모양으로 인과관계를 따라가 보자. 두 개의 음의 인과관계로 구성된 양의 피드백 루프를 발견할 수 있을 것이다. 미시적인 개인의 행위가 결합되어 나타나는 거시적인 전체의 구조는 의도하지 않은 결과를 가져온다.

과열경쟁과 이로 인한 앙등효과는 사회 곳곳에서 목격할 수 있다. 마주보고 있는 두 가게에서 서로 가격을 내리는 경쟁에 돌입하고는 한다. 가격인하 경쟁이 도를 지나치게 되면, 원가보다도 싸게 팔 수밖에 없는 상황에 도달한다. 거대한 기업체 사이에도, 정치인 사이에도 과열경쟁이 이루어지기도 한다. 그러나 지나친 경쟁으로 인한 앙등효과는 어느 한 경쟁자 또는 모든 경쟁자를 포함하는 시스템 전체를 파국으로 몰아넣도록 만든다.

게임이론가 역시 과열경쟁에 대해서 많은 실험을 했다. 1만 원짜

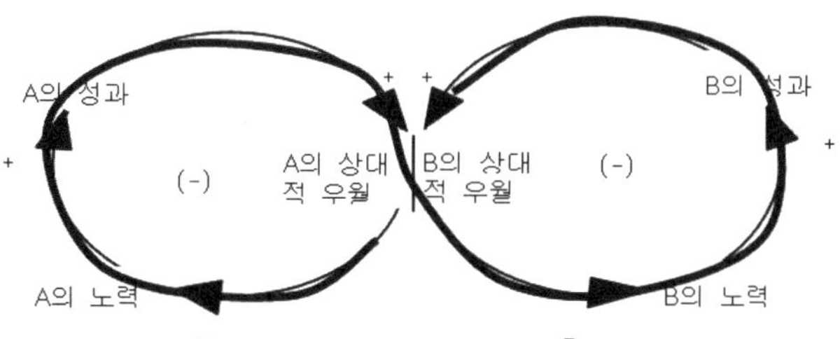

〔그림 44〕 **노력과 성과의 앙등효과**

리 시계를 놓고 서로 경매에 들어갔다고 생각해 보자. 그런데 이 게임의 규칙은 경매에 이기는 사람이 시계만 가져가는 것이 아니라, 상대방이 건 돈까지 가져가는 것이다. 즉, 이긴 자가 모든 것을 가져가는 게임이다. 이러한 게임은 과열경쟁에 빠진다. 아무 것도 모르고 게임에 임한 사람은 1만 원짜리 시계를 얻기 위해 5,000원을 부른다. 그런데 상대방은 1만 원을 부른다. 만약 포기하면, 시계만 놓치는 것이 아니라 자신이 건 돈 5,000원까지 빼앗기는 셈이다. 이제 1만 원짜리 시계를 향해 1만 5,000원을 부르지 않을 수 없다. 상대방도 마찬가지이다. 상대방은 2만 원을 부를 것이다. 처음에는 각자의 목표는 적은 돈을 들여 시계를 사는 것이었지만, 게임이 진행되면서 목표가 변화된다. 오직 상대방에게 이기는 것만이 유일한 목표로 남는다. 상대방에게 지는 경우에는 모든 것을 잃기 때문이다.

처음에는 양질의 지식을 얻는 것이 입시경쟁의 목표이지만, 경쟁이 진행되면서 목표가 변화된다. 남보다 좋은 점수를 얻는 것이 목표로 설정된다. 좋은 지식을 얻지 못하더라도 성적만 잘 나오면 된다. 좋은 지식을 얻더라도, 성적이 잘 안나오면 실패일 뿐이다. 정권을 잡기 위한 경쟁 역시 이러한 과열경쟁으로 치닫고는 한다. 어느 정치인이든지 처음에는 대통령이 되어 자신이 추구하는 정책을 펼치는 것이 목적이었을 것이다. 그러나 대통령이 되지 않으면 자신뿐만 아니라 지지자들까지도 모든 것을 잃을 수 있기 때문에, 수단과 방법을 가리지 않고 정권을 잡으려 한다.

종종 우리는 상대방보다 우월해야 한다는 맹목적인 목표에 사로잡히고는 한다. 게임에서의 승리는 얼마나 성실히 게임에 임했으며 얼마나 좋은 업적을 발휘했느냐에 의해 결정되는 것이 아니기 때문이다. 게임에서의 승리는 상대방보다 우수한가 그렇지 않은가에 의해 결정된다. 상대방이 좋은 성과를 내면 이는 커다란 위협이 된다. 상대방보다 나은 성과를 내기 위해 보다 많은 노력을 기울여야 한다. 이는 다시 상대방을 자극하여 보다 많은 노력을 하게 만든다. 이러한 시스템에서 우리는 끊임없는 경쟁의 순환고리에 빠진 채 오직 경쟁에서 승리하는 데에만 몰두하게 된다. 양의 피드백 루프를 지닌 경쟁의 상승은 시스템을 극도로 탈진시키고 이는 결국 시스템의 붕괴를 초래한다.

28 빈익빈 부익부

과열경쟁은 비극을 가져오지만 그나마 공정한 경쟁이었다. 불공정한 경쟁은 더욱 큰 비극을 가져온다. 불공정한 경쟁은 빈익빈 부익부(貧益貧 富益富)의 메커니즘을 통해 악순환된다. 경쟁에서의 승자가 다음 경쟁에서 사용될 자원을 더 많이 획득할 때 빈익빈 부익부 현상이 발생된다. 일단 성공한 사람은 더 큰 자원을 얻어 더 큰 성공을 하게 되고, 초기에 돈을 번 사람은 더 큰 돈을 벌게 된다. 달리 말해, 과거에 실패한 사람은 가지고 있던 자원마저 잃어버리게 되어 미래에 더 크게 실패한다. 가난한 사람은 더욱더 가난해진다. 빈익빈 부익부의 시스템은 두 개의 양의 피드백 루프로 구성된다. 하나의 양의 피드백 루프가 성장을 향해 질주하는 데 반하여, 나머지 양의 피드백 루프는 쇠퇴를 향해 추락한다.

성공한 기업가에게는 많은 은행이 좋은 조건으로 대출을 권장한다. 이렇게 해서 투자자금을 쉽게 확보한 기업가는 더욱더 성공하기 용이한 위치에 서게 된다. 그러나 실패한 기업가는 아무리 좋은 사업구상을 가지고 있다고 하더라도 사업자금을 대출받기 어렵다. 성공은 성공을 부르고, 실패는 실패를 재촉한다.

빈익빈 부익부의 현상은 1980년대 초반 우리 나라를 휩쓸고 지나갔던 부동산 투기, 아파트투기로 인해 우리에게 매우 익숙한 개념이다. 처음에 아파트투기를 해서 돈을 번 사람은 그 돈으로 더 크게 아파트투기를 하고 더욱더 큰 돈을 벌어 급속하게 갑부로 변신해 갔다. 그러나 처음에 돈이 없어 전세를 살던 사람은 살고 있던 집에서마저 쫓겨났다. 억울하고 비참한 신세를 한탄하면서 스스로 목숨을 끊은

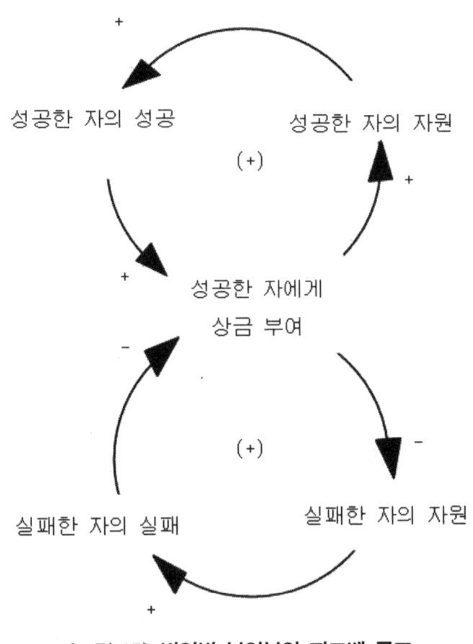

[그림 45] **빈익빈 부익부의 피드백 루프**

가장이 속출하기도 했다.

시험성적이 좋은 학생을 교사가 지나치게 편애하는 경우, 우수한 학생은 계속 우수해 지지만 나머지 학생은 공부에 흥미를 잃고 열등감에 휩싸이게 된다. 그러나 부익부가 된다고 해서 좋은 것만은 아니다. 회사에 입사해 초기에 훌륭한 성과를 내면, 보다 중대한 업무가 부여되고, 귀가시간은 점점 더 늦어진다. 비록 회사생활에서는 고속 승진을 하겠지만, 가정에 돌아오면 불필요한 가장으로 전락한다. 회사인으로서는 부익부의 선순환을 타지만, 가정의 아버지로서는 빈익빈의 악순환에 빠지는 셈이다.

빈익빈 부익부의 피드백 루프에서 눈여겨 보아야 할 점은 가운데의 '성공한 자에게 상금 부여'라는 변수이다. 이 변수는 단순한 변수라기보다는 정치적인 제도를 의미한다. 성공한 자에게 자원을 많이 나누어 주고, 실패한 자에게는 자원을 오히려 줄이는 제도이다. 빈익빈 부익부의 메커니즘이 강하게 작동하여, 성공한 자가 더 많은 권력을 지닐수록, 이 제도는 강화될 것이라고 생각할 수 있다. 제도는 약자가 아닌 강자에 의해서만 변경될 수 있기 때문이다. 그 전형적인 예가 1970년대의 통일주체 국민회의였다. 박정희 대통령이 간신히 대통령에 재선되고 나서, 자신의 권력을 더욱 굳히기 위하여 통일주체 국민회의라는 제도를 만들었다. 즉, 국회의원의 1/3을 대통령이 지명하는 제도였다. 이렇게 하여 대통령은 행정권력뿐만 아니라 입법권력까지도 장악할 수 있었다. 이러한 제도에서 권력의 교체는 거의 불가능하였다. 강자의 권력이 커질수록, 약자의 몫은 작아지게 마련이다.

과열경쟁의 상황에서 두 경쟁자는 아무리 경쟁을 해도 확실한 우위를 확보하지 못한다. 계속해서 반복되는 경쟁을 통해 경쟁자들의 자원이 소진된다. 빈익빈 부익부의 경쟁 상황은 정반대의 상황을 의미한다. 빈익빈 부익부의 경쟁상황에서 승리한 경쟁자는 더 많은 자원을 얻게 되고, 패배한 경쟁자는 갖고 있던 자원마저 잃어버린다. 이렇게 되면 다음 경쟁에서는 이전의 승자가 더 유리한 위치에 서게 된다. 다음 경쟁에서 이전의 승자가 이길 것이라는 점은 쉽게 예상할 수 있다. 이제 승리자는 전보다도 많은 자원을 확보하고, 패배자는 거의 모든 자원을 잃는다. 빈익빈 부익부의 경쟁상황은 계속해서 전개되기 어렵다. 어느덧 승리자와 패배자 사이에는 더 이상 경쟁을 할 수 없을 만큼의 격차가 생기기 때문이다.

빈익빈 부익부의 메커니즘은 장기적으로 시스템을 불안정하게 만든다. 약자는 강자에게 불만을 지닐 뿐만 아니라, 제도 자체에도 불만을 가지게 된다. 제도를 지키면서 강자를 무너뜨리는 것이 불가능하다고 판단하게 되면, 약자는 제도를 변혁시키기 위하여 혁명을 일으키게 된다. 결국 빈익빈 부익부의 메커니즘이 장기적으로 혁명의 불씨를 제공하는 셈이다.

가난한 집 아이와 사람은 가난해질 수밖에 없는 피드백 구조를 가지고 있다. 우선 가난한 집 아이는 유치원을 다니거나 학원에 다닐 수 없다. 남이 하는 학습지나 과외를 받기도 어렵다. 이는 경쟁적인 입시사회에서 도태되는 결과를 낳게 된다. 제도교육에서의 도태는 신분상승의 기회를 잃게 한다. 간혹 엄청난 노력 끝에 상급학교에 들어간다고 하더라도 해외유학과 같은 더 높은 교육을 향유하기란 어렵다.

흔히 가난한 집에는 병자가 있게 마련이고 심각한 경우가 많다. 이것도 설명이 가능하다. 가난한 살림에서는 잘 먹지 못하니 질병을 얻을 확률이 높다. 저항력과 체력이 약해 병에 잘 걸린다. 질병도 가벼운 질병이 아니라 중증의 난치병인 경우가 많다. 또한 가난을 벗어나기 위해서 무리를 하다 보니 몸을 상하게 하는 경우가 많다. 이러한 질병과 상한 몸은 더욱 가난을 부채질한다.

가난은 가족 전체의 분위기를 밝지 못하게 하고 잦은 싸움과 갈등을 일으키게 한다. 이 때문에 이혼이나 가출이 빈번해져 가정살림이 기운다. 더군다나 아이가 정상적으로 자라지 못한다. 일찍 돈을 벌기 위해 학업을 끝내지 못하는 경우도 있다. 또한 가정불화는 인성에도 나쁜 영향을 미친다. 이럴 경우 문제학생이 될 가능성이 높아진다.

이러한 일련의 과정 속에서 때때로 찾아오는 경제불황은 빈익빈

〔그림 46〕 **빈익빈 부익부 현상**

현상을 부추기게 된다. 반대로 부잣집 아이는 상대적으로 좋은 집과 음식으로 건강한 생활을 한다. 병에 걸릴 확률은 적고, 병에 걸려도 일찍 치료받는다. 부잣집 아이는 어려서부터 온갖 종류의 교육을 받으면서 자란다. 나아가 부를 가진 사람과 인간관계를 유지하면서 견고한 부의 생산관계를 확장한다. 출발선에서부터 기회가 다를 때 피드백은 달라진다.

이러한 피드백 루프를 발견하지 못하고 가난을 모두 개인의 책임으로 돌리는 것은 잘못된 것이다. 빈익빈 부익부의 역할을 인식하지 못할 때 가난한 사람에게 제공되는 사회복지정책의 대폭적인 삭감을 불러오게 된다. 정책가는 가난에 대하여 개인탓을 할 것이 아니라 사회구조로서의 빈익빈 부익부의 피드백 루프를 인식하고, 개인을 파멸시키는 양의 피드백 루프를 저지하기 위해 노력해야 한다.

빈익빈 부익부의 메커니즘은 사회적인 소외의식을 확산시키고 계층 사이에 위화감을 조성시키며 일에 대한 의욕을 상실하게 만든다. 따라서 정부에서는 의도적으로 개입하여 빈자와 부자 사이의 격차를 줄이는 정책을 시행할 필요가 있다. 투기적인 사업에 대한 누진세율을 강화하는 것이 바로 그러한 예이다.

빈익빈 부익부가 지배하는 상황에서 역전을 기대하기란 어렵다. 야구나 축구와 같은 운동경기에서도 그러하다. 초반에 득점을 하는 경우에는 자신감이 생겨 경기가 원활하게 풀리지만, 초반에 실점을 하면 경기가 자꾸만 꼬인다. 이 역시 빈익빈 부익부라고 할 수 있다. 공부하는 학생의 경우에도 마찬가지이다. 특히 명문대학에 입학하는 경우에는 시험을 잘 치르는 능력에 더하여 연줄과 명성이라는 자원이 더해진다.

빈익빈 부익부는 자본주의의 가장 큰 폐해로 거론된다. '돈 놓고 돈 먹기'라는 말은 이러한 현상을 의미한다. 돈이 있어야 투자를 할 수 있고, 투자를 해야 돈을 벌 수 있다. 화투판에서도 자금이 풍부한 사람은 과감하게 베팅을 할 수 있지만, 자금이 달리는 사람은 몸을 사리다가 가진 돈을 다 잃는다. 빈익빈 부익부의 전형은 제국주의와 식민지 사이에서도 발견할 수 있다. 식민지로부터의 수탈을 통해 부를 쌓은 국가는 강력한 군대를 육성하여 또 다른 식민지를 개척하여 부를 축적하며, 식민지의 백성들은 더욱더 강대해지는 제국주의에 모든 것을 빼앗긴다.

빈익빈 부익부가 나쁜 상황만을 의미하는 것은 아니다. 빈익빈 부익부가 좋은 결과를 가져올 수도 있다. 우리의 속담에 '일신 우일신(日新 又日新)'이라는 말이 있다. 이는 날마다 좋은 품성을 더하고 나쁜 품성을 버린다는 의미이다. 성경에도 빈익빈 부익부의 교훈이 등장한다. 『마가복음』제4장 제25절과 『마태복음』제25장 제29절에서 예수님은 "무릇 있는 자는 받아 풍족하게 되고, 없는 자는 그 있는 것까지 빼앗기리라"라고 했다. 『로마서』제1장 제17절에서 "복음은…… 믿음에서 믿음에 이르게 한다"는 말 역시 믿음의 선순환을 의미한다.

빈익빈 부익부가 거꾸로 돌아가는 기묘한 시스템이 있다. 이를 빈익부 부익빈(貧益富 富益貧)의 시스템이라고 할 수 있을 것이다. 실패한 사람에게 더 많은 자원을 배분하고, 그렇기 때문에 시스템이 더 큰 실패를 겪게 되는 고약한 악순환이 존재한다. 가장 대표적인 시스템은 실패한 부문에 더 많은 예산을 투입하여 늪에 빠지는 경우이다. 튼튼하던 건설 회사가 관광사업을 새로 시작했는데, 첫해에 막대한 적자가 났다. 적자가 난 사업을 포기하는 경우, 최고관리자는 스스로 실패를 인정하는 셈이 된다. 실패를 인정할 수 없는 최고관리자는 건설사업에서 거둔 흑자를 관광사업에 투자한다. 이번에는 재정적 압박으로 인하여 관광사업은 물론이고 건설사업까지도 적자의 늪에 빠진다. 결국 어느 하나도 건지지 못하고 기업 전체가 도산하게 된다. 실제로 이러한 빈익부 부익빈으로 인해 우리 나라의 많은 재벌 그룹이 무너져 갔다.

가정에서도 빈익부 부익빈의 현상이 발생되고는 한다. 특히 부잣집에서 이런 현상이 발생된다. 부잣집의 막내아들이 방탕한 생활을 하여 가진 돈을 다 날리고 빚까지 지게 되었다. 아버지는 막내아들이 진 빚을 다 갚아 주고 불쌍한 막내아들을 위해 많은 돈을 물려 준다. 막내아들은 이 돈을 가지고 또 방탕하게 살다가 실패하여 아버지에게 다시 도움을 청한다. 결국 방탕한 막내아들로 인해 가산이 탕진된다.

국가에서도 방탕한 아들의 역할을 하는 기업이 있을 수 있다. 거대한 기업이 운영을 방만하게 하여 도산에 이르게 되었을 때, 정부에서 거대한 기업을 냉정하게 도산시키기는 쉽지 않다. 수많은 근로자가 일자리를 잃을 것이며, 관련기업의 도산이 잇따를 것이고, 더 나아가 국가경제 전체가 휘청거릴 수도 있기 때문이다. 이러한 상황에서 정부는 공적 자금을 투입하여 기업을 회생시킨다. 이렇게 해서 큰 기업은 실패하더라도 죽지 않는다는 '대마불사(大馬不死)'라는 말이 횡행한다. 대마불사의 신화를 믿었던 한보그룹의 총수는 빚더미에 몰려서도 은행장에게 큰소리를 쳤다고 한다. 거액의 자금을 대출해 주지 않으면 과거에 은행에서 빌린 거액의 자금이 공중에서 사라질 것이라는 협박이다. 그 협박에서 벗어나기 어려운 은행과 정부는 거액의 공적 자금을 투입하여 부도의 위기에서 구한다. 그러나 이는 기업가의 도덕적 불감증을 확대시켜, 방만한 운영이 재발되고 더 큰 위기상황에 내몰리게 된다.

거대기업의 부도를 방지하느라 거액의 자금이 투입됨으로써 견실한 기업은 자금을 대출받기 어려워진다. 부실기업은 여유롭게 자금을 운영하고, 견실한 기업은 자금이 없어 투자를 못하는 기현상이 발생한다. 따라서 빈익부 부익빈 시스템에서 성공하는 자의 피드백 루프는 음의 극성을 갖는다. 즉, 성공의 피드백 루프는 제한이 있어서 어

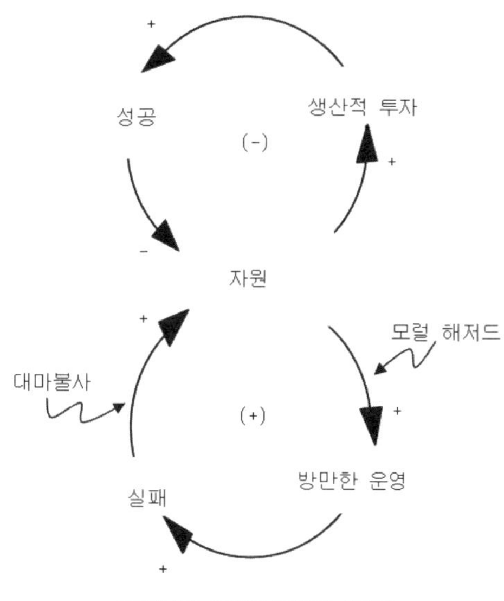

〔그림 47〕 **빈익부 부익빈 시스템**

느 정도 이상으로는 성공하지 못하는 데 반하여, 실패의 피드백 루프는 양의 피드백 루프라서 무제한으로 실패하게 된다. 사실상 20세기 후반 한국 경제는 이러한 상황에 있었다고 해도 과언이 아닐 것이다. 1997년도의 금융위기가 없었다면, 아직도 대마불사의 신화가 살아 있었을 것이다.

빈익빈 부익부의 시스템이 자본주의의 고질적인 병폐라고 할 수 있다면, 빈익부 부익빈의 시스템은 정경유착으로 왜곡된 자본주의의 병폐라고 할 수 있을 것이다. 빈익빈 부익부보다도 더 무서운 것이 빈익부 부익빈이다. 빈익빈 부익부 시스템은 어느 한쪽으로 부를 몰아 주지만 끊임없이 부를 창출한다. 그러나 빈익부 부익빈 시스템은 사회의 부를 까먹는 메커니즘이다. 빈익부 부익빈 시스템은 성공하는 자를 주저앉히고 실패하는 자의 등을 떠미는 역할을 한다. 빈익부 부익빈은 모두가 죽는 시스템이다.

29 자기실현적 예언

보아야 믿는다는 말이 있다. 그러나 거꾸로 생각할 수도 있다. 믿어야 볼 수 있으며, 믿는 것만을 보기도 한다. 객관적 실체에 의해 사람의 주관적 관념이 형성되기도 하지만, 거꾸로 주관적 관념에 의해 객관적 실체가 결정되기도 한다. 아무리 척박한 환경 속에서도 좋은 면만을 바라보며 자라서 밝은 얼굴을 가진 아이가 있는가 하면, 훌륭한 환경 속에서도 나쁜 면에 집착하여 비뚤어진 얼굴을 지닌 사람도 있다. 주관적인 관념과 객관적 실체는 서로 영향을 주고 받는다. 결국 양자는 피드백 관계에 있는 셈이다. 주관적 관념과 객관적 실체의 상호작용, 다시 말해 상상의 세계와 실제의 세계 사이에 존재하는 상호관계는 또 하나의 독특한 시스템을 구성한다.

주관적 관념이 객관적 실체에 미치는 영향은 크게 두 가지로 구분할 수 있다. 첫째는 주관적으로 생각한 대로 객관적 실체가 구현되는 경우이다. 즉, 생각한 대로 현실이 이루어지는 경우이다. 둘째는 주관적으로 생각한 것과는 반대로 객관적 실체가 전개되는 경우이다. 기대했던 것과는 반대로 현실이 전개되는 경우이다. 우리는 종종 이러한 두 가지 경우가 우연히 이루어진다고 생각한다. 오늘은 재수가 없는 날이라는 말로 스스로 위로하곤 한다. 그러나 대부분의 경우 시스템의 논리가 숨어 있다. 전자와 같이 주관적 관념대로 세상이 진행되는 시스템을 자기실현적 예언의 시스템, 후자와 같이 주관적 관념과는 반대로 움직이는 시스템을 자기실패적 예언의 시스템이라고 한다. 먼저 자기실현적 예언을 살펴보기로 한다.

자기실현적 예언(self-fullfilling prophecy)이란 시스템에 대한 예언이 스스로 또는 저절로 성취된다는 말이다. 여기에서 시스템이란 자기자신을 포함하는 넓은 의미이다. 즉, 자신이 생각한 대로 시스템이 진행되는 경우 자기실현적 예언의 시스템이라 할 수 있다.

자기실현적 예언의 시스템은 두 가지 특성을 지닌다. 첫째는 양의 피드백 루프에 의해 움직인다는 점이다. 초기의 예언이 피드백 루프를 타면서 계속해서 강화되기 위해서는 양의 피드백 루프여야 하기 때문이다. 둘째는 인식의 세계와 실제의 세계가 상호 결합되는 구조를 지닌다는 점이다. 인식의 세계에 의해 실제의 세계가 움직이고, 변화된 실제의 세계는 인식의 세계에 증거를 제공하는 방식으로 상호 연결된다. 이렇게 연결된 시스템들은 자기실현적 예언의 함정에 빠지기 쉽다.

자기실현적 예언을 처음으로 말한 사람은 정신분석학으로 유명한 프로이트이다. 아무 이유없이 시름시름 앓기 시작하는 18살 된 한 소녀가 있었다. 유명하다는 병원에 돌아다녀 보아도 병을 발견할 수 없었다. 이 소녀의 어머니는 프로이트에게 진찰을 의뢰했다. 프로이트는 이 소녀의 꿈을 분석하여 무의식의 세계를 탐색해 본 결과 자기실현적 예언이라는 병을 발견한다. 이 소녀는 어렸을 적에 이웃집 할머니 집에서 놀다가, 할머니로부터 충격적인 이야기를 들었다. 다름 아니라 18살이 되면 죽는다는 말이었다. 할머니는 소녀를 놀리느라고 장난삼아 한 이야기였지만, 이 소녀에게는 충격적이고도 두려운 예언이었다. 소녀는 무서운 예언을 애써 잊어버리려고 하였지만, 이 예언은 소녀의 무의식세계에 깊숙이 자리 잡았다. 이윽고 이 소녀가 18살이 되자 정말로 시름시름 앓기 시작하였다. 무의식의 세계에 자리잡

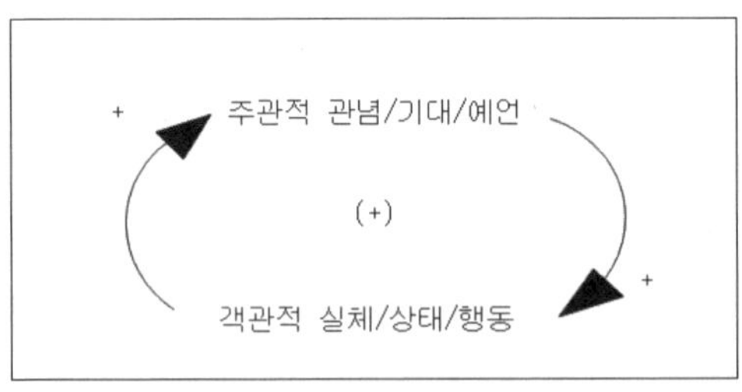

〔그림 48〕 **자기실현적 예언의 프레임**

은 죽음에 대한 공포로 인하여 식욕을 잃고 밤잠을 설치면서 삶의 의욕을 잃어버린 것이다. 결국 십수 년 전 할머니의 예언이 스스로 실현되고 있었던 것이다. 프로이트는 이 소녀의 병이 어렸을 적에 들은 예언에서 비롯되었다는 점을 밝혀냈고, 이러한 종류의 병을 자기실현적 예언이라고 불렀다.

오 헨리의 명작인 『마지막 잎새』는 자기실현적 예언에 의해 죽어가는 소녀와 그 소녀를 구하기 위해 스스로를 희생한 노인을 그리고 있다. 주인공 존시는 폐렴에 걸려 점점 죽어 가고 있었다. 그리고 창밖의 벽돌담벽에 붙어 있던 담쟁이 잎새가 떨어지는 모습을 보면서, 마지막 잎새가 떨어질 때에 자기자신도 죽음에 이르리라고 생각한다. 평생 제대로 된 그림을 그리지 못해 한탄하던 베어먼 노인이 이 이야기를 듣는다. 그리고는 벽돌담벽에 담쟁이 잎새를 그려 넣는다. 세찬 비와 사나운 바람에도 끄덕이지 않고 버티는 마지막 남은 잎새를 바라보던 존시는 마침내 용기를 얻고 건강을 회복한다. 그리고 세찬 비바람 속에서 마지막 잎새를 그렸던 베어먼 노인이 폐렴에 걸려 돌아

"저 잎 말야. 저 담쟁이덩굴에 붙은 잎새. 마지막 잎새가 떨어지면 드디어 나도 가는 거야. 삼 일 전부터 난 쭉 알고 있었어."

오 헨리, 『마지막 잎새』에서

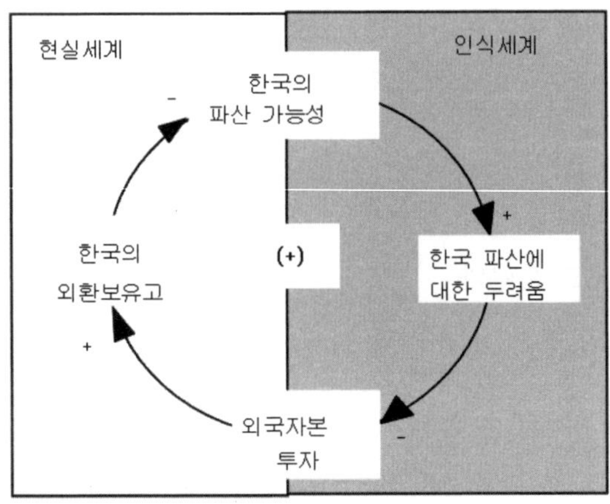

〔그림 49〕 **한국 외환위기시의 자기실현적 예언**

가셨다는 이야기를 듣는다.

1997년에 불어닥친 한국의 금융위기는 자기실현적 예언의 시스템으로 이해될 수 있다. 1997년 후반기에 태국의 화폐에 이상징후가 발견되기 시작하였다. 그리고 그 파급효과가 한국에까지 미칠 것이라는 의견이 나오기 시작하였다. 그러나 한국의 경제관료가 보기에는 큰 문제가 없는 것처럼 보였다. 경제가 잘 돌아가고 있었기 때문이었다. 또한 외환보유고도 그다지 부족한 상태가 아니었다. 그러나 경제관료들은 자기실현적 예언의 힘을 과소평가하고 있었다. 한국 역시 국가부도사태에 이를지 모른다는 위기감이 돌기 시작하면서, 자기실현적 예언이라는 양의 피드백 루프가 돌기 시작하였다.

한국의 국가부도에 대한 위기감이 증가되면서, 외자투자가 감소하였으며 나아가 기존에 투자했던 외자를 인출해 가기 시작하였다. 이로 인해 한국의 외환보유고는 급속히 감소하기 시작하였다. 이렇게 감소된 외환보유고는 한국이 국가부도에 이를지 모른다는 위기감을 더욱 심화시켰고, 이에 따라 외자유출은 가속적으로 이루어졌다. 결국 한국이 국가부도에 직면할지 모른다는 위기감은 저절로 현실화되었다.

이와 유사한 예는 경제사회의 도처에서 발견할 수 있다. 증권시장에서 건전하던 중소기업이 곧 망할 것이라는 악성 루머가 돌기 시작하면, 해당 기업의 주가가 하락한다. 이에 따라 그 기업의 자금여력이 악화되고, 실제로 돌아오는 채무를 변제하지 못함으로써 부도에 직면하게 된다. 악성 루머가 현실화되는 것이다. 실제로 이러한 악성 루머로 인하여 망하는 중소기업이 있으며, 이러한 악성 루머를 전략적으로 활용하여 건전한 중소기업을 인수하려는 사람도 있다.

투기시장의 상당 부분은 자기실현적 예언에 의해 움직인다고 할 수 있다. 아무도 관심을 두지 않던 산에 깃발을 꽂아 놓고, 곧 개발될

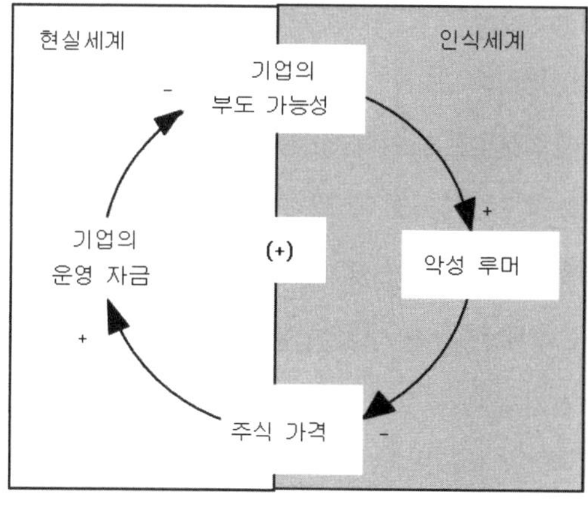

〔그림 50〕 **악성 루머에 따른 자기실현적 예언**

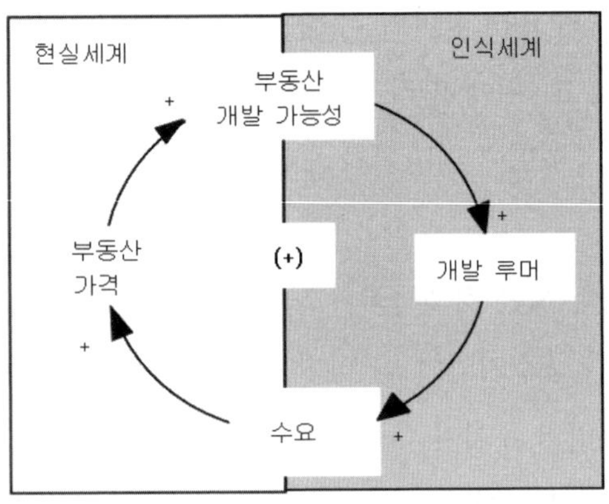

[그림 51] **투기시장의 자기실현적 예언**

것이라는 소문을 퍼뜨리면, 이런 사실을 쉽게 믿는 사람이 와서 땅을 사기 시작한다. 그러면 땅값이 오른다. 땅값이 오른다는 사실 자체가 미래에 있을 개발에 대한 확신을 더욱 굳게 만든다. 처음에 의심하던 사람도 땅을 사기 시작한다. 이 역시 땅값이 오를 것이라는 초기의 예언이 저절로 실현되는 사례이다. 초기에 싼 값에 땅을 사고 미래에 개발될 것이라는 분위기를 띄운 다음 어느 정도 땅값이 오르면, 땅을 팔고 튀는 사기꾼의 이야기는 새로운 것이 아니다.

자기실현적 예언은 개인에게 '무력감의 악순환'을 가져오는 메커니즘이기도 하다. 자기자신에 대한 무력감이 클수록, 현실세계에서 도전을 피하게 되고, 도전을 하지 않을수록 성과가 발생하지 않는다. 현실세계에서 내세울 만한 성과가 없다는 사실이 다시 스스로에 대한 무력감의 증거가 된다.

여학생에게 인기가 없을 것이라고 자신없어 하는 학생은 미팅에

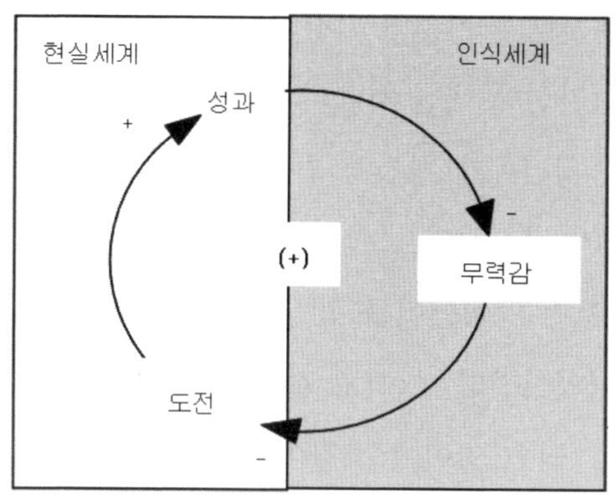

〔그림 52〕 **스스로 강화되는 무력감**

나가기를 꺼려 한다. 미팅에 나가지를 않으니, 당연히 여자친구가 없다. 그런데 이제는 여자친구가 없다는 사실이 곧 여학생에게 인기가 없을 것이라는 생각을 뒷받침해 주는 증거가 된다. 이러한 현상은 소심한 사람에게만 일어나는 일은 아니다. 평범한 사람도 자기실현적 예언의 함정에 빠지고는 한다. 특출난 미인에게 보통사람은 잘 접근하지 않는다. 그렇게 아름다운 여자가 자기에게 관심을 가질 리 없을 것이라는 믿음 때문이다. 그런데 종종 그런 생각을 하지 않는 용기있는 남자가 나타나 미인과 결혼하고, 나머지 사람은 놀라고는 한다. 자기실현적 예언에 빠지지 않기 위해서는 용기가 필요하며, 이 용기를 가진 자만이 미인을 차지할 수 있다.

학습할 때에도 자기실현적 예언이 발생하고는 한다. 스스로 공부와는 거리가 멀다고 생각하는 사람은 공부를 하지 않는다. 공부를 하지 않으니, 성적이 떨어질 수밖에 없다. 바닥을 헤매는 자신의 성적을 보고 이 사람은 "나는 역시 공부와는 거리가 멀어"라고 생각한다. 처음의 생각이 피드백을 거치면서 강화된다. 그리고 이러한 피드백 과정을 거쳐 자기자신에 대한 처음의 생각이 스스로 실현된다. 우연한 기회에 영어 선생님에게 칭찬을 받은 학생이 자기는 영어에 소질이 있다고 생각하기 시작한다. 그러면 영어공부에 더 많은 시간을 투자한다. 그러다 보면 영어단어를 점점 더 많이 알게 되고, 영어공부가 점점 쉽고 재미있어진다. 그리고 결국은 다음 영어시험에서 높은 성적이 나온다. 그리고 영어에 소질이 있다는 처음의 생각에 더욱 큰 확신이 들고, 급기야는 영문학과에 진학하려는 생각까지 하게 된다.

운이 없다고 믿는 사람은 복권을 사지 않는다. 복권을 사지 않기 때문에 당첨되는 일도 없다. 복권에 당첨된 적이 없는 이 사람은 스스로 운이 없다고 믿을 수밖에 없다. 자기실현적 예언은 사소한 사례에서만 나타나는 것은 아니다. 기업의 투자에서부터 국가의 중점육성사업의 선정에 이르기까지 자기실현적 예언은 중요한 의사결정을 좌우할 수도 있다. 우리 나라가 첨단기술을 개발할 수 없다는 믿음은 그에 대한 투자를 억제한다. 그 결과 첨단기술의 개발은 침체되고, 이는 다시 애초의 믿음을 재확인시킨다. 자기실현적 예언은 한 사람의 마음 속에서 일어나는 현상일 뿐만 아니라, 정부기관, 언론, 지식인과 기업가로 이루어진 사회경제적 네트워크를 통해 이루어지기도 한다. 자기실현적 예언은 개인에게나 국가에서나 커다란 잠재력을 스스로 부정하는 메커니즘으로 기능하기도 한다.

자기실현적 예언을 극복하기 위하여는 자기자신에 대한 믿음이 필요하다. 그런데 이러한 믿음을 갖는 것은 용기있는 행위이다. 우리 나라에 막대한 부를 안겨 준 조선산업, 제철산업, 반도체산업, 통신산업 등을 대부분의 사람들은 시행 초기에 반대했다. 우리의 능력으로는 그렇게 방대한 사업에서 성공할 수 없다는 믿음 때문이었다. 만약 이러한 믿음에 항복하여 조선산업에 손을 대지 않고, 제철산업을 포기하고, 반도체산업에 뛰어들지 않고, 통신산업에 투자하지 않았다면, 우리 나라는 아직까지 후진국 수준에서 벗어나지 못했을 것이다. 자기실현적 예언의 늪에서 벗어나기 위해서는 자신을 믿는 용기가 필요하다. 용기있는 자만이 자기실현적 예언의 늪에서 벗어날 수 있다.

30 자기실패적 예언

자기실현적 예언과는 반대로 자기실패적 예언이 있다. 자기실패적 예언(self-failing prophecy)이란 시스템이 예언과는 반대로 이루어진다는 점을 의미한다. 이를 자기배신적 예언이라고도 한다. 대표적인 자기실패적 예언 중의 하나는 중독극복에 대한 자신감을 들 수 있다. 알코올중독이나 흡연중독에 빠진 사람 중에서 자

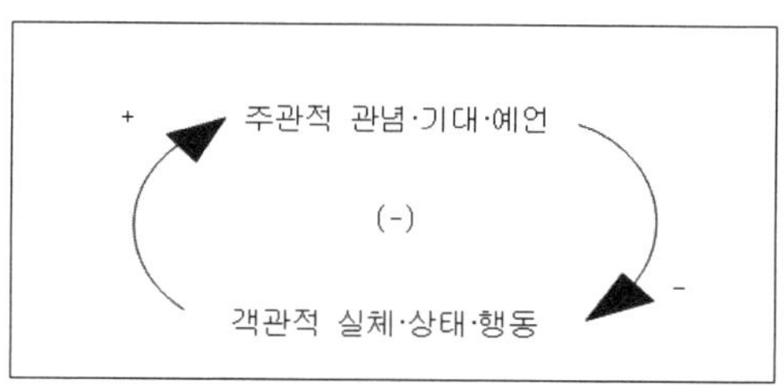

〔그림 53〕 **자기실패적 예언의 프레임**

신은 언제나 금주 또는 금연을 할 수 있다고 믿는 사람이 있다. 전문가에 의하면, 이러한 생각이 오히려 금주나 금연을 방해한다고 한다. 언제든지 금주·금연할 수 있다는 생각으로 인하여 오히려 쉽게 술과 담배에 손을 댄다는 것이다. 거꾸로 금주·금연이 어렵다고 생각할수록 오히려 알코올중독과 흡연중독으로부터 벗어나기 쉽다는 것이다.

자기실패적 예언 역시 자기실현적 예언과 마찬가지로 인식세계와 실제세계 사이의 피드백 루프로 구성된다. 그런데 자기실현적 예언과는 달리 자기실패적 예언은 음의 피드백 루프로 구성된다. 인식세계에서 형성된 기대나 예언이 실제의 세계에서 부정되는 방향으로 나타나기 때문이다.

자기실패적 예언은 집단적인 행동(collective action)에서 보다 쉽게 관찰될 수 있다. 대학교 입학지원 창구에서 자기실패적 예언은 쉽게 관찰된다. 행정학과의 경쟁률이 낮을 것이라고 예언되면, 많은 사람이 행정학과에 지원하고, 그 결과 행정학과의 경쟁률은 올라간

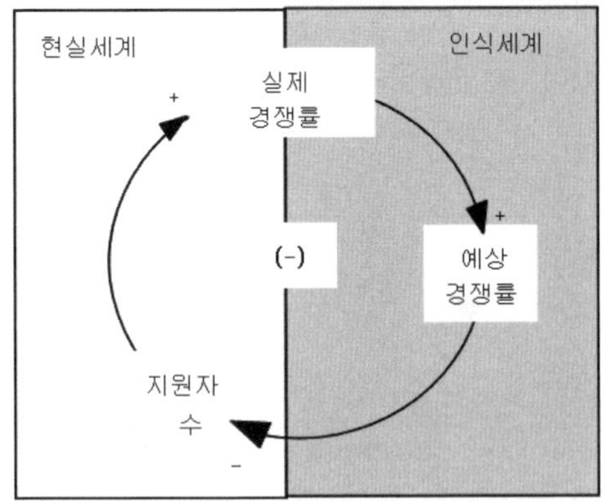

[그림 55] 대학지원자수와 자기실패적 예언

다. 즉, 처음의 예언은 실패한다. 이러한 예언의 실패는 연례행사로 일어나기도 한다. 작년도에 경쟁률이 높았던 학과의 경쟁률은 올해에 낮아지고, 작년도에 경쟁률이 낮았던 학과의 경쟁률은 거꾸로 높아지고는 한다. 작년도의 갱쟁률에 근거한 예언이 실패하는 셈이다.

　잠을 자려고 노력하면 오히려 잠이 안오는 경우가 많다. 잠들지 않고 깨어 있으려고 노력할수록, 졸음이 오는 경우도 많다. 잠드는 시스템은 자기실패적 예언의 시스템이라고 할 수 있다. 또한 여러 사람 앞에서 발표를 잘 해야겠다는 생각에 집착하면, 오히려 긴장이 되어 발표를 그르치는 경우가 있다. 이런 경우에는 발표를 잘못해도 된다는 생각으로 마음을 비우는 것이 성공적인 발표를 향한 지름길이다. 이 역시 자기실패적 예언에 해당된다고 하겠다.

　교통방송 역시 자기실패적 예언에 의해 희생되고는 한다. 성수대교의 소통이 원활하다는 방송이 나가는 즉시, 성수대교쪽으로 차량이 몰리기 시작한다. 그리고는 성수대교의 교통이 오히려 방송으로 인하

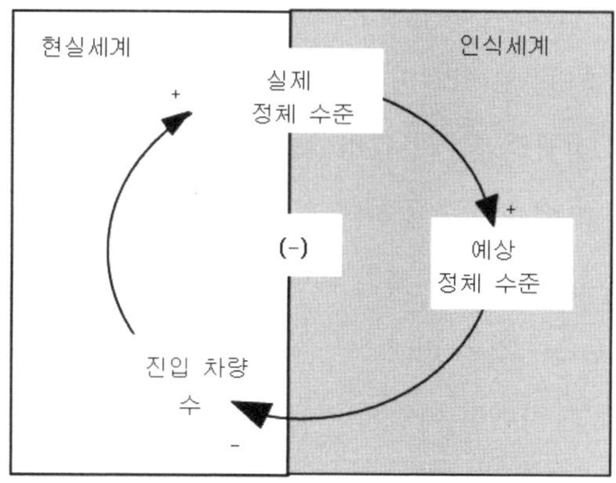

〔그림 55〕 **도로의 교통체증과 자기실패적 예언**

여 악화된다. 민족대이동을 경험하는 설명절 때에도 자기실패적 예언은 어김없이 반복된다. 교통전문가가 TV에 출연하여 설명절 첫 번째 날에 많은 차량이 서울을 빠져나갈 것이라고 예언하면, 거꾸로 사람들은 첫 번째 날의 이동을 피한다. 결국 첫 번째 날에는 고속도로의 소통이 원활하고, 오히려 두 번째 날부터 꽉꽉 막힌다. 결국 전문가의 예언은 실패한다.

행태주의 사고에 젖은 현대인은 문제가 발생하면 예측부터 하려고 든다. 기업의 정책이 실패하는 경우, 전후사정을 생각하지도 않고 앞으로 실패하지 않기 위해서는 시장을 예측할 수 있는 시스템을 도입해야 한다고 주장한다. 금융위기의 대응책을 논의하면서, 모든 국회의원은 조금도 주저하지 않고 금융예측시스템을 도입하여야 한다고 주장하였다. 모든 길은 로마로 통하였듯이, 현대인의 머릿속에서 모든 문제의 해결책은 예측으로 이어진다. 현대인은 맹목적으로 예측을 신뢰한다. 예측시스템을 구축한다면, 수백억 원의 예산도 마다하지 않고 사용한다.

그러나 자기실패적 예언의 시스템은 예측시스템으로 충분치 않다는 점을 말해준다. 오히려 미래에 대한 예측이 시스템에 의해 틀리게 된다. 아무리 정확하게 예측하려고 해도, 그 예측은 틀리게 된다. 시스템 전체가 그 예측에 저항하여 거꾸로 움직이기 때문이다. 자기실패적 예언의 시스템을 관리하기 위하여 방대한 예산이 소요되는 예측시스템을 구축하는 것은 바보스러운 일이다. 우리 사회의 최고엘리트라고 할 수 있는 사람이 이렇게 바보스러운 일에 자신의 인생을 송두리째 투자하는 것을 목격하기도 한다. 이 엘리트들에게 바보 같은 짓을 그만 두라고 말해도 자기실패적 예언의 함정을 인식하지 못하기 때문에 소용이 없다. 과연 당신이 구축하고 있는 예측시스템이 무의미한 것은 아닌지, 실패할 수밖에 없는 예측시스템을 만들려고 발버둥치는 것은 아닌지 자문해 볼 때이다.

31 피그말리온 효과

그리스 신화에서 유래된 말로 피그말리온 효과라는 것이 있다. 이는 자기실현적 예언에 속한다. 다만 피그말리온 효과는 자기자신보다는 타인에 관한 관념 또는 기대에 초점을 둔다.

그리스 신화에 나오는 키프로스 섬의 왕 피그말리온은 여성의 결점을 너무나 잘 알고 있었기 때문에 결혼을 하지 못했다. 그러던 중 아무런 결점이 없는 완벽하고 아름다운 여인을 조각하였다. 피그말리온은 이 조각상을 마치 살아 있는 여성처럼 대하고 또 그렇게 생각했다. 그의 정성과 사랑에 감동한 아프로디테 여신이 그 조각상에 생명을 불어넣어 사람으로 변화시켜 주었다. 생명이 없는 조각상을 생명이 있는 것처럼 믿고 대하자 생명이 있는 진정한 여성으로 변하였듯이, 피그말리온 효과는 다른 사람에게 기대(예언)하는 대로 그 사람이 변화될 것이라는 점을 의미한다.

피그말리온 효과는 학생을 지도하는 데 칭찬의 중요성을 강조한다. "너는 똑똑한 아이이기 때문에 열심히 공부하면 잘할 것"이라는 말을 듣는 학생은 실제로 공부를 잘하게 된다. 그러나 "너는 아무리 공부해도 소용없을 것"이라고 말하면, 그 학생은 결국 공부를 안하고 또 못하게 된다. 초등학교 때 들은 학교 선생님의 칭찬이 학생에게 평생에 걸친 성공의 밑거름이 된다. 거꾸로 학교 선생님이 무심히 내 뱉은 한 마디 말로 인하여 한 학생은 일생 동안 파멸의 늪에 빠질 수도 있다.

협상 테이블에 앉는 사람에게서도 피그말리온 효과를 쉽게 발견할 수 있다. 협상에 임하는 사람은 '협상은 전쟁'이라고 생각할 수도 있으며, 거꾸로 '협상은 평화'라고 생각할 수도 있다. 협상을 전쟁이라고 생각하는 사람은 상대방을 적이라고 생각한다. 이 사람은 협상 테이블에 앉으면서 상대방의 말을 잘 듣지 않으며, 상대방을 공격할 구실만 찾는다. 자연히 상대방은 기분이 나빠진다. 이윽고 상대방 역시 목소리를 높이고 화를 내게 된다. 이렇게 되면, '협상은 전쟁'이라는 말이 정말로 사실이었다고 생각한다.

'남자는 다 도둑놈'이라는 말을 듣고 자란 여성은 남자를 만날 때마다 의심을 한다. 이러한 여성은 남자에게 의심의 눈초리를 보내면서 어디에서 무슨 일을 했는지 물어 보고, 불필요하게 짜증을 부리면서 남자의 진심을 테스트한다. 자신의 진심을 계속해서 의심하고 짜증을 부리는 여성을 남자는 참지 못하고 도망간다. 이렇게 되면 그 여성은 '남자는 다 도둑놈'이라는 말이 진리라고 생각한다. 그 여성은 그 현실이 자신의 잘못된 신념에 의해 만들어졌다고 생각하지 못한다.

자기실현적 예언과 대칭되는 자기실패적 예언이 있듯이, 피그말리온 효과와는 반대로 '상대방에 대한 기대'가 정반대로 실현되는 경우도 있다. 이를 필자는 농담삼아 '피가 마르네 효과'라고 하고는 한다. 우리 속담에 "믿는 도끼에 발등 찍힌다"는 말이 이를 두고 하는 말이다.

친한 친구로 인해 발등 찍히는 경우가 종종 발생한다. 어렸을 때부터 알고 지내던 친한 친구이기 때문에 차용증서도 받지 않고 믿고 돈을 빌려 준다. 그러나 상대방을 전적으로 신뢰하는 것은 오히려 상대방의 배신을 조장하는 온상이 된다. 차용증 없이 돈을 빌린 친구는 그 돈을 갚지 않아도 된다는 유혹에 빠지게 된다. 거꾸로 친구를 의심하여 차용증서를 받아 놓은 경우에는 그러한 유혹이 생기지 않는다. 상대방을 믿으면 배신을 당하고, 상대방을 의심하면 신용이 지켜지는 역설적인 현상이 발생한다.

사실 민주주의는 이러한 의심의 토대에서 성립된다고 할 수 있다. 권력자에 대한 의심에 기반하여 대통령의 권력을 견제할 수 있도록 의회와 법원에 권력을 분점하도록 한 것이 삼권분립의 시스템이다. 권력의 견제가 존재하기 때문에, 대통령은 권력을 남용할 수 없다. 이 역시 의심에 기반하여 신뢰가 보장되는 시스템이다. 거꾸로 권력자를 신뢰하여 아무런 견제 메커니즘을 만들지 않으면, 그 권력자는 필연적으로 권력을 남용하여 독재자의 길로 접어들 수밖에 없다. 권력자에 대한 의심이 정당화되는 곳이 민주사회이다. 권력자에 대한 믿음이 강조되는 곳일수록 독재사회일 가능성이 높다. 절대권력은 절대적으로 부패한다는 말은 바로 이를 두고 하는 말이다.

가정에서도 피그말리온 효과 또는 피가 마르네 효과가 작용하기도 한다. 부부 사이에 서로 기대를 하고 그 기대에 근거해서 칭찬하기도 하고 야단치기도 한다. 부모와 자식 사이도 마찬가지이다. 언젠가지하철 역에 붙어 있던 사랑의 편지는 피그말리온 효과를 생생하게 말해 주고 있었다. 이 사랑의 편지를 읽으면서 피드백 루프가 그려지는 사람이라면 피드백 사고를 마스터했다고 할 수 있을 것이다.

■ 장점과 단점

어느 마을에 두 청년이 있었는데,

그들이 비슷한 시기에 결혼을 했습니다.

한 사람은 결혼을 하자마자 매일 한 가지씩 아내의 단점을 지적했습니다.

그러나 절대로 아내의 장점은 이야기하지 않았습니다.

몇 가지 단점만 고치면 완벽한 아내가 되리라고 기대했기 때문입니다.

그러나 그의 생각은 보기 좋게 빗나갔습니다.

그의 아내는 완벽해지기는커녕 점점 더 성격이 나빠져만 갔습니다.

그 가정에는 하루도 싸움이 끊일 날이 없었습니다.

그런데 다른 한 사람은 아내의 장점을 찾아내어

하루에 한 가지씩 칭찬했습니다.

물론 아내에게는 많은 단점이 있었습니다.

그러나 그 단점은 남편인 자신이 채워 주어야 할 부분이라고 생각하며

늘 장점만 보려고 노력했습니다.

이 가정에는 늘 웃음꽃이 피었고 부부는 더없이 행복했습니다.

당신은 어느 가정에서 살고 싶습니까?

당신이 무엇을 먼저 보느냐에 따라 당신의 가정이 달라집니다.

이영무/ 목사

제5부

전략의 발견

1 전략의 다섯 가지 주제

2 전략의 객체 1: 변화에 저항하는 시스템

3 전략의 객체 2: 저항의 최소화

4 전략의 주체 1: 약자의 겸손=물처럼 흐르는 전략

5 전략의 주체 2: 약자의 비폭력=불처럼 희생하는 전략

6 전략개입지점 1: 양의 피드백 루프와 과감한 전략

7 전략개입지점 2: 음의 피드백 루프와 기다림

8 전략개입지점 3: 떠벌리기와 몸사리기

9 전략개입시점 1: 타이밍의 중요성

10 전략개입시점 2: 타이밍의 포착과 피드백 루프

11 시스템 재설계 1: 피드백 루프의 창조적 설정

12 시스템 재설계 2: 피드백 루프의 창조적 파괴

13 시인과 시스템 사고

1 전략의 다섯 가지 주제

시스템 사고의 궁극적인 목적은 시스템을 변화시킬 수 있는 전략을 발견하는 데 있다. 시스템을 이해하는 것으로 만족하는 것은 시스템 사고의 스타일이 아니다. 시스템 사고는 현학적인 학문이 아니다. 시스템 사고는 현실적·실용적인 무기를 제공하고자 한다. 시스템 사고는 작은 힘으로 큰 변화를 가져올 수 있는 전략을 발견하도록 도와 준다. 이를 넓은 의미에서 정책지렛대라고 한다.

시스템 사고는 어떻게 하면 효과적으로 시스템을 변화시킬 수 있는지 말해 준다. 시스템 사고는 변화시키고자 원하는 변수를 직접 공략하기보다는 그 변수를 움직이는 메커니즘, 즉 피드백 구조를 이해한 다음에 그 메커니즘을 활용하여 변화시킬 것을 제안한다. 그렇게 해야만 적은 힘으로도 거대한 시스템을 변화시킬 수 있기 때문이다.

시스템 사고를 통한 전략의 발견을 다양한 관점에서 논의할 수 있다. 사실 앞에서 논의한 파동의 사고, 인과적 사고, 피드백 사고의 거의 모든 내용이 직접적으로 또는 간접적으로 전략과 관련되어 있다. 여기에서는 시스템 또는 상대방을 변화시켜야 한다는 관점에서 다섯 가지 전략의 구성요소를 중심으로 살펴본다.

첫째, 전략의 객체로서 시스템을 알아야 한다. 전략의 객체로서 시스템 전체를 상정하는 이유는 상대방이나 적 또는 경쟁자가 홀로서 있는 것이 아니기 때문이다. 상대방은 시스템과 다양한 관계를 맺으면서 존재하고 움직인다. 상대방에게 힘을 제공하고 견고하게 유지시켜 주는 것이 시스템이듯이, 상대방의 취약점 역시 시스템에서 발견할 수 있다. 상대방을 쓰러뜨리기 위해서는 상대방이 속해 있는 시스템을 분석해야만 한다.

둘째, 전략의 주체를 논의한다. 지피지기면 백전백승이라는 말은 『손자병법』의 가장 중요한 원칙이다. 상대방의 시스템을 분석하고 나서는 전략의 주체인 자신이 어떠한 상태에 있는지를 살펴보아야 한다. 여기에서는 전략의 주체는 필연적으로 약자일 수밖에 없음을, 그리고 전략의 주체는 최대의 덕목으로 겸손을 지녀야 한다는 점에 관하여 설명한다.

셋째, 상대방을 공격할 수 있는 '전략지점(strategic point)'을 발견하여야 한다. 시스템에 따라서는 정면승부를 걸어야 할 때도 있지만, 기습적으로 측면을 공격해야 할 때도 있다. 시스템의 어느 지점을 쳐야 하는지를 판단할 수 있어야 전략을 짤 수 있다. 여기에서의 핵심은 '양의 피드백 루프(positive feedback loop: PFL)'를 적극적으로 활용하고, '음의 피드백 루프(negative feedback loop: NFL)'를 피하거나 무위의 정책을 사용하라는 것이다.

넷째, 상대방을 공격할 '전략시점(strategic timing)'을 발견하여야 한다. 아무리 좋은 전략지점을 발견하였다고 하더라도, 적당한 시기에 공략하여야 한다. 쇠는 뜨거울 때 두드려야 다루기 좋다. 옷감은 적당히 따뜻해야 다리기 좋다. 엿은 너무 차가우면 딱딱하고, 너무 뜨거우면 흐느적거리고 뜨거운 것이 입에 달라 붙어 먹기 곤란하다. 아무리 쉬운 먹이감이라도 사자는 적당한 타이밍을 포착하기 위하여 오랜 시간을 웅크린 채 기다린다. 때를 기다리는 사자와 마찬가지로 전략가는 전략시점을 노려야 한다.

다섯째, 전략은 창조적으로 시스템을 디자인하는 수준까지 갈 수도 있다. 현존하는 시스템을 분석하고 그 테두리 내에서 전략을 짜는 것은 현실의 제약을 그대로 인정하면서 현실에 적응해 나가는 방식이다. 그런데 목표를 달성하기 위해서, 현실에 존재하지 않는 피드백 루프를 새롭게 창조하여 시스템에 덧붙일 수도 있으며, 이미 존재하는 피드백 루프를 과감하게 끊어 버리는 방식으로 시스템을 재설계할 수도 있다.

시스템 다이내믹스의 창시자인 포리스터 교수는 「사회 시스템의 반상식적 행태(counterintuitive behaviors of social systems)」라는 글에서 다음과 같이 지적한 적이 있다. 첫째, 사회 시스템은 근

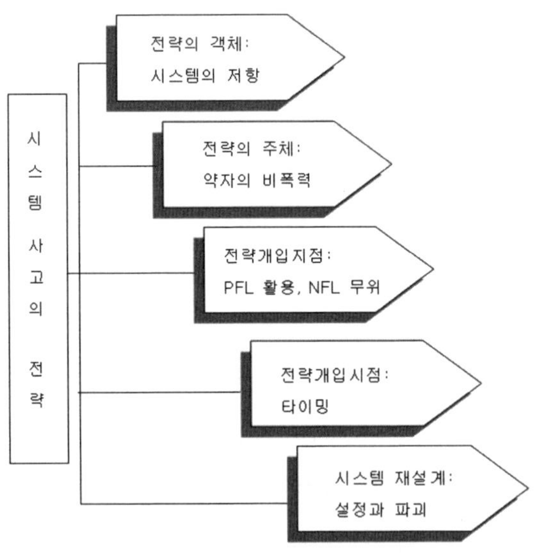

〔그림 1〕 **시스템 사고의 전략**

본적으로 정책 변화에 저항적이라는 점이다. 둘째, 사회시스템에는 몇 가지 민감한 통제지점이 존재하지만, 상식적으로 생각하는 장소에 존재하지 않는다. 더군다나 민감한 통제지점의 효과는 상식적으로 생각하는 것과 반대인 경우가 많다. 셋째, 사회 시스템에서 장기적인 정책효과와 단기적인 정책효과는 상호충돌하는 경우가 많다. 일반적으로 단기적 발전을 가져오는 정책은 장기적 쇠퇴를 가져온다. 거꾸로 장기적으로 발전을 가져오는 정책은 단기적으로 시스템에 고통을 준다.

포리스터 교수가 지적한 사회시스템의 첫번째 특성은 전략의 대상이다. 두번째 특성은 전략개입지점에 해당하며, 세번째 특성은 전략개입시점에 관한 것이다. 이렇게 포리스터 교수가 지적한 세 가지 사회시스템의 특성은 전략을 구상하는 데 세 가지 필수적인 항목을 의미한다. 이 책에서는 여기에 두 가지를 더 고려하는 셈이다. 첫째는 전략의 주체를 살펴보아야 한다는 점이다. 둘째, 창조적으로 시스템에 피드백 루프를 더하거나 빼는 시스템의 재설계도 중요한 전략으로 고려되어야 한다는 것이다.

변화시키고자 하는 변수를 직접 공략하는 대신 시스템 전체를 지배하는 메커니즘을 활용한다는 점에서 그리고 종종 목표로 하는 변수와 멀리 떨어져 있는 변수를 공략한다는 점에서, 시스템 사고가 제안하는 전략은 동양의 침술과 유사하다. 서양의학은 병든 부위를 제거한다. 발이 아프면 발을 잘라내고, 위가 아프면 위를 잘라내는 방식이다. 그러나 동양의 침술은 아픈 부위를 직접 공략하지 않고, 공략하기 쉬운 손이나 발을 공략한다. 신체의 병든 부위와 연결된 손과 발의

〔그림 2〕 **침술 = 전략의 모범**

부위를 침으로 공략함으로써, 병을 치료한다. 시스템 사고에서 말하는 전략 역시 이와 유사하다.

전략을 본격적으로 논의하기 전에 전략은 상대적이라는 점을 명심할 필요가 있다. 전략은 본질적으로 절대적일 수 없다. 전략은 상대방에 따라 변화되어야 한다. 상대방에 따라서는 엉성한 전략이 효과적일 때도 있으며, 심지어는 무책이 상책이란 말처럼 전략을 마련하지 않는 것이 가장 좋은 전략이 될 수도 있다. 여기에서 논의하는 전략은 상대방에 따라서 또 상황에 따라서 탄력적·창조적으로 적용되어야 한다.

2 전략의 객체 1: 변화에 저항하는 시스템

손자병법에서 '지피지기(知彼知己)'를 말하고 있다. 먼저 적을 알아야 한다는 말이다. 하지만 경쟁상황에 돌입하면,

의식적으로 또는 무의식적으로 상대방을 얕잡아 보는 경향이 있다. 특히 상대방이 비윤리적인 동시에 권모술수에 능해서 정정당당하게 경쟁하지 않고 뒤통수를 친다고 생각하기도 한다. 한 마디로 상대방을 야비하다고 생각하고 싶어한다. 많은 학자가 경계하는 음모론적(conspiracy) 사고이기도 하다. 그러나 대부분의 경쟁 상대방은 그토록 비윤리적이지 않으며, 음모를 꾸밀 만큼 똑똑하지도 않다.

종종 시스템의 특성으로 인하여 발생하는 현상을 상대방의 비윤리성 내지는 음모의 탓으로 돌리는 경우가 많다. 예를 들어 새로 정권을 잡은 대통령은 행정부를 개혁시키고자 한다. 하지만 생각대로 잘 개혁되지 않고 지지부진한 것이 보통이다. 개혁의 장벽을 만났을 때, 개혁을 주창하는 정치인은 종종 행정부 관료가 자신의 밥그릇을 챙기기 위해(비윤리적) 교묘하게 청와대의 개혁을 좌초시킨다고(음모론) 주장한다. 그러나 구체적으로 어느 관료가 그런 짓을 하느냐고 물어보면 묵묵부답이다. 구체적으로 어느 관료가 저항을 하는지 밝힐 수 없기 때문에, 죄목이 하나 더 늘어난다. 관료가 '조직적으로' 저항한다는 것이다. 이렇게 해서 관료는 개혁을 '비윤리적으로', '음모를 가지고', '조직적으로' 저항하는 집단으로 낙인 찍힌다. 그런데 사실 개혁정책을 추진해야 할 관료집단에게 이러한 공격을 하는 것은 이미 개혁이 물 건너갔다는 신호이다. 시스템의 구조에 관한 관념이 결핍될 경우 공연히 사람을 적대시하게 된다.

시스템 사고에 입각하여 전략을 구상할 때 가장 먼저 고려해야 하는 점은 "모든 시스템은 변화에 저항적이다"라는 원리이다. 전략은 궁극적으로 시스템을 변화시키고자 하는 것이다. 그런데 현재 존재하는 시스템은 존재하고 있다는 사실 자체만으로도 변화하지 않으려는 관성을 가지고 있다고 판단할 수 있다. 지표면에 서 있는 그 어떤 물체도 처음에 움직이려고 하면, 지표면과의 마찰로 인하여 움직임에 대한 반발력이 강하게 작용한다. 지표면 위에 서 있다는 사실 자체가 움직임에 대한 저항을 예고하듯이, 시스템이 현실에 존재한다는 사실 자체가 변화의 저항을 예고한다.

새로이 권력을 잡은 사람은 무슨 일이든지 마음만 먹으면 할 수 있다고 생각한다. 그래서 기존의 조직에서 일하던 방식을 과감하게 변화시키고자 한다. 조직원에게 개혁적인 변화의 마인드를 주입시키고자 한다. 그러나 오래 가지 않아 시스템을 변화시키는 것이 얼마나 어려운지 깨닫는다. 이윽고 섣부르게 시도했던 개혁적인 조치를 슬그머니 거두어 버린다. '구관이 명관'이라는 말은 이래서 나온 것이다. 아무리 능력이 없는 구관이라 할지라도, 구관은 시스템의 변화가 얼마나 어려운지 알고 있기 때문이다.

모든 시스템이 변화에 저항한다는 점은 음의 피드백 루프를 지닌다는 점을 의미한다. 시스템을 강제로 변화시킨다 해도, 원래의 상태로 회귀하는 음의 피드백 루프가 작동하기 때문에 겉으로 볼 때 시스

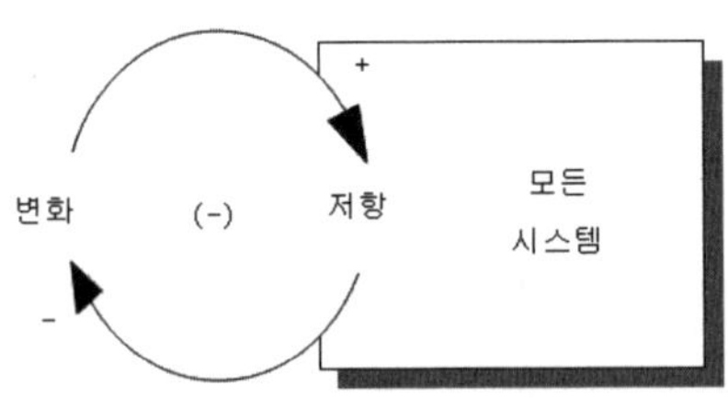

〔그림 3〕 **시스템은 변화에 저항하기 마련이다.**

템이 저항하는 것처럼 보인다. 용수철에 힘을 가해서 누르면 납작해진다. 하지만 손을 놓자마자 다시 튀어올라 원래의 모양을 회복한다. 담배를 끊으려고 할수록, 흡연의 욕구는 더욱더 강해진다. 다이어트를 할수록, 음식을 먹고 싶은 욕구는 더욱더 강해진다. 처음에는 다이어트가 성공한 듯하지만, 시간이 지나면 다시 살이 찌는 요요현상은 음의 피드백 루프가 작용한다는 점을 말해 준다.

감기에 걸리면 약을 먹어 치료하고는 한다. 그런데 이는 두 가지 부작용이 있다. 첫째, 단기적으로는 약으로 바이러스를 퇴치할 수 있지만, 이는 저항력이 강한 신종 바이러스를 등장시키는 역할을 한다. 둘째, 약을 복용할수록, 신체는 약에 둔감해진다. 결국 약은 그다지 큰 효과를 가져오지 못한다. 언뜻 보면 감기 바이러스가 약물에 저항하는 것처럼 보인다. 그러나 시스템 자체에 내재되어 있는 음의 피드백 루프에 의해 약효가 감소된다.

치료에 대한 저항은 조직차원에서도 발생한다. 새로운 경영기술을 도입하여 기업의 병을 치료하려고 노력하는 경우가 많다. 이 역시 약물치료와 유사한 부작용을 가져온다. 기존의 문제가 변형되어 새로운 종류의 문제가 발생한다. 시간관리를 강조하는 프로그램을 도입하면, 조직은 시간에 맞추어 잘 돌아가는데 창조적인 아이디어가 나오지 않는다. 조직원 역시 새로이 도입된 프로그램의 통제를 피해 나가는 요령을 발견한다. 이렇게 하여 새로 도입된 경영개선 프로그램은 얼마 가지 않아 약발이 떨어진다.

차량정체가 심화되어 도로폭을 2차선에서 4차선으로 늘렸다. 처음에는 차량소통이 원활하여 정체가 풀린 것처럼 보였다. 그러나 오래지 않아 다시 차량이 늘어났으며, 이전에 겪었던 수준의 정체가 다시 발생한다. 정체가 풀린 만큼 더 많은 차량이 진입하는 음의 피드백 루프가 존재한다. 음의 피드백 루프는 시스템을 개선하려는 노력을 허사로 만든다. 음의 피드백 루프는 변화에 대한 시스템의 저항을 의미한다.

도심의 주차장 역시 마찬가지의 효과를 가져올 수 있다. 주차시설을 확대하면 주차난이 해결될 것처럼 보인다. 그러나 주차시설을 확대하면, 도심으로 진입하는 차량이 증가하게 되어, 다시 주차난은 이전수준으로 회귀한다. 음의 피드백 루프가 지배하는 교통시스템은 교통문제를 해결하려는 노력에 저항하게 마련이다.

1980년대에 '세입자 보호 대책'을 국회의원들이 만장일치로 통과시킨 적이 있다. 이 정책은 집주인에게 2년 간 전세금을 올릴 수 없도록 규정하고 있다. 전세금을 자꾸만 올려 달라는 집주인으로 인해 고생하는 세입자를 보호하기 위한 정책이었다. 이 정책에 반대했던 사람은 찾아볼 수 없었다. 힘이 없는 세입자를 위한 정책에 반대할 이유가 없었다. 그런데 이 정책이 시행되자마자, 여기저기에서 세입자가 아우성치기 시작했다. 심지어는 수많은 세입자가 더 이상 버티지 못하고 자살하기에 이르렀다. 2년 간 전세금을 올릴 수 없게 된 집주인

〔그림 4〕 **교통시설의 개선과 저항**

이 2년 후에 받을 전세금을 앞당겨 한꺼번에 인상하였기 때문이었다. 이 역시 시스템의 저항이라고 할 수 있다. 이러한 저항을 예상치 못한 정책은 세입자의 고통을 가중시키는 결과를 가져왔다. 아무리 좋은 의도에서 추진된 정책이라고 할지라도, 시스템의 저항을 예상치 못하는 경우, 엉뚱한 암초에 걸리게 된다.

모든 시스템은 변화에 저항적이다. 변화를 거부하는 음의 피드백 루프에 의존하고 있는 기득권자를 변화시키기란 쉽지 않은 일이다. 전략가라면 음의 피드백 루프에 속한 변수값을 섣부르게 변화시키려는 시도는 처음부터 하지 말아야 한다. 시스템을 쉽게 변화시킬 수 있다는 망상을 버리는 것, 이것이 전략의 출발점이다.

3 전략의 객체 2: 저항의 최소화

『노자도덕경』17편에서는 "가장 훌륭한 임금은 백성이 임금이 있는지 없는지도 모르는 자이며, 그 다음은 백성이 친하게 생각하고 존경하는 자이며, 그 다음은 백성이 무서워하는 자이며, 그 다음은 백성이 경멸하는 자이다(太上不知有之, 其次親之譽之, 其次畏之, 其次侮之)"라고 했다. 노자의 이 말은 기업, 정부, 교회, 학교 등 대부분의 조직사회에 적용될 수 있을 것이다. 마찬가지로 싸우지 않고 이기는 것이 가장 좋은 전략이라는 말이 있다. 싸우지 않고 다스리는 것이 가장 훌륭한 다스림(governance)일 것이다. 시스템이 알아차리지 못할 정도로 부드럽고 자연스럽게 시스템을 변화시키는 것이 가장 효과적인 전략일 것이다. 가장 훌륭한 전략가는 상대방이 전혀 의식하지 못하는 전략가이다.

그러나 싸우지 않는 것보다 더 중요한 것은 이기는 것이다. 불가피할 때에는 시끄럽게 싸워야만 한다. 소리나지 않게 망치질을 할 수는 없는 노릇이다. 이 때에는 시스템의 저항을 최소화시키는 전략이 중요하다. 종종 거꾸로 시스템을 공략하는 사람을 볼 수 있다. 즉, 공략하기도 전부터 상대방에게 온갖 비판과 협박을 쏟아부음으로써, 상대방의 저항을 극대화시킨 다음에 공략하는 경우이다. 이는 가장 낮은 수준의 전략이다. 그런데 이러한 방법이 의도적으로 사용되는 경우도 있다. 상대방의 치열한 저항을 명분으로 활용하여 상대방을 전멸시키는 전쟁을 정당화하는 방법이다. 이는 영리한 방법이기는 하지만, 윤리적으로 정당화되기 어려운 방법이며 장기적으로도 효과적이지 못한 방법이다. 뼈에 사무치는 원한은 쉽게 소멸되지 않기 때문이다.

종종 경찰서장이 홍등가에서 벌어지는 성매매와의 전쟁을 선포하고는 한다. 그런데 무리하게 성매매를 금지하는 경우, 피드백 루프에서 공부하였던 부작용이 발생하고는 한다. 홍등가에서 성매매를 할 수 없게 된 포주가 주택가로 스며들어가는 것이다. 그리고는 주택가에서 성매매라는 영업행위를 한다. 주택가로 스며든 성매매는 홍등가의 경우보다 더 골치아픈 문제거리로 등장한다. 집중적으로 관리하기가 어려워지기 때문이다. 더군다나 주택가의 주민 특히 어린이에게 악영향을 미친다.

김강자 경찰 서장 역시 홍등가와 전쟁을 선포한 경우이다. 김강자

서장은 상대방의 저항을 최소화하는 전략을 구사하였다. 첫째, 홍등가에 24시간 경찰을 상주시켜 감시하도록 하여 강력한 단속의지를 보여 주었다. 둘째, 홍등가의 실제 소유주의 명단을 파악하여, 정책에 순응하지 않으면 그 명단을 공개하겠다고 협박하였다. 상대방의 예상되는 저항을 미리 억제하는 무기였다. 셋째, 미성년 여성의 성매매만을 금지시킴으로써 최소한의 정책을 구사하였다. 최악(最惡)을 방지하기 위하여 차악(次惡)을 허용하는 전략이었다. 첫 번째와 두 번째 방법은 정책의 강력한 집행을 선언하는 전략이었다면, 세 번째 전략은 상대방의 저항을 최소화시키는 전략이었다.

상대방에게 물러설 수 있는 여지를 주어야 저항이 최소화될 수 있다. 전쟁에서도 상대방이 도망칠 수 있는 퇴로를 열어 주어야만 적군이 지리멸렬하게 붕괴된다. 적군이 도망갈 퇴로를 모두 봉쇄하는 경우, 적군은 오히려 똘똘 뭉쳐서 강렬하게 저항한다. 쥐가 코너에 몰리면 고양이를 문다는 말이 있다. 세차게 흐르는 강물을 뒤로 하여 전투에 임하는 배수진(背水陣) 전법은 이를 거꾸로 활용하는 전략이다. 즉, 아군에게 도망갈 여지를 차단시켜 버림으로써 끝까지 맹렬하게 싸움에 임하도록 하는 전략이다. 상대방에게 도망갈 여지를 주는 것은 적군에게 자비를 베푸는 차원이 아니라 적군의 저항의지를 무너뜨리는 고도의 전략이다.

상대방의 저항을 최소화시키는 전략의 우월성은 '바람과 햇볕의 우화'에서 잘 설명되고 있다. 바람은 강제로 상대방의 옷을 벗기려고 하는 전략이지만, 햇볕은 상대방에게 스스로 옷을 벗도록 유도하는 전략이다. 바람은 표면에 드러난 외투에 대한 정책으로써 저항을 불러일으키는 전략이라면, 햇볕은 내면의 동기를 변화시키는 전략으로써 외투를 필요하지 않도록 만드는 전략이다. 바람이 퇴로를 차단한 채 공격하는 방식이라면, 햇볕은 퇴로를 열어 주어 스스로 도망가도록 유도하는 방법이다.

가장 우수한 전략은 상대방이 전략을 의식하지 못하는 전략, 즉 싸우지 않고 승리하는 전략이며, 그 다음으로 우수한 전략은 상대방의 저항을 최소화시키는 전략이다. 물처럼 낮고 부드러운 전략이 있는가 하면, 불처럼 정열적으로 타오르는 전략이 있다. 높은 곳에서 낮은 곳을 공략할 때에는 물처럼 아래로 흘러 내려가는 전략을 사용해야 하며, 낮은 곳에서 높은 곳을 공략할 때에는 불처럼 위로 타 올라가는 전략을 사용해야 한다. 이것이 '자연스러운 전략'이다. 그리고 자연스러운 전략의 핵심은 시스템의 저항을 최소화시키는데 있는 것이다. 물이 겸손한 전략을 상징한다면, 불은 자기희생적인 전략을 상징한다. 다음 장에서는 약한 자의 겸손한 전략에 관하여 살펴보고, 그 다음 장에서는 약한 자의 비폭력운동으로 상징되는 자기희생적인 전략을 살펴본다.

4 전략의 주체 1: 약자의 겸손 = 물처럼 흐르는 전략

전략의 본질은 약한 힘으로 강한 효과를 얻는 것이다. 최소의 노력으로 최대의 결실을 거두는 것이다. 많은 사람들이 이러한 전략을 잘못 생각하고 있다. 가장 큰 오해는 전략은 강한 사람이 구사하는 것이라는 점이다. 기업의 전략에 관하여 이야기하면, 대기업 정도는 되어야 전략을 생각할 수 있다는 말을 종종 듣는다. 이렇게 생각하는 사람은 전략을 사치라고 생각한다.

전략은 사치가 아니다. 전략은 목숨을 거는 승부이다. 나이 어린 소년이 자신의 어머니를 희롱하는 힘센 어른에게 결투를 신청하였다. 힘센 어른에게 전략이 필요한가 아니면 어린 소년에게 전략이 필요한가? 힘센 어른에게는 아무런 전략도 필요하지 않다. 그저 결투에 임해서 기분 내키는 대로 어린 소년을 때려 눕히기만 하면 된다. 그러나 어린 소년은 결투를 신청한 그 순간부터 고민에 빠진다. 정상적인 힘의 대결로는 도저히 이길 수 없다. 죽지 않으면 다행이다. 그렇다고 해서 무기력하게 당할 수만은 없다. 소년의 죽음도 문제지만 희롱당한 어머니의 자존심을 위해서도 패할 수는 없는 노릇이다. 이러한 고민에 빠진 소년은 밤새도록 승리할 수 있는 전략을 짠다. 이윽고 힘센 어른이 술과 여자를 좋아한다는 점을 생각해 낸다. 결투가 시작되기 전날 밤 술집 아가씨에게 부탁해서 밤새도록 술을 먹여 취하게 만든다.

성경에 등장하는 다윗과 골리앗의 싸움 역시 마찬가지이다. 거인 골리앗은 크고 무거운 칼을 휘두르면 그만이다. 아무도 힘으로 그를 당할 수 없었다. 거인 골리앗에게는 특별한 전략이 필요하지 않았다. 그러나 다윗은 그렇지 않다. 거인에게 접근하는 것은 곧 죽음을 의미한다. 다윗은 전략을 생각해 내야 한다. 거인의 취약점을 생각해 내야 한다. 거인의 취약점은 갑옷으로 무장되지 않는 얼굴이다. 이 취약점을 어떻게 공략해야 하는가? 날카로운 칼로도 기다란 창으로도 공략할 수 없다. 오히려 조그마한 돌맹이를 던짐으로써 거인 골리앗의 취약점을 공략할 수 있었다.

대기업과 중소기업 사이의 싸움도 마찬가지이다. 누구에게 전략이 필요한가? 대기업에게는 특별한 전략이 필요치 않다. 돈으로 때우면 만사형통이다. 필요한 인력이 있으면 스카우트하면 되고, 그래도 안 되면 기업 자체를 인수하면 된다. 중소기업은 돈으로도, 물량 공세로도 경쟁할 수 없다. 창조적인 전략이 없다면, 중소기업은 살아남을 수 없다. 정부에게도 마찬가지이다. 힘이 없는 부서일수록 튀는 전략이 필요하다. 약소국일수록 창조적인 전략을 기획할 줄 아는 정부를 요구한다.

보통 "누구에게 전략이 필요한가?"라는 질문보다는 "누가 전략을 구상할 수 있는가?"라고 질문한다. 돈도 많고 인력도 많은 대기업이 훌륭한 전략을 구상할 수 있다고 생각한다. 사실상 대기업이 아니면 '전략연구소'를 운영할 수도 없으며, 전략을 전담할 박사를 채용할 수도 없다. 또한 약소국보다는 미국과 같은 강대국일수록 훌륭한 전략을 구상할 수 있다고 생각한다. 강대국일수록 좋은 대학도 많고 지식인도 많기 때문이다.

그러나 결코 강한 자는 전략을 구상하거나 구사할 수 없다. "절대권력은 절대적으로 부패한다"는 법칙 못지않게 타당한 것은 "절대권력은 절대적으로 우둔해진다"는 법칙이다. 배고픈 사람만이 밥을 찾아 먹는다. 배부른 사람은 사치스런 음식을 먹어서 비둔해지고 사치스런 양주를 마시고 취하게 마련이다. 대기업의 전략연구소는 살고죽는 차원의 전략을 연구하지 못한다. 사치스러운 백일몽을 꿈꾸거나 지나간 이슈를 멋드러지게 장식하는 것을 더 좋아한다. 강대국의 지식인들은 직설적인 전략을 유치하고 촌스럽게 생각한다. 그보다는 현학적이고도 애매모호한 이야기를 가치 있다고 생각하게 마련이다.

그렇기 때문에 전략은 약자의 전유물이다. 당신이 전략적이고자 하면, 약자가 되어야 한다. 당신 스스로 강자라고 생각하면, 당신은 이미 전략적일 수 없는 사람이다. 가장 약했던 이스라엘 민족이 가장 전략적인 민족으로 평가받는다. 성경의 『누가복음』 제6장에서 예수님은 다음과 같이 선포하고 있다. "가난한 자는 복이 있나니 하나님의 나라가 너희 것이요. 이제 주린 자는 복이 있나니 너희가 배부름을 얻을 것이요 이제 우는 자는 복이 있나니 너희가 웃을 것이요……. 그러나 화 있을찐저, 너희 부요한 자여 너희는 너희의 위로를 이미 받았도다. 화 있을찐저, 너희 이제 배부른 자여 너희는 주리리로다 화 있을찐저 너희 이제 웃는 자여 너희가 애통하며 울리로다."

약자가 가장 전략적일 수 있다. 어렸을 적에 외국영화에서 보았던 장면이 전략의 백미로 떠오른다. 어느 날 젊은 미모의 여자가 나타나 체스 챔피언들에게 도전을 선언하였다. 그것도 한 명의 챔피언이 아니라 두 명의 챔피언과 동시에 체스게임을 하여 최소한 한 명에게는 이겨 보겠다고 호언장담을 한다. 체스실력의 관점에서 보면 약자일 수밖에 없는 여자가 두 명의 챔피언에게 결투를 신청한 셈이다. 그런데 한 가지 조건이 있었다. 두 명과의 게임이 진행되는 상황이 공개되어서는 안 된다는 것이었다. 즉, 각 게임은 폐쇄된 방에서 따로 치루어져야 한다는 조건이었다. 별 달리 의심을 하지 않은 챔피언들은 이 당돌한 도전을 수락하였다.

그러나 체스게임이 시작한 뒤 얼마 지나지 않아서, 체스 챔피언들의 얼굴은 굳어져 갔고 진땀이 흐르기 시작하였다. 그러나 이 미모의 아가씨는 전혀 당황하는 빛 없이 밝은 표정을 유지하고 있었다. 사실 이 아가씨는 별로 심각하게 고민하지도 않는 것 같았다. 전혀 예상치 못했던 아가씨의 실력에 놀란 챔피언들은 당황하기 시작하였고, 이윽고 그 중의 한 명이 기권하기에 이른다. 미모의 아가씨가 호언장담한 대로 승리한 것이다.

게임이 끝나고 나서야 이 아가씨의 전략이 드러난다. 이 아가씨는 한쪽 세계 챔피언에게 가서 그가 움직이는 말을 보고, 다른 쪽 세계 챔피언에게 가서 그대로 말을 움직인 것이다. 이 아가씨는 이 쪽 챔피언에게 가서는 저 쪽 챔피언의 수를 그대로 모방하고, 저 쪽 챔피언에게 가서는 이 쪽 챔피언의 수를 그대로 모방한 것이다. 챔피언은 우습게 보았던 아가씨가 갑자기 세계최고수준의 수를 구사하는 것을 보고 놀라고 당황해서 정신이 혼미해지다가 급기야는 기권을 하기에 이른 것이다.

강자는 자신의 힘을 믿는다. 똑똑한 사람은 자신의 지혜를 믿는다. 부자는 자신의 재물을 믿는다. 그러나 약자는 자신의 힘을 증폭시켜야 하며, 바보 같은 사람은 오랫동안 생각을 해야 하고, 가난한 자는 다른 사람의 자원을 활용할 수 있는 묘안을 짜내야 한다.

어느날 길을 걸어 가는데 트럭이 다가오고 있었다. 그 때 고양이가 길을 건너고 있었다. 당연히 고양이가 뒤로 물러설 줄 알았는데, 고양이는 무리하게 앞으로 뛰어 나가다가 그만 트럭에 깔렸다. 그 불쌍한 고양이가 트럭에 치여 죽어 가는 모습을 보면서, 왜 고양이가 앞으로 뛰어 나갔는지 모르겠다는 의문을 품게 되었다. 그런데 어느 날 친구가 퀴즈를 냈다. 도로에서 지나가는 차량에 의해 개가 많이 치일까 아니면 고양이가 많이 치일까 하는 퀴즈였다. 많은 사람들이 개가 더 많을 것이라고 대답했다. 그러한 대답의 근거는 두 가지 였다. 첫째는 우리 나라에 고양이보다 개가 더 많기 때문이다. 둘째는 개가 고양이 보다 느리기 때문이라는 것이었다. 특히 순발력에서 개는 고양이에 비교할 수 없을 정도로 느리다는 것이다.

그러나 정답은 개가 아니라 고양이였다. 사실 도로를 지나가다가 죽어 있는 고양이는 자주 목격하지만, 죽어 있는 개를 본 적은 한번도 없었다. 왜 그런가라는 질문에 친구가 대답했다. 고양이는 자신의 순발력을 믿기 때문에 위급한 상황에서 앞으로 전진하는 습성이 있는 반면, 개는 스스로 순발력이 없다는 점을 잘 알고 있기 때문에 위급한 상황에서는 뒤로 물러서는 습성이 있다는 것이었다. 자신을 믿는 고양이는 자신보다 빠른 차량에게 당하기 일쑤이지만, 자신을 믿지 않는 개는 목숨을 보전할 수 있다는 것이었다. 성경의 『잠언』 제22장에서도 "슬기로운 자는 재앙을 보면 숨어 피하여도 어리석은 자는 나아가다가 해를 받느니라"라고 지적하고 있다.

많은 사람이 강자에게서 전략을 배우려고 한다. 성공비결을 듣고 싶어하는 것이다. 그러나 대부분의 경우 강자에게서 진정한 전략을 듣기란 쉽지 않다. 이미 성공한 사람은 자신이 왜 성공했는지 잊어버리기 쉽기 때문이다. 성공한 사람은 자신이 약자였기 때문에 그래서 전략적이었기 때문에 성공했다고 생각하지 않는다. 오히려 성공한 사람은 자신에게 무언가 강점이 있었기 때문에 성공했다고 믿고 싶어하며, 또 그렇게 생각한다. 성공한 사람에게 전략을 배우기 어려운 것은 어른에게 젖을 빠는 요령을 배우기를 기대하는 것과 마찬가지이다. 어른은 더 이상 젖을 빨 필요가 없으며, 젖을 빠는 것을 유치하게 생각할 뿐만 아니라, 사실 젖빠는 요령을 잊어버린 지 오래이다. 성공한 강자 역시 전략을 필요로 하지 않으며, 시스템을 이용하는 전략을 유치하게 생각하고, 사실 전략을 잊어버린 지 오래이다.

이는 헤겔이 말했던 주인과 노예의 변증법을 연상시킨다. 주인은 배불리 먹고, 노예에게 일을 시킨다. 온갖 힘든 일을 다하는 노예는 점점 더 강해지는 반면, 주인은 나약해진다. 결국 노예가 봉기할 때면, 냐약해질 대로 나약해진 주인은 손도 제대로 써 보지 못하고 패배한다. 우리 나라의 에로영화에 단골로 등장하는 양반집 마님과 건장한 머슴 사이의 불륜관계도 마찬가지이다. 궂은 일을 도맡아 해야 하는 약자는 그로 인하여 점점 더 강해진다.

훌륭한 전략의 필수조건은 약자여야 한다는 점이다. 허리를 굽히고 흐르는 물에 흙을 씻는 사람만이 금을 발견할 수 있듯이, 오직 겸손한 자만 전략을 발견할 수 있다. 성경의 『잠언』 제16장에 있는 "교만은 패망의 선봉이요, 거만한 마음은 넘어짐의 앞잡이니라"는 말은 윤리적인 차원에서만이 아니라 전략적인 차원에서도 이해될 수 있는 말이다. 오직 겸손하고 낮은 자만이 전략을 발견할 수 있다. "가장 훌륭한 정책이 정직이라면, 가장 훌륭한 전략은 겸손이다(As the best policy is to be honest, the best strategy is to be humble)."

5 전략의 주체 2: 약자의 비폭력=불처럼 희생하는 전략

약자만이 전략적일 수 있다면, 진정한 전략은 약자에게서 배워야 한다. 약자가 강자와 싸우면서 어떻게 하면 승리할 수 있을까? 약자가 강자에게 구사하는 가장 놀라운 전략 중의 하나는 '비폭력운동(nonviolence movement)'이다. 최근 한국 사회에서 비폭력운동의 상징으로 등장한 것이 촛불집회이다. 촛불은 스스로 희생하면서 타오르는 불과 같은 운동이다. 비폭력운동은 자기희생을 요구하는 전략이다.

비폭력운동의 역사는 길다. 수없이 많은 사람이 온갖 종교적 박해 속에서도 폭력적 방법을 선택하기를 거부하면서 희생당했다. 최근에 비폭력운동을 이론화한 사람은 인도의 독립을 거부하는 영국인에게 도덕적 충격을 안겨 주었던 간디였다. 흑인인종차별에 저항했던 미국의 킹 목사와 남아프리카의 만델라 역시 비폭력운동의 대표적인 인물이다.

우리 나라의 반독재투쟁과 민주화운동 역시 철저한 비폭력운동의 노선을 견지하여 왔다는 점에서 높이 평가된다. 비폭력운동은 일체의 폭력적인 수단을 배제하는 운동이다. 그리고 비폭력운동은 말을 하는 운동이다. 민주화운동 기간중에 많은 민주인사가 단 한 장의 성명서로 인해 옥고를 치르고 심지어는 죽기까지 하였다. 이문영 교수에 의하면 일제의 탄압에 저항하여 독립을 공공연하게 외친 3.1운동은 비폭력 노선을 견지하였다. 3.1독립선언서의 공약 3장에서는 ① 배타적 감정에 치우치지 말 것, ② 민족의 정당한 의사를 주저하지 말고 발표할 것, ③ 일체의 행동은 질서를 존중할 것 등을 천명함으로써, 철저하게 폭력을 배격하고 오직 정당하게 말하는 비폭력에 의지하였다. 이문영 교수는 『요한 복음』 제1장 제1절의 "태초에 말씀이 계시니라"는 성경구절에서 비폭력의 종교적 기원을 찾는다. 폭력은 여호와 하나님과 대비되는 바알 신의 방법이었다.

그러나 비폭력운동은 종교적인 이유나 윤리적인 이유에서만 위대한 것은 아니다. 비폭력운동은 가장 전략적인 운동 중의 하나이다. 먼저 비폭력운동의 전략적 효과를 생각해 보자. 예수님의 희생으로 시작한 기독교의 역사는 비폭력의 역사이자 희생의 역사라고 할 수 있다. 그런데 이들을 박해하고 탄압하던 강자는 모두 역사의 뒤안길로 사라져 버리고 말았다. 결국 비폭력과 희생의 길을 걸어갔던 약자인 기독교인이 승리한 것이다. 흑인운동을 가로막던 백인의 편견과 백인의 막강한 경찰력, 그리고 KKK단과 같은 폭력집단은 비폭력을 호소하는 킹 목사의 연설 앞에서 아무런 힘도 발휘하지 못했다.

1970년대와 1980년대의 군사독재에 대항하는 민주화운동을 많은 사람들이 무모한 저항이라고 생각하고는 하였다. 군사독재자는 언제든지 탱크를 앞세운 군사력 또는 경찰력을 동원할 수 있었으며, 행정부, 법원과 의회권력 역시 모두 독재자의 편이었다. 나아가 대학, 언론, 종교집단의 많은 지식인 역시 독재자의 편이었다. 몇 명 되지 않는 민주화운동가가 그것도 종이 한 장의 성명서를 가지고 강력한 독재자에게 모든 권력을 포기하고 물러가라고 외치는 것은 마치 계란으로 바위를 치는 것 같아 보였다. 그러나 그토록 힘이 없었던 민주화운동이 결국은 승리하였다. 독재자는 하나둘씩 퇴진하였다. 사실 돌이켜 보면 아무런 힘도 없었던 민주화운동이 독재자를 권좌에서 물리치는 데에는 오랜 시간이 걸린 것이 아니었다. 불과 10년도 안 되어 독재자가 쓰러져 갔다. 약자의 비폭력운동은 믿을 수 없을 만큼 효과적인 전략이었다. 종이 한 장으로 권력자가 지니고 있던 군사력·경제력·행정력·법률적 권한을 파멸시킨 것이다.

비폭력운동은 어떠한 메커니즘을 지니고 있기에 이렇게 강력한 효과를 가져오는 것일까? 비폭력운동의 본질을 이해하기 위해 먼저 약자의 폭력운동이 어떠한 결과를 가져오는지 살펴보자. 약자가 강자에게 폭력을 행사한다고 생각해 보자. 강자는 어떻게 대응할 것인가? 약자의 폭력에 대응하는 강자의 폭력은 정당화된다. 물을 만난 물고기처럼 강자는 더욱 강한 폭력으로 대응할 것이다. 정당화된 강자의 폭력 속에서 약자는 파괴된다. 결국 약자의 존립기반이 사라질 정도가 되어야 폭력의 순환이 그친다. 결국 약자의 폭력은 음의 피드백 루프 속에서 그 효과를 상실하게 된다. 약자의 폭력은 일시적으로 사회적인 파동(파문)을 일으킬 수는 있을지 몰라도 강자의 폭력을 더욱

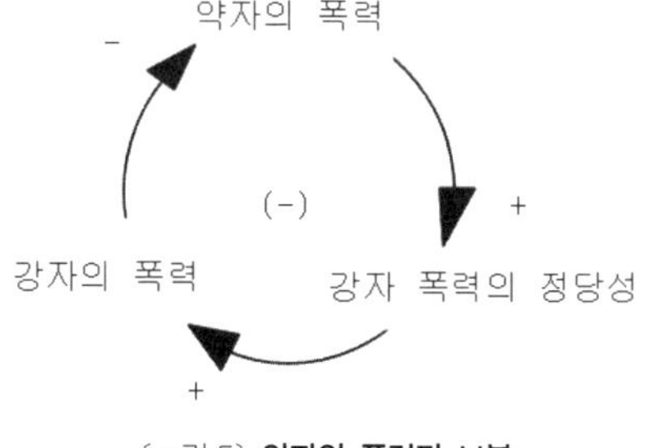

〔그림 5〕 **약자의 폭력과 보복**

강고하게 만들어 주는 기반으로 작용한다.

이제 약자의 비폭력이 어떠한 피드백 메커니즘을 가져오는지 살펴보자. 약자의 비폭력운동은 강자가 휘두르는 폭력의 정당성을 약화시킨다. 비폭력운동을 수행하는 약자에게 폭력을 가하는 강자는 무자비한 탄압자로 간주된다. 반대로 당하는 약자는 억울한 희생자로 여겨진다. 결국 폭력행사의 정당성을 잃어버린 강자는 폭력을 행사하기 어렵게 된다.

강자의 폭력이 약화됨에 따라, 비폭력운동에 동참하는 약자의 수는 기하급수적으로 증가한다. 비폭력운동이 사회적인 지지를 얻을수록, 강자는 더욱더 폭력을 행사하기 어려워진다. 결국 비폭력운동은 양의 피드백 루프를 형성한다. 양의 피드백 루프를 타면서 비폭력운동은 급격하게 그 파워를 늘려 간다. 이에 반비례하여 강자의 폭력은 급격하게 설 자리를 잃게 된다. 권력을 유지하는 수단인 폭력을 행사할 수 없게 된 강자는 더 이상 버틸 수 없게 된다.

아무리 힘이 센 깡패라고 하더라도 아줌마 한 사람을 당할 수 없다는 말이 있다. 누가 보아도 힘이 약한 아줌마가 웃통을 벗어 제끼고

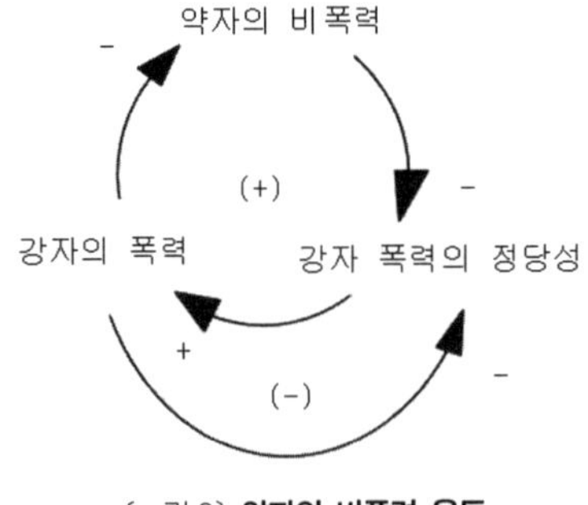

[그림 6] **약자의 비폭력 운동**

깡패에게 대들면서 "날 죽여라!" 하고 외치는 순간, 깡패는 지고 들어 가는 것이다. 폭력을 행사할 수 없는 상황에 들어선 깡패는 적당한 구실을 찾아 그 자리를 피하는 수밖에 없다. 그런데 만약 이 자리에서 아줌마가 칼을 들고 나선다면, 전황은 순식간에 바뀐다. 깡패는 신나 게 자신의 실력을 발휘할 수 있는 정당성을 확보하기 때문이다. 아줌 마는 순식간에 나가 떨어질 것이다. 약자의 비폭력은 강자의 폭력보 다 강하다.

비폭력의 이러한 메커니즘을 강자가 알고 있다면, 강자의 전략은 무엇일까? 약자에게 폭력을 행사하도록 유도하는 것이 강자에게 최 선의 전략이 될 것이다. 교묘한 방법으로 약자를 괴롭히고 약을 올려 폭력을 행사하도록 유도하는 것이다. 그리고 일단 약자가 폭력을 행 사하면, 숨겨 놓았던 강력한 응징수단을 동원하여 약자가 재기할 수 없을 정도로 파괴시키는 것이다. 이는 미국이 아랍권 국가에게 종종 사용하는 방법이기도 하다.

거꾸로 약자의 입장에서는 한편으로는 비폭력운동을 통하여 강자 의 폭력기반을 무너뜨리는 동시에 강자에게 폭력을 행사하도록 유도 할 수도 있다. 비폭력의 상황에서 강자의 폭력은 희생자를 창출한다. 희생자의 등장은 폭력의 정당성을 급속히 훼손시킨다. 이러한 음의 피드백 루프는 강자에게 더 이상 폭력을 행사할 수 없게 만든다. 희생 자의 등장은 강자의 몰락을 가속화시킨다.

결국 강자와 약자 모두 폭력을 피해야 한다. 폭력을 행사하는 순 간 모두 쇠락의 길로 들어서는 것이다. 그러나 폭력에의 유혹은 강렬 하다. 강자는 자신이 가지고 있는 수단을 써 보고 싶은 욕구를 지닌다. 망치를 가지고 있으면 못을 박고 싶은 법이며, 가위를 가지고 있으면 자르고 싶어지는 법이다. 폭력수단을 가지고 있으면, 폭력을 휘두르고 싶어진다. 게다가 아무 힘도 없는 약자가 자신을 향해 소리지르는 상황이라면, 강자는 자신이 지닌 폭력의 1%만이라도 행사해서 손을 보고 싶은 유혹에 빠진다. 약자 역시 마찬가지이다. 동료가 강자에게 당하는 모습을 보고 흥분하지 않을 사람이 없다. 동료가 흘린 피를 본 약자는 자신도 죽을 때까지 싸우겠다는 생각을 하면서 폭력을 행사한다.

강자에게는 풍부한 폭력수단이 있기 때문에 이를 휘두르고 싶은 유혹에 빠지며, 약자는 그 수단이 없다는 억울함 때문에 죽을 때 죽더라도 조그마한 폭력이나마 행사하고 싶은 유혹에 빠진다. 그러나 전략적이기 위해서는 이러한 유혹에서 벗어나야 한다. 그만큼 비폭력운동은 수행하기 어려운 운동이다. 비폭력운동을 수행하기 위해서는 고도의 윤리성에 더하여 고도의 전략성과 함께 참을성이 요구된다.

약자의 비폭력운동은 양의 피드백 루프를 형성한다. 양의 피드백 루프를 통하여 약자의 미약한 힘이 강력하게 증폭된다. 동시에 비폭력운동을 둘러싼 양의 피드백 루프를 통하여 강자의 힘이 기하급수적으로 축소된다. 거꾸로 약자의 폭력운동은 음의 피드백 루프를 형성한다. 약자가 아무리 강한 폭력을 행사한다고 하더라도 강자는 그보다 더 강한 폭력을 행사하여, 약자의 기반을 무너뜨린다. 음의 피드백 루프에 투입된 힘은 강하게 증폭되기는커녕 오히려 시스템에 의해 응징 당한다.

약자의 비폭력전략에서 얻을 교훈이 바로 이것이다. 전략의 핵심은 양의 피드백 루프를 활용하고 음의 피드백 루프를 피해야 한다는 것이다. 이것이 전략의 본질이다. 자신의 힘을 폭발적으로 증폭시키는 시스템을 활용하여야 한다. 거꾸로 힘만 들이고 변화가 발생하지 않는 소모적인 음의 피드백 루프의 함정에 빠지지 말아야 한다.

6 전략개입지점 1: 양의 피드백 루프와 과감한 전략

시스템 다이내믹스 학자는 종종 '정책지렛대(policy leverage)'라는 용어를 말한다. 정책지렛대란 아르키메데스의 지렛대와 마찬가지로 작은 힘으로 큰 변화를 가져올 수 있는 정책개입지점을 의미한다. 놀이터에 있는 시소의 끝 부분을 누르면 시소를 쉽게 움직일 수 있다. 그런데 시이소의 안쪽 부분을 누르면 시소는 잘 움직이지 않는다. 죽을 힘을 다해 일을 해도 효과를 보지 못

〔그림 7〕 시소의 전략지점과 비전략지점

하는 사람이 있는가 하면, 잠깐 일을 하고도 큰 효과를 보는 사람이 있다. 그 차이점은 정책지렛대를 활용할 능력이 있는가, 없는가에 달려 있다.

시스템 사고에서 정책지렛대는 피드백 분석을 통하여 발견할 수 있다. 정책지렛대를 찾는 원리는 단순하다. '작은 힘을 증폭시킬 수 있는 양의 피드백 루프'를 활용해야 하고, '변화를 거부하는 음의 피드백 루프'를 피하는 것이 그 원리이다. 작은 힘으로 시스템을 변화시키려면 양의 피드백 루프를 활용해야 한다.

부모님의 예를 들어 생각해 보자. 당신에게 1,000원이 있다. 당신은 1,000원을 부모님에게 투자해서 만 원을 초과하는 저녁을 얻어먹으려고 한다. 과연 누구에게 투자할 것인가? 1,000원을 아버지에게 투자할 것인가? 아니면 어머니에게 투자할 것인가? 그 답은 누가 양의 피드백 루프의 기질을 가지고 있는가에 의해 결정되어야 한다. 아버지가 양의 피드백 루프의 기질을 가지고 있어서, 1,000원의 선물이 증폭되어 만 원 이상의 저녁을 사는 스타일이라면, 아버지에게 투자하는 것이 정답이다. 만약 어머니가 음의 피드백 루프의 기질을 지닌다면, 어머니에게는 투자해 보았자 별 효과가 없을 것이다. 오히려 어머니는 이미 1,000원을 썼으니 저녁을 먹을 때 돈을 더 아끼자고 할지도 모른다. 이처럼 작은 힘을 투자하여 증폭시키고자 하면, 양의 피드백 루프를 공략해야 한다. 음의 피드백 루프에 투자하는 힘은 음의 기운에 의해 상쇄되고 결국은 시스템에서 사라져 버린다.

이는 마치 언덕 밑에서 무거운 돌을 굴려 올리려는 것과 마찬가지이다. 온힘을 들여 돌을 굴려 올리고 조금 쉬려고 하면, 돌은 다시 굴러 원래의 위치로 내려간다. 돌은 음의 피드백 루프에 속해 있는 것이다. 훌륭한 전략가라면 언덕 위에서 돌을 굴려 내리는 방식으로 전략을 짜야 한다. 언덕 위에서 조금만 힘을 주어 돌을 밀어 내면, 그 다음부터는 더 이상 힘을 들이지 않아도 돌은 자동으로 굴러 내려간다. 돌은 양의 피드백 루프를 타기 때문이다.

최근에 발전한 정보통신분야의 네트워크 경제학자 역시 양의 피드백 루프를 성장의 원동력으로 생각한다. 양의 피드백 루프에 속한 변수가 임계질량을 초과하면 계속해서 증가하게 되는 현상은 이미 앞에서 설명하였다. 네트워크 경제학자는 임계질량을 초과하여 성장하는 양의 피드백 루프에 주목하여, 이를 '네트워크 외부성(network externality)'이라고 한다. 네트워크 외부성이란 네트워크의 가치가 높을수록 네트워크에 접속하는 가입자가 증가하고, 네트워크의 가입자가 증가할수록 다시 네트워크의 가치가 증가하는 양의 피드백 루프를 의미한다.

UN회의에 참석한 아프리카 추장이 그림을 보내고 받을 수 있는 팩스기계를 신기하게 생각했다. 아프리카 추장은 UN회의 참석기념

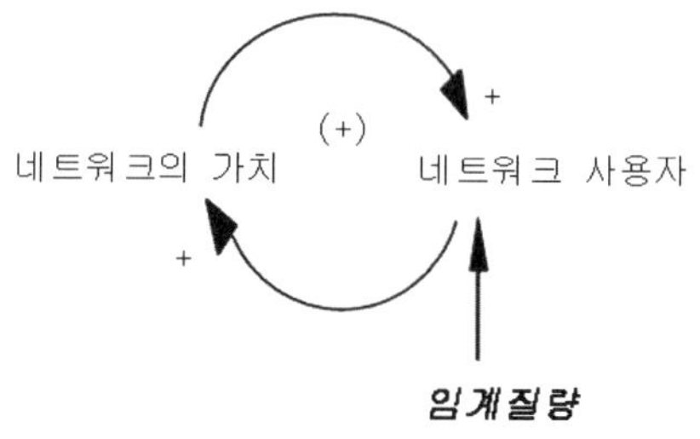

〔그림 8〕 네트워크 외부성

으로 팩스기계를 선물로 받아서 고국으로 돌아갔다. 그리고 팩스기계를 설치하였다. 그런데 아프리카 추장은 곧 크게 실망하였다. 아무도 팩스로 그림을 전송하지 않았으며, 추장 역시 그림을 보내고 싶어도 보낼 수 없었다. 그의 고향에서는 아무도 팩스기계를 가지고 있지 않았기 때문이었다. 이러한 현상을 네트워크 외부성이라고 한다. 팩스기계의 가치는 팩스의 사용자가 많을수록 증가한다. 또한 팩스의 가치가 증가하면 팩스의 사용자가 증가한다. 그러나 아프리카에는 팩스의 사용자가 없었기 때문에, 아무리 성능이 좋은 팩스기계라 하더라도 그 가치는 제로에 가까울 수밖에 없다.

네트워크 외부성은 네트워크적 성격을 지니는 정보통신의 재화에 적용된다. 소프트웨어 역시 네트워크 재화의 하나이다. 많은 사람이 사용하는 소프트웨어를 사용해야만 호환성이 높기 때문이다. 아무리 좋은 워드프로세서라고 할지라도 널리 쓰이지 않는 워드 프로세서를 사용하는 것은 곤란하다. 그러한 워드프로세서로 작성된 문서를 다른

〔그림 9〕 **팩스의 네트워크 외부성**

컴퓨터에서 작업하거나 프린트할 수도 없으며, 그 파일을 친구나 선생님에게 보여 줄 수도 없기 때문이다. 소프트웨어의 사용자가 많으면 그 소프트웨어의 가치가 증가하고, 소프트웨어의 가치가 증가하면 다시 그 소프트웨어의 사용자가 증가하는 선순환 구조를 지닌다.

네트워크 외부성이라는 양의 피드백 루프가 지배하는 시스템에서 어떠한 전략을 사용해야 하는가? 네트워크 외부성의 선순환을 타는 기업은 급속히 성장하지만, 그 선순환을 타지 못하는 기업은 급속히 망한다. 사용자가 없으니 가치가 떨어지고, 가치가 떨어지니 사용자가 더 줄어드는 악순환이다. 이러한 상황에서 자신의 네트워크가 선순환을 타도록 하여야 하며 선순환을 타는가, 악순환을 타는가는 변수의 값이 임계질량을 초과하는가, 그렇지 못한가에 의해 결정된다. 경쟁상품이 유사한 가치를 지닌다고 할 때, 핵심적인 변수는 사용자의 수이다. 사용자의 수가 임계질량을 초과하는가, 그렇지 못한가에 따라 선순환을 탈 수도, 악순환을 탈 수도 있다. 선순환을 타는 기업만이 생존할 수 있다. 결국 임계질량은 기업에게 생사의 갈림길인 셈이다.

이러한 상황에서는 무슨 수를 쓰더라도 사용자의 수를 임계질량 이상으로 끌어 올려야만 한다. 그것이 바로 최선의 전략이다. 워드프로세서 소프트웨어 시장에 처음 진출하는 회사는 무조건 사용자의 수를 임계질량 이상으로 올려야만 한다. 이를 위해 무료로 소프트웨어를 나누어 주기도 한다. 특히 미래의 사용자로 성장할 가능성이 높은 학생에게 무료로 사용하도록 함으로써 초기의 사용자를 강제적으로 증가시켜야 한다.

신문 역시 네트워크 재화라고 할 수 있다. 신문의 가치가 높아야 많은 사람이 읽고, 많은 사람이 읽어야 신문에 실리는 광고로 인한 수익이 증가하며, 광고수익이 증가할수록 좋은 기사를 많이 확보할 수 있다. 네트워크 외부성이 지배하는 상황에서는 무조건 임계질량 이상으로 구독자를 확보해야만 한다. 그러기 위해서 무료로 신문을 넣어 주기도 하고, 신문을 넣어 주면서 신문대금보다도 훨씬 비싼 자전거나 선풍기를 안겨 주기도 해야 한다.

그런데 그렇게 해도 신문구독자의 수가 임계질량에 도달하지 못하면 어떻게 해야 하나? 그렇다고 해서 포기할 수는 없다. 임계질량을 포기하는 것은 죽음을 의미한다. 뻥이라도 쳐야 한다. 실제로는 임계질량에 도달하지 못하였을지라도 외부에 공표하기를 임계질량을 초과한 구독자들이 존재한다고 뻥을 쳐야 하는 것이다. 그리고 이러한 뻥을 믿도록 하기 위하여 임계질량을 초과하는 부수의 신문을 찍어야 한다. 그리고 구독자에게 배달하고 남은 신문은 즉시 폐품으로 처리한다. 이러한 현상을 방지하기 위해 신문의 발행부수를 투명하게

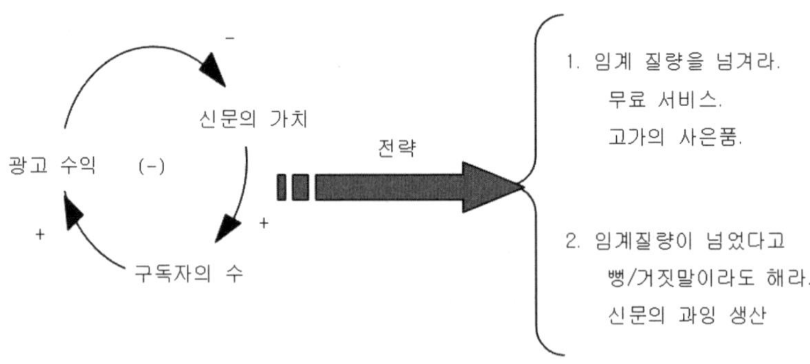

〔그림 10〕 **신문의 네트워크 외부성**

공개하는 ABC제도(신문부수 공시제도)를 도입하자는 주장이 제기
되고는 한다. 이는 사회적으로 보면 분명히 낭비이다. 그러나 개별
기업의 입장에서 보면 생존을 위한 전략이다.

일반적으로 임계질량을 먼저 공략하는 사람이 선순환을 타기 쉽
다. 먼저 공략하는 사람이 먼저 임계질량을 초과할 가능성이 높기 때
문이다. 그렇기 때문에 네트워크 재화와 관련된 산업에서는 '선두주
자(first mover)'가 유리하다. 양의 피드백 루프가 지배하는 시장에
서 후발주자가 끼어들기가 어렵다. 임계질량을 넘긴 소수의 기업이
사용자를 꼭 잡고 있기 때문이다.

시장을 선점한 기업이 사용자를 꼭 잡고 있는 현상을 아서(Brian
Arthur)는 '포획(lock-in)'이라고 했다. 사용자는 네트워크 재화에
포로가 되어 사로잡혔다는 의미이다. 포획현상이 발생하는 중요한 이
유는 사용자가 다른 네트워크 재화로 이동하는데 큰 비용을 지불해야
만 하기 때문이다. 새로운 워드프로세서를 쓰려면 사용방법을 다시
익혀야 하며, 기존에 작성한 파일을 새로운 워드프로세서에 맞게 전

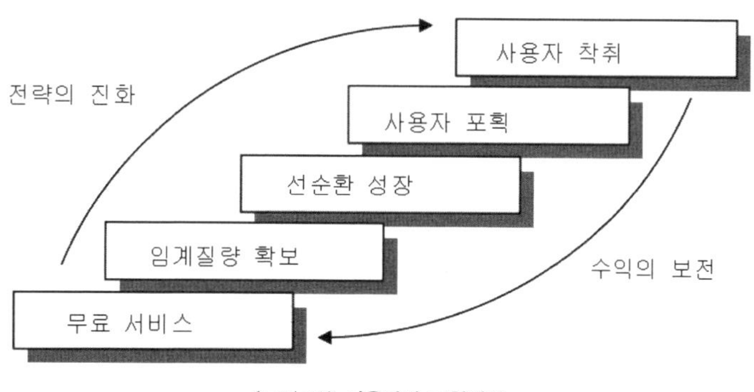

〔그림 11〕 **사용자의 포획현상**

환해 주어야 한다. 이렇게 높은 전환비용으로 인하여 웬만해서는 사용자는 기존의 재화나 상품을 바꾸려고 하지 않는다. 이렇게 하여 사용자는 네트워크 재화에 포획된다.

이제 포획된 사용자는 네트워크 재화의 공급자에게 봉이 된다. 처음에는 무료로 제공하여 사용자의 수를 임계질량 이상으로 올려 놓는다. 일단 임계질량을 확보하고 나면, 이야기는 달라진다. 사용자에게 고액의 요금을 청구할 수 있게 되는 것이다. 임계질량을 초과하였기 때문에 네트워크 재화의 가치는 충분히 높아졌으며, 사용자는 포획현상으로 말미암아 요금이 비싸다고 해서 사용을 멈추기 어렵기 때문이다. 이렇게 해서 공급자는 초기에 무료로 서비스하는 등 무리하게 투자했던 비용을 회수할 수 있다. 초기에는 자비롭게 무료로 제공하던 서비스 업체가 시간이 흐르면서 소비자를 착취하는 모습을 띠는 것은 바로 이러한 메커니즘 때문이다.

무릇 자신의 약한 힘을 증폭시켜 시스템을 변화시키고자 하면, 시스템 내부에 존재하는 양의 피드백 루프를 공략하여야 한다. 양의 피드백 루프에 내재된 임계질량을 뛰어 넘는 전략은 무엇보다도 과감해야 한다. 무료로 서비스하는 모험을 감수해야 하며, 다른 기업체보다 먼저 시장에 진출하는 과감한 결정을 내리기도 해야 한다. 경우에 따라서는 임계질량을 초과했다고 뻥을 치는 전략이 필요할 때도 있다. 양의 피드백 루프에 대한 공략은 과감한 전략을 그 생명으로 한다.

7 전략개입지점 2: 음의 피드백 루프와 기다림

정책지렛대 발견의 핵심은 양의 피드백 루프를 활용하고 음의 피드백 루프를 피하는 것이었다. 양의 피드백 루프에는 과감하고 적극적인 전략을 구사하는 것이 요구된다고 설명하였다. 이에 반하여 음의 피드백 루프에는 오히려 조용하고 소극적인 전략이 요구된다고 하겠다. 양의 기운은 과감하게 활용하고 음의 기운은 조용히 피하는 것이 자연스러운 전략이다. 음의 피드백 루프를 관리하는 태도를 한 마디로 요약하면 노자의 '무위(無爲, inaction)'라고 할 수 있다. 자연스러운 흐름에 내맡기는 전략이다.

피터 셍게는 『5세대 경영』에서 젊었을 때의 일화를 소개하고 있다. 친구와 연못에서 수영을 하고 놀았는데, 연못의 한가운데에 소용돌이가 몰아치고 있었다는 것이다. 친구 중에는 수영을 잘 하는 친구도 못하는 친구도 있었다. 이 두 친구가 소용돌이에 휘말리게 되었다. 누가 살아났겠는가? 상식적인 기대와는 다르게 수영을 못하는 친구가 살아났다. 왜 그런가? 소용돌이는 물의 표면에 있는 물체를 연못바닥으로 끌어내리는 역할을 한다. 그리고 연못바닥으로 내려간 물체는 다시 물의 표면으로 올라오게 마련이라는 것이다. 수영을 못하는 친구는 이제 죽었구나라고 생각하고 몸이 얼어붙었다. 수영을 못하는 친구는 연못바닥으로 끌려 내려갔다가 다시 물 위로 튕겨져 올라온 것이다. 그러나 수영을 잘하는 친구는 소용돌이에 저항하기 시작한 것이다. 소용돌이가 이 친구를 물 밑으로 끌어 내리면, 온힘을 다해 물

위로 기어 오른다. 그러면 다시 소용돌이가 이 친구를 물 밑으로 끌어 내린다. 결국 수영을 잘하는 친구는 소용돌이와 싸우면서 물을 먹고 힘을 소진하게 되었다. 그리고 결국은 소용돌이의 힘에서 벗어나지 못하고 연못 바닥으로 내려가기 시작하였다. 그리고 수영을 잘하는 친구 역시 조금 후에 물 위로 떠올랐지만, 이미 때는 늦었다.

이 비극적인 일화를 보면서 독자는 어떠한 피드백 루프가 연상되는가? 소용돌이와의 싸움으로 인하여 수면 위로 오르락내리락하는 사람의 모습은 파동을 연상시킨다. 파동은 언제 나타나는가? 앞에서 설명한 대로 파동은 음의 피드백 루프에 시간지연이 개입할 때 나타난다. 소용돌이가 끌어당기므로 몸이 아래로 내려가지만, 힘을 다해 위로 헤엄쳐 나온다. 물 위로 나오면 다시 소용돌이가 몸을 끌어당긴다. 결국 음의 피드백 루프에 시간지연이 결합된 구조라고 할 수 있다. 이러한 상황에서는 몸이 어느 지점에서도 균형을 잡지 못하고 허우적거리다가 물을 먹고 숨이 막히게 된다. 수영을 못하는 사람은 소용돌이의 당김에 몸을 맡김으로써 음의 피드백 루프 자체를 형성하지 않을 수 있었다. 음의 피드백 루프는 시스템을 정체시킨다. 이러한 정체화고리에서 벗어나기 위한 지름길은 음의 피드백 루프를 허용하지 않는 것이다.

샤워모델로 다시 돌아가 보자. 샤워모델은 음의 피드백 루프에 시간지연이 결합되어 파동을 발생시키는 전형적인 시스템이었다. 뜨거운 물과 찬 물이 반복됨으로써 샤워를 포기하는 사람도 있지만, 독자의 대부분은 샤워를 포기하지는 않을 것이다. 그렇다면 독자는 어떠한 방법으로 샤워를 하는가? 이러한 질문에 필자의 학생들은 다음과 같은 대답을 하고는 하였다.

　　첫째, 시간지연이 없는 순간 온수기로 바꾼다.
　　둘째, 샤워의 물을 대야에 받아서 쓴다.
　　셋째, 샤워의 물을 틀어놓고 적당한 온도가 될 때까지 기다린다.

　　학생이 대답하는 이 세 가지 방법이 음의 피드백 루프에 대해 대응하는 전형적인 방법이다. 첫째 방법은 가장 완벽한 해결책이기는 하지만, 돈이 가장 많이 들어가는 방법이며 기술적인 발전을 전제로 하는 방법이기도 하다. 돼지파동, 배추파동 등과 같은 사회적인 파동에 많은 사람들이 시간지연을 없애는 방안을 정책으로 제안하고는 한다. 돼지나 배추의 출하량을 조절하는 시스템이 여기에 해당한다. 'JIT(just in time)'라는 경영개선 프로그램 역시 시간지연을 제로로 만드는 것을 목표로 한다. 그러나 이러한 시스템의 대부분은 기술적인 결함을 안고 있다. 실제로 정책을 실시해 보면, 별 다른 효과를 거두지 못하는 것이 보통이다. 시스템에 내재되어 있는 시간지연을 없애는 것이 기술적으로 불가능한 경우가 많기 때문이다.
　　둘째 방법은 재고창고를 의미한다. 이는 전통적으로 가장 자주 사용되어 오던 방법이다. 음의 피드백 루프에 시간지연이 더해져 파동을 일으키는 대표적인 시스템 중의 하나로 '물류시스템(supply chain management: SCM)'을 들 수 있다. 백화점에서 다 팔린 물건을 공장에 주문하면, 공장에서는 물건을 만들기 시작하여 1주일 정도의 시간지연을 겪은 후에 물건을 배송한다. 이번에는 백화점에 너무 많은 물건이 도착해 처리에 골머리를 앓게 된다. 이러한 물류 시스템의 파동문제를 해결하기 위해 등장한 것이 '재고시스템(inventory system)'이다. 재고창고를 설치하여 어느 정도의 물건을 비축해 둠으로써, 백화점에서 갑자기 늘어난 주문을 처리한다. 그리고 백화점에서 주문이 감소되는 경우에는 재고창고에 물건을 비축해 놓는다. 자동차 앞 부분의 범퍼와 마찬가지로 충격(파동)을 흡수하는 장치가 바로 재고시스템이다. 이는 대야에 뜨거운 물과 찬 물을 혼합시킴으로써 적당한 온도를 유지하는 것과 같은 방식이다. 이 방식의 단점은 대야를 준비해야 한다는 점이다. 대야에 해당되는 재고창고는 큰 비용을 요구한다. 그리고 무엇보다도 이 시스템에서는 샤워를 할 수 없다는 단점이 있다.

셋째 방식은 기다리는 방식이다. 처음에 흘려 버리는 물이 아깝기는 하지만 마음을 비워야 한다. 샤워기 온도를 적당하게 맞춘 다음, 샤워기를 틀어 놓고 기다린다. 기다리는 동안 양치질을 하는 것이 보통이다. 양치질이 끝날 즈음에는 샤워기의 물이 적당한 온도로 수렴된다. 셋째 방식이 가장 널리 사용되는 방식이라고 할 수 있다. 적당한 온도로 수렴되는 데에는 많은 시간이 필요한 것도 아니며, 흘려 버리는 물의 양이 그다지 많은 것도 아니다. 흘려 버리는 물이 아까우면 샤워기의 물을 약하게 틀어 놓으면 된다. '기다리면서 두고 보는(wait and see)' 전략은 훌륭한 전략이다. 기다리는 전략을 사용하는 경우 파동을 가져오는 음의 피드백 루프 자체는 서서히 균형상태로 수렴한다. 기다림을 선택함으로써, 샤워기와의 온도조절 싸움이 중단되는 것이며, 이는 곧 음의 피드백 루프에 의한 파동의 중단을 의미한다. 음의 피드백 루프에 시간지연이 결합된 시스템이 발생시

키는 파동에 대처하는 훌륭한 방법 중의 하나가 바로 '기다리는 전략'
이다.

연못의 소용돌이에 빠진 사람에게 가장 효과적인 대처방법은 기
다리는 전략이다. 각종 사회적인 파동에 휘말린 사람에게 아마도 가
장 효과적인 대응 방법은 느긋하게 기다리는 전략일지 모른다. 종종
열심히 일하는 사람을 모함하는 투서가 뿌려지고 부정부패에 대한 의
심이 제기되고는 한다. 이러한 파동에 적극적으로 대응하는 사람이
있다. 누가 투서를 했는지를 밝혀야 한다고 주장한다든지, 누명을 해
명하기 위해 애쓰곤 한다. 누명의 모함이 제기되면 해명을 하지만,
그렇다고 해서 누명이 금세 해소되는 것도 아니다. 이러한 시스템 역
시 음의 피드백 루프에 시간지연이 결합된 파동의 시스템이다. 오랜
시간이 걸려 누명이 해소될 때쯤 해서는 다시 새로운 투서가 올라오
고 새로운 누명이 제기된다. 이러한 음의 피드백 루프에 말려들기 시
작하면, 자신이 해야 할 일을 하지도 못하고, 주변 사람의 의심은 지
속적으로 활성화된다. 연못의 소용돌이에 빠진 사람처럼 소용돌이에
대항하다가 죽음에 이를 수 있다. 오히려 이러한 상황에서는 느긋하게

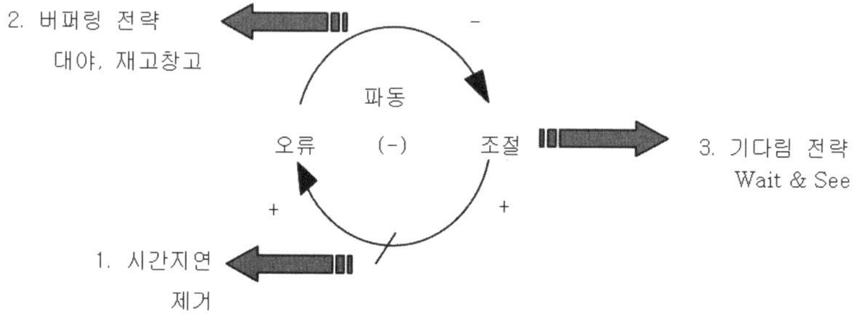

〔그림 12〕 **기다림전략**

기다리는 것이 누명의 소용돌이에서 벗어나는 지름길일 수 있다.

　기다리는 전략으로 유명한 사람으로 일본의 천하통일을 이룬 도쿠가와 이에야스를 들 수 있다. 새장 안에서 키우던 새가 언젠가부터 더 이상 울지 않았다. 이 문제를 어떻게 해결할 것인가에 대해 일본의 대표적인 장군은 상이한 해결책을 내놓았다. 첫째, 노부나가는 새의 목을 칼로 친다고 했다. 둘째, 도요토미 히데요시는 어떻게 해서든지 울게 만든다고 했다. 셋째, 도쿠가와 이에야스는 새가 울 때까지 기다린다고 대답하였다. 첫째 방식은 시간지연을 근원적으로 제거하는 우리의 첫번째 방식과 유사하며, 둘째 방식은 대야를 마련하여 파동을 흡수하는 방식과 유사하다고 할 수 있다. 이에야스의 셋째 방식은 말할 필요도 없이 기다림의 전략이다. 어느 스타일의 문제해결방식이 가장 우수한지를 단정할 수는 없다. 그러나 최후의 승자가 누구인가에 대해 일본의 역사가는 도쿠가와 이에야스의 손을 들어 준다.

　음의 피드백 루프로 인하여 발생되는 파동문제를 해결하기 위하여 적극적으로 달려들어 문제를 더 꼬이게 만드는 방식은 그다지 바람직하지 않다. 오히려 문제로부터 한 걸음 떨어져 느긋하게 기다리면서 문제가 어떻게 전개되는지 살펴보는 것이 가장 좋은 전략일 수 있다. 기다림은 후퇴를 의미하지 않는다. 시스템의 작동에 통찰력을 가진 사람만이 느긋하게 기다릴 수 있다. 음의 기운을 조용히 관리하는 노자의 무위는 가장 자연스러운 전략이다.

8 전략개입지점 3: 떠벌리기와 몸사리기

시스템을 분석하고 전략을 구상할 때 자신을 시스템에 포함시키지 않는 오류를 범하고는 한다. 이는 소풍가는 인원을 셀 때, 자신을 빼먹고 세기 때문에 혼돈에 빠지는 돼지와 마찬가지이다. 시스템을 분석하여 전략을 발견하는 데 특별히 초점을 두고 분석할 지점은 전략의 주체와 시스템 사이에 존재하는 피드백 루프이다. 시스템에 존재하는 피드백 루프를 분석함으로써 정책지렛대를 발견할 수 있는 것처럼, 전략의 주체와 시스템 사이에 존재하는 피드백 루프를 분석함으로써 전략적 시사점을 얻을 수 있다.

전략의 주체와 시스템 사이에 존재하는 피드백 루프는 앞에서 논의한 자기실현적 예언과 자기실패적 예언의 피드백 루프로 구분될 수 있다. 전자는 양의 피드백 루프이며, 후자는 음의 피드백 루프이다. 자기실현적 예언의 피드백 루프는 자신의 행동을 시스템이 증폭시키는 메커니즘이지만, 자기실패적 예언의 피드백 루프는 자신의 행동을 시스템이 억제시키는 구조이다.

양의 피드백 루프를 활용하라는 정책지렛대 원리에 의하면, 무엇보다도 먼저 자기실현적 예언의 피드백 루프를 활용하여야 할 것이다. 앞에서 논의하였듯이, 특정 신문사의 발행 부수가 임계질량을 초과하였다고 선언하면, 양의 피드백 루프를 타고 그 선언이 저절로 실현된다. 이러한 경우에는 자신이 바라는 미래상 또는 비전을 내외에 천명하는 것이 유리하다고 할 것이다.

　반면 음의 피드백 루프를 피하라는 정책지렛대 원리에 따르면, 자기실패적 예언의 구조를 조심스럽게 다루어야 한다. 자기기업의 시장점유율이 증가할 것이라고 예언하는 경우, 경쟁기업의 견제가 강화될 것이며, 이는 애초의 예언을 무력화시키는 방향으로 작용할 것이다. 이러한 상황에서는 장래의 야심찬 계획을 발표하지 않음으로써, 음의 피드백 루프를 활성화시키지 않는 것이 유리할 것이다. 오히려 이러한 상황에서는 장래에 그다지 큰 야심이 없다는 점을 흘림으로써 경쟁기업의 견제를 누그러뜨리는 것이 현명할 것이다.

　우리 나라의 정치가 한동안 지역구도에 의해 분할되었던 적이 있다. 호남지역의 민주당과 영남지역의 한나라당, 그리고 충청권의 자민련이었다. 이 정당들이 국회의원 선거에 임할 때의 일이다. 내부적으로 분석한 결과 민주당은 100석을 넘어서 얻을 것으로 예상되었고, 한나라당 역시 120석을 넘을 것으로 예상되었다. 그런데 자민련은 20석을 얻기가 어려울 것으로 조사되었다. 민주당과 한나라당에게는 만족스러운 결과였지만, 자민련에게는 대단히 위협적인 결과였다. 40여 명의 의원이 반으로 줄어들 위험이 예상되는 상황이었다.

　정당의 선거전략가는 자신의 당에서 몇 명의 국회의원이 당선될 것인지를 국민에게 발표하고는 하였다. 그런데 선거전략가는 자신이 예상하는 의석수를 솔직하게 발표하지는 않는다. 예상 의석수를 전략적으로 발표해야만 한다. 예상 의석수의 발표가 국민의 표심에 영향을 주기 때문이다. 그렇다면 독자가 민주당, 한나라당, 자민련의 선거 전략가라면 어떠한 방식으로 예상 의석수를 발표할 것인가? 자신이 예상하는 것보다 과장해서 발표해야 하는가, 아니면 축소해서 발표해야 하는가?

사실 예상 의석수의 발표는 대단히 중요한 선거 전략의 하나이다. 민주당과 한나라당은 자신이 예상하는 의석보다 적게 발표하곤 하였다. 그런데 자민련은 자신이 조사한 예상 의석 수보다 훨씬 많게 부풀려서 발표하였다. 왜 그러한 전략을 구사하였는가? 이러한 전략을 구조적인 측면에서 이해하기 위해서는 각 정당과 투표자 사이에는 어떠한 피드백 루프가 형성되어 있는지 분석해 보아야 한다.

민주당과 한나라당은 투표자와 자기실패적 예언의 피드백 루프를 맺고 있다고 해야 할 것이다. 민주당이나 한나라당이 많은 의석을 확보할 것이라고 예언하면, 정당의 지지자는 굳이 투표하지 않아도 되겠다고 생각한다. 지지자들의 결집률이 떨어지는 것이다. 심지어 민주당의 지지자들은 보다 진보적인 소수정당에게 투표할 가능성도 없지 않았다. 그렇기 때문에 민주당과 한나라당은 예상 의석수의 발표에 조심스럽게 접근해야만 하였다. 그리고 자신의 예상보다 적은 의

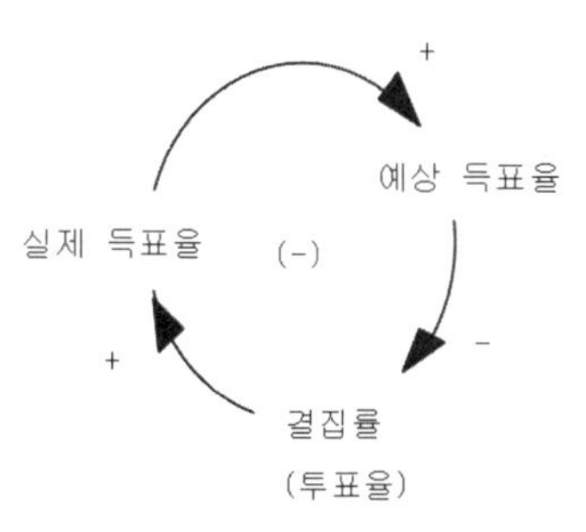

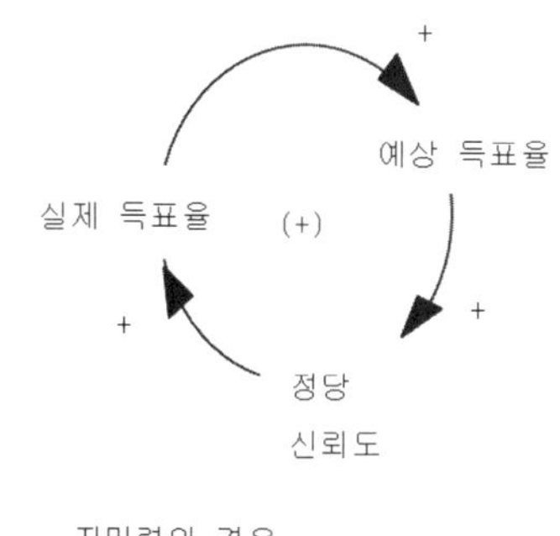

〔그림 13〕 **의석수의 자기실현(실패)적 피드백**

석수를 발표함으로써, 지지자의 결집률과 투표율을 끌어 올리는 효과를 거두고자 하였다.

이에 비해 자민련은 정반대의 상황이었다. 자민련은 자기실현적 예언의 피드백 시스템에 놓여 있었다. 만일 자민련이 자신의 예상 의석수를 솔직하게 발표하면, 지지자들은 자민련을 의지할 만한 정당이라고 생각하지 않게 되고 차라리 한나라당이나 민주당으로 그 지지를 이동시킬 가능성이 높았다. 적은 의석수를 얻을 것이라고 예언하면, 실제로 적은 수의 의석을 얻을 수밖에 없는 자기실현적 예언의 피드백 루프가 지배하고 있었다. 자기실현적 예언의 양의 피드백 루프가 지배하는 상황에서는 실제의 예상보다 부풀려 많은 의원이 당선될 것이라고 예상해야 한다. 과장해서 예언할 때 지지자의 이탈을 최소화시킬 수 있기 때문이다.

어떤 선거전략가는 과장하여 발표하고 어떤 선거전략가는 축소하여 발표한다. 어떤 전략가는 떠벌리고, 어떤 전략가는 몸을 사린다. 기업이나 정부조직도 마찬가지이다. 미래의 비전을 강하게 주장하여 밀고 나가는 방법이 주효할 때가 있는가 하면, 상대방의 견제를 최소화하기 위하여 미래의 비전을 숨겨야 할 때가 있다. 여기에서 중요한 것은 자신이 어떠한 상황에 있는가를 정확하게 판단하는 것이다. 자신의 조직이 자기실현적 예언의 피드백 루프에 빠져 있을 때에는 과감하게 떠벌리는 전략이 중요하다. 그러나 자신의 조직이 자기실패적 예언에 의해 지배되고 있을 때에는 몸을 사리면서 입조심을 하고 겸손하게 낮추는 전략이 요구된다.

정책의 세계에서도 자기실패적 예언의 위험이 곳곳에 도사리고 있다. 벤처기업이 유망하다는 판단에서 벤처기업을 지원하는 정책을 펼치는 경우, 이상하게도 벤처기업의 도산이 줄을 잇는다. 벤처기업을 지원한다는 말에 너도나도 벤처기업을 하려고 몰려들어, 무능력한 벤처기업이 양산되기 때문이다. 나아가 능력있는 벤처기업마저도 정부의 지원에 의존하게 되어 안이한 방식의 사업을 구상하고 추진하기 때문이다. 결국 정부의 지원정책은 오히려 실패를 조장한다.

　자기실패적 예언을 거꾸로 적용하여 성공하는 사람도 있다. 김진홍 목사는 그의 설교에서 항상 성공하는 농부를 언급한 적이 있다. 그 농부는 여러 가지 농작물을 재배하는데 실패하는 법이 없었다. 김진홍 목사가 그 비결을 농부에게 물어 보았다. 농부는 아주 간단하다고 말한다. 봄에 파종할 때 씨앗을 파는 종자가게 앞에 의자를 갖다 놓고 서너 시간 사람들이 무슨 씨앗을 많이 사가는지 살펴본다. 그러고 나서 사람들이 잘 사가지 않는 씨앗을 사다 심으면 틀림없이 성공한다고 했다. 이는 자기실패적 예언을 역으로 이용한 사례이다. 이와는 반대로 감자농사가 잘될 것이라는 정부의 예언을 믿고 감자농사를 지었다가 실패하는 수많은 농부들은 자기실패적 예언의 희생자인 셈이다.

　연애에 빠진 남자와 여자도 이를 의식하여 행동하고는 한다. 보통 여자는 자기실패적 예언을 걱정한다. 즉, 여자가 남자에게 사랑한다고 말하면, 남자가 시시하게 여겨 결국은 사랑이 깨지게 되는 실패를 걱정한다. 자기실패적 예언을 의식하는 여자는 사랑하는 남자에게 관심이 없는 척한다. 남자는 반대인 경우가 많다. 자기실현적 예언을 믿는 경우가 많다. 남자가 여자에게 사랑한다고 말하고 적극적으로 공격을 해야 여자를 잡을 수 있다고 생각한다. 그렇기 때문에 남자는 별로 좋아하지 않는 여자에게도 쉽게 사랑한다는 말을 한다. 자기실현적 예언의 힘을 믿기 때문이다.

여기에서 주목해야 할 점이 있다. 자신이 자기실현적 예언의 시스템에 있건 또는 자기실패적 예언의 시스템에 있건, 전략가는 여간해서는 자신의 속마음을 드러내지 않는다는 점이다. 실제보다 과장하거나 아니면 실제보다 축소한다. 속마음을 그대로 말하는 정직함은 오히려 예외적인 경우이다.

사회시스템에서 지나친 정직함은 오해를 불러일으키기도 한다. 복잡한 시스템하에서 정직은 거짓의 어머니인 경우가 많다. 미국의 연방준비위원회 의장인 그린스펀(Alan Greenspan)은 "If I've made myself clear, you must have misunderstood me (내 의도를 분명히 밝혔으면, 당신은 나를 오해했을 것이다)"는 역설적인 말을 한 적이 있다. 1주일 내에 경기를 활성화시켜야 하겠다는 속마음을 정직하게 말하면, 많은 사람이 경기 활성화를 예상하여 투자를 늘린다. 이렇게 되면 경기가 지나치게 활성화되기 때문에, 그린스펀은 경기 활성화 정책을 취소할 수 밖에 없다. 결국 정직하게 말한 것이 거짓이 되어 버린 것이다. 그렇기 때문에 그린스펀 의장은 정직하게 말하는 대신, 전략적으로 말한다. 아무도 그린스펀 의장을 정직하지 못하다고 비난하지 않는다. 정직이 최선의 덕목은 아니다. 복잡한 사회 시스템을 상대로 하여 정책을 구사하는 사람에게 있어서 정직함보다는 전략적인 마인드가 우선되어야 한다. 그린스펀 의장의 전략적인 화술은 미국 경제를 부흥시키는 데 크게 기여한 것으로 평가받고 있다.

9 전략개입시점 1: 타이밍의 중요성

정부는 훌륭한 정책을 기획하고, 기업은 우수한 상품을 개발하며, 의회는 많은 사람을 위한 법률을 통과시킨다. 그러나 아무리 좋은 정책을 기획한다고 하더라도, 국민의 동의를 얻기 전에 무리하게 서둘러 시행하면 저항에 부딪혀 효과를 보기 어렵다. 아무리 좋은 전략이라고 하더라도, 다른 회사에서 먼저 치고 나오면 그 효과는 반감된다. 아무리 좋은 법률이라고 할지라도 통과하는 데 7~8년이라는 오랜 시간을 끌면, 법률이 목표로 하는 상황은 이미 종료되어, 그 법률은 통과되자마자 사문화된다. 태어나는 때가 있으면, 죽는 때도 있다. 만사가 적기를 놓치면 목표를 달성할 수 없다. 적기에 구사되는 전략이야말로 가장 훌륭한 전략이다.

어느 성공한 기업가가 다음과 같이 말한 적이 있다. "수많은 안건을 다룰 때 중요한 것은 최선의 선택이 아니고, 타이밍입니다. 완벽하게 일을 검토하느라 시간을 잃는 것보다 60%의 확신만 있으면 적기에 추진하는 것이 좋은 결과를 가져오는 경우가 훨씬 많습니다." 주식시장에서 매수할 것인가 매도할 것인가 하는 타이밍을 맞추는 것은 수익의 첫째 원칙이다. 주식투자를 잘하는 사람은 타이밍을 잘 맞추는 사람이다.

정책개입시기는 정책의 성공과 실패를 결정하는 중요한 요인으로 작용한다. 금융위기를 극복하기 위해 택한 노동유연성정책은 위기의 초반에 집행되어야만 했다. 그렇지 않을 경우 외국 자본을 유치하는 데 어려움을 겪게 될 것이기 때문이었다. 금리나 환율의 현실화를 지나치게 늦출 경우 경제시스템에 왜곡이 발생한다. 그러나 신속하게 결정하는 것이 항상 바람직하다고 단정지을 수는 없다. 주식가격이 폭락하였다고 해서 급하게 부양책을 쓰는 경우에는 주식시장의 불안정성을 오히려 강화시킬 위험이 있으며 동시에 주식 시장의 자율적인 회복기능을 손상시킬 위험이 있다. 지나치게 신속한 정책개입은 시스템의 자율성을 훼손한다.

많은 학자가 정책타이밍의 중요성에 관하여 인식하고 있다. 하지만 적절한 정책 개입시기에 관한 논쟁은 학문적 이론체계에 근거하여 이루어지기보다는 상식적 추론에 근거하여 이루어진다. 1993년 8월에 전격적으로 공표된 금융실명제 정책은 그 시기를 두고 많은 논쟁을 겪었다. 금융실명제의 조기실시론에 대한 찬성과 반대의 논쟁이었다. 이 논쟁에서 사용된 논리적 근거는 목욕탕수리론과 외과수술론이었다. '목욕탕수리론'은 손님이 없을 때 금융실명제를 실시해야 경제에 미치는 악영향이 적다는 논리이며, 조기에 실시하자는 주장이었다. 반면 '외과수술론'은 환자가 건강할 때 수술을 해야 한다는 것으로써, 경제가 회복될 때까지 기다려야 한다는 것이었다. 이처럼 정책의 개입시기를 놓고 벌어진 논쟁은 학문적인 근거가 아니라 상식적 또는 비유적 논리에 근거할 뿐이었다.

아무리 첫눈에 반했다고 하더라도 처음 만난 여자에게 청혼을 할 수는 없다. 처음부터 무리한 요구를 하는 경우 상대방의 저항이 커진다. 처음에는 주변적인 이야기를 하면서 저항감을 줄여야 한다. 시간이 흐르고 상대방이 어느 정도 마음의 준비가 되었을 때에 청혼을 해야 상대방이 부드럽게 수용할 수 있다. 이에 반해 초기에 서둘러야 할 경우도 있다. 결혼 초기에 배우자의 나쁜 버릇을 고쳐 놓아야 한다는 말이 있다. 신혼인데 참아야지 하다가는 평생 나쁜 버릇을 못 고친다는 것이다. 마찬가지로 정권 초기에 개혁을 해야 성공한다는 말이 있다. 정권의 후반기에 시도하는 개혁 정책에 대해서 시스템은 강하게 저항한다.

정책 개입의 타이밍을 서둘러야 할 때도 있지만, 늦추면서 적절한 때를 기다려야 할 때도 있다. 서둘러야 상대방의 저항을 최소화시킬 수 있을 때가 있는가 하면, 시행 시기를 늦추면서 상대방의 진을 빼놓아야 할 때도 있다. "쇠뿔도 단김에 빼라"는 속담이 전자에 해당된다면, '세월이 약'이라는 말은 후자를 의미한다. 일본 군은 진주만을 조기에 공격하여 미군의 저항을 최소화시켰다. 그런데 미국의 루스벨트 대통령은 일본군의 진주만 기습 작전을 알고도 묵인했다는 말이 있다. 일본에 대한 여론이 악화되기를 기다림으로써, 루스벨트 대통령은 대일본 선전포고 및 세계대전으로의 확대에 대한 국내 여론의 저항을 최소화시킬 수 있었다.

시스템 사고는 본질적으로 타이밍을 지향하는 사고이다. 시스템 사고는 동태적인 변화에 초점을 두는 사고이기 때문이다. 정책개입의 타이밍은 시스템 또는 상대방의 저항을 최소화시키는 시점에 이루어지기도 하지만, 나의 힘을 증폭시키기에 유리한 시점에서 이루어지기도 한다. 이에 관하여는 다음 장에서 살펴보도록 한다.

10 전략개입시점 2: 타이밍의 포착과 피드백 루프

시스템 사고에서 정책개입시점은 피드백루프의 관점에서 논의될 수 있다. 먼저 양의 피드백 루프가 지배하는 시스템에서는 초기에 빠른 정책개입이 요청된다고 할 수 있다. 임계질량을 넘어선 양의 피드백 루프는 스스로 증가하는 특징을 보인다. 그러나 임계질량에 도달하지 못한 양의 피드백 루프는 저절로 감소한다. 따라서 양의 피드백 루프가 지배하는 시스템에서, 정책의 초점은 정책 변수의 값을 임계질량 이상으로 올리는 데 두어진다. 그리고 이러한 정책은 시스템 형성의 초기에 강력하게 집행되어야 한다. 시장형성의 초기에 소프트웨어나 인터넷 서비스를 무료로 보급하는 정책이 이에 해당된다. 금융위기는 신용의 악순환에 의해 발생되었다는 주장이 있다. 이러한 경우 금융위기를 극복하기 위해서는 과감한 정책을 초기에 집중시킴으로써 신용수준을 임계질량 이상으로 끌어 올려야 한다.

둘째로 음의 피드백 루프가 지배하는 시스템은 성급한 정책개입보다는 기다리는 정책이 강조된다. 정보통신시장이 양의 피드백 루프에 의해 지배된다면, 기존시장은 음의 피드백 루프에 의해 지배된다. 음의 피드백 루프가 지배하는 시스템은 균형을 유지하려는 특성을 지닌다. 외부의 충격이 발생하는 경우 시스템은 일시적으로 균형상태로부터 이탈하였다가 서서히 균형으로 되돌아온다. 일반적으로 음의 피드백 루프에는 시간지연(time delay)이 개입되어 있으며, 그 결과 균형점을 중심으로 하여 요동(fluctuation) 현상이 나타난다. 이 때에 균형으로의 회복을 촉진시키려는 정책개입은 오히려 시스템을 불안정하게 만들 수 있다. 시간지연으로 인하여 정책효과가 즉각적으로 나타나지 않는다. 따라서 필요한 정도 이상으로 정책이 집행된다. 과도한 정책의 효과는 시스템에 축적되고, 결국은 과도한 파동을 가져온다. 농축산물 가격의 안정화를 위한 정책은 시장을 안정화시키기보다는 불안정하게 만들곤 한다. 음의 피드백 루프가 지배하는 시스템에서는 성급한 정책개입을 시도하기보다는 시스템이 스스로 안정화되기를 기다리는 정책이 권고된다.

셋째로 지배적인 피드백 루프가 양에서 음으로 또는 음에서 양으로 변화하는 시스템은 그러한 변화가 언제 발생하였는지 인식하는 것이 중요하다. 지배적인 피드백 루프의 전환은 경기순환과 같은 파동을 가져온다. 시스템을 지배하는 피드백 루프가 변화하면서 시스템의 성장과 쇠퇴 그리고 균형을 지향한 회귀 등이 반복된다. 이러한 시스템에서 성장을 지속한다거나 균형을 유지하는 정책을 펼치기는 어렵다. 다만 파동의 폭을 줄이려는 정책이 시도된다. 부동산정책이나 경기순환정책이 그 예이다. 불경기에서는 경기부양책이 발표되고, 호황기에서는 안정화대책이 발표된다. 그러나 이러한 타이밍을 맞추는 것이 쉬운 일은 아니다. 이러한 어려움은 지배적 피드백 루프의 전환시점과 시스템의 성장/쇠퇴의 전환시점이 상이하기 때문에 발생한다. 이미 경기후퇴를 가져온 피드백 루프의 지배는 끝나고 경기성장을 가져오는 피드백 루프가 시스템을 지배했는데, 여기에 경기부양책을 덧붙이는 경우 경제시스템은 과도하게 부양될 가능성이 있다. 정책결정자는 지배적 피드백 루프가 언제 전환되는지 끊임없이 검토하여, 정책 타이밍을 조절해야 한다.

다음의 표는 이러한 지혜를 정리하고 있다. 피드백 루프의 특성에 따라 정책의 바람직한 개입시기가 변화된다. 양의 피드백 루프가 지배하는 시스템의 경우에는 초기에 정책을 집중함으로써 정책변수값을 임계점 이상으로 올려 주어야 하지만, 음의 피드백 루프가 지배하는 시스템의 경우에는 성급하게 정책개입을 시도하기보다는 시스템이 균형상태로 회복하기를 기다리는 것이 현명하다. 그리고 양과 음의 피드백 루프가 혼합되어 상호교대로 시스템을 지배하는 경우에는, 지배적 피드백 루프가 전환되는 시점의 근방에서 적절한 정책을 실시하는 것이 바람직하다.

그러나 [표 1]에 나타나 있는 시점과는 전혀 다른 타이밍이 요구될 때도 많다. 이 표는 적절한 타이밍을 포착하기 위한 방향을 제시할 뿐이지, 적절한 타이밍의 시점이 고정되어 있다는 점을 말하는 것은 아니다. 적절한 타이밍은 공식에 의해 결정되는 것이 아니다. 적절한 타이밍은 살아 있는 시스템 속에서 살아 있는 사람들과의 상호작용을 통해 발견되기 때문이다. 적절한 타이밍은 항상 유동적으로 변화한

[표1] **피드백 루프의 특성과 정책개입시기**

피드백 루프의 특성	시스템의 특성	정책문제와 목표	정책 개입시기
양의 피드백 루프	성장 또는 쇠퇴	성장	초기(임계점)
음의 피드백 루프 + 시간지연	파동	균형	기다림
양과 음의 피드백 루프의 전환	성장과 쇠퇴의 반복	지나친 성장이나 지나친 쇠퇴 억제	지배적 피드백 루프가 전환되는 시점의 근방

다. 적절한 타이밍은 적절한 피드백에서 나온다.

수동적·일방적인 타이밍을 정적인 타이밍이라고 하면, 보다 적극적인 상호작용을 통해 만들어지는 '역동적인 타이밍(dynamic timing)'이 있다. 바다낚시에서 물고기가 걸렸을 때 바로 끌어올리려고 하다가 놓치는 경우가 많다. 이는 일방적인 타이밍의 포착만을 생각하기 때문에 벌어지는 일이다. 물고기를 효과적으로 끌어올리려면 지치게 만들어야 한다. 적절하게 줄을 늘려 주었다가 힘이 빠질 무렵 거두어들여야 한다. 이럴 때의 타이밍은 관찰로는 불가능하고 서로 영향을 주고받음이 있을 때 가능하게 된다.

헤밍웨이의 『노인과 바다』에는 적절한 타이밍을 잡기 위한 피드백이 잘 나타난다. 주인공인 산티아고 노인은 평생 바다에서 낚시를 해 온 어부이다. 그는 커다란 다랑어가 미끼를 물었을 때, 바로 끌어올리려고 하지 않았다. 오히려 낚싯줄을 느슨하게 풀어 주었다. 그리고는 며칠 동안이나 낚싯줄을 어깨에 걸쳐 놓고 물고기가 배를 끌어가는 대로 두었다. 어깨로 느껴지는 줄의 당김과 각도를 통해, 물고기의 상태를 파악하는 것이다. 마침내 물고기가 힘이 빠져 움직임이 둔해지고, 수면 가까이로 떠올랐다. 산티아고 노인은 그 때를 놓치지 않고 작살을 날렸다. 결국 허연 배를 드러낸 다랑어는 산티아고 노인의 배보다 더 컸다. 이럴 때의 타이밍은 관찰로는 불가능하고 서로 영향을 주고받을 때 가능하게 된다. 어깨에 걸쳐 두었던 낚싯줄은 산티아고 노인과 다랑어의 상호작용을 가능하게 해 준 가교 역할을 하였다.

이렇게 반복적인 행동을 통해 타이밍을 맞추는 일련의 과정에서 우리는 전형적인 피드백을 감지할 수 있다. 일방적인 타이밍의 포착이 아니라, 서로가 타이밍을 맞추어 나가는 것이다. 즉, 타이밍의 상호조절이 이루어진다. 이러한 역동적인 타이밍에는 단순히 기다리기보다는 상호간에 만들어 낸다는 적극적인 의미가 들어 있다. 이는 사회관계에서 일상적으로 벌어지는 일이다.

비록 정책결정자가 경기를 안정화시킬 적절한 대책을 적기에 실시하려 하더라도, 이를 실시하기 어려울 때가 많다. 표면적으로 경기가 지나치게 과열되어 위기의식이 사회 전체에 공유되고 나서야 안정화대책을 실시할 수 있다. 이는 마치 하와이 섬이 폭격을 당한 다음에야 일본과의 전쟁을 선언할 수 있었던 것과 마찬가지이다. 역설적이지만 위기가 현실화되기 전까지는 위기를 방지할 수 있는 정책을 실시하기란 어렵다. 국민연금의 적자가 명백하게 예상되더라도, 적자가 현실화되어 위기의식이 공유되기 전까지는 국민에게 연금부담을 인상시키는 정책을 실시하기 어렵다. 금융기관이나 기업의 부실로 인하여 경제위기가 예상되더라도, 위기가 현실화되기 전에는 금융구조조정이나 기업구조조정을 실시하기가 어렵다. 이러한 경우 정책결정자가 피드백 루프의 전환을 인식하였다고 하더라도, 정책을 실시할 수 있는 환경이 성숙될 때까지 정책의 개입시기를 미룰 수밖에 없다. 그렇다고 해서 국민의 동의를 얻을 때까지 무조건 기다려야 한다는 것은 아니다. 정책의 적절한 타이밍을 포착하는 것은 이론에 의해서만 되는 것이 아니라, 상대방과의 지속적인 상호작용 속에서 이루어질 수밖에 없다.

역동적인 타이밍은 연출효과를 극대화하기 위하여 연주나 연기속도를 조절하는 일, 또는 그렇게 하여 얻은 효과에서 극명하게 나타난다. 이는 호흡을 맞춘다는 말로 자주 표현된다. 상대방과 함께 움직이면서 동시성을 갖추는 것이다. 예를 들면 풍물놀이는 본래 악보가 없다. 다른 악기를 연주하는 사람의 타이밍을 맞추면서 자신이 연주하는 악기의 소리를 맞추는 것이다. 이것은 타이밍의 포착이 아니라 조절과 맞춤이다. 서로서로 너무 빨라도 안 되고 늦어도 안 되며 적절한 속도로 맞추어 조절해야 한다.

이는 경영에서도 마찬가지이다. 소비자의 행동을 단순히 관찰해서는 소비자와 타이밍을 맞출 수 없다. 소비자와 끊임없이 피드백을 주고받는 과정에서 적절한 타이밍을 맞추어 갈 수 있는 것이다. 조직원과 관리자도 밀접한 상호관계성에서 서로가 타이밍을 맞출 수 있다. 정책을 집행하는 사람도 마찬가지이다. 적절한 정책개입시점을 찾기 위해서는 끊임없이 정책대상자와 피드백을 주고받아야 한다. 정책도입의 가능성을 언론에 흘리는 방식으로 애드벌룬을 띄워 국민의 반응을 살펴보기도 한다. 이러한 가운데 적절한 타이밍을 만들어 낼 수 있다. 이렇게 만들어지는 타이밍은 일방적인 것이 아니라 상호적인 것이며, 그러한 점에서 타이밍의 상호조절이라고 할 수 있을 것이다.

타이밍을 만들고 조절하는 일은 단순한 전략을 뛰어 넘어 놀이 내지는 예술로 승화되곤 한다. 경쟁자와의 사활을 건 승부는 한판 놀이로 표현되기도 한다. 상대방이 찌를 때 피하고, 상대방이 허점을 보일 때에 공격해 들어간다. 생명을 건 싸움이 신나게 놀아보는 한판으로 비유되는 것은 서로 주고받는 타이밍에 절묘한 조화와 감동이 존재하기 때문이다. 순간순간 잡아내고 만들고 끊고 유도하는 타이밍 전략은 삶과 죽음을 잇는 외줄에서 벌이는 놀이인 동시에 아름다운 미학이라고 할 수 있다.

11 시스템 재설계 1: 피드백 루프의 창조적 설정

시스템을 지배하는 구조를 이해하고, 그 구조에 기반을 두어 전략을 구상하는 것이 일반적인 절차이다. 그런데 이러한 일반적인 절차를 뛰어넘는 전략이 필요할 때가 있다. 즉, 현실에 존재하지 않는 메커니즘, 즉 피드백 구조를 창출하는 전략이다. 이를 구조적인 전략이라고 할 수 있을 것이다. 구조적인 전략은 시스템의 이해를 넘어 시스템의 구조를 재설계(redesign)하고자 한다. 앞에서 논의한 전략이 현실구조에 적응하는 수동적인 전략이라면, 현실에 존재하지 않는 구조를 새로 창출하려는 전략은 능동적인 전략이라고 할 수 있다.

시스템의 구조를 재설계하는 전략 역시 앞에서 논의한 전략의 기본원리에서 벗어나지 않는다. 즉, "나의 성장을 가속화시키기 위해서는 양의 피드백 루프를 설계하고, 상대방을 억제하기 위해서는 음의 피드백 루프를 설계하라"는 원리이다.

먼저 양의 피드백 루프를 설계하는 사례를 생각해 보자. 자동차 판매왕으로 등극된 사람의 이야기이다. 처음에 이 사람은 자동차를 판매하는 데 많은 어려움을 겪었다. 이 사람은 인맥도 풍부하지 못했다. 그래서 많은 사람에게 자신의 명함을 뿌리고는 했지만 여전히 자동차판매는 지지부진하였다. 많은 고민을 하던 끝에 이 사람은 한 가지 사실을 깨달았다. 과거에 자동차를 샀던 사람이 미래에 또 자동차를 산다는 단순한 사실이다. 이러한 사실을 깨닫고 나서, 자신이 자동차를 팔았던 사람들의 명단을 다시 정리하였다. 그리고 이 사람들에게 예전에 구입한 자동차가 잘 움직이는지 묻고 세심한 애프터 서비스를 제공하였다. 이 사람들이 새로 차를 구매할 때에는 이 판매인을 찾았다. 나아가 그들의 친구가 새로 차를 구입하려고 할 때에도 이 판매인을 소개시켜 주었다. 이 자동차 판매인이 처음에 관리하기 시작한 고객은 소수였지만, 이 소수의 고객은 기하급수적으로 불어나기 시작하였다. 이 고객들로 인하여 이 판매인은 자동차 판매왕의 자리에 오르게 된 것이다.

일반적인 판매상은 자동차를 한번 팔고 나면 쉽게 잊어버린다. 한번 차를 산 사람은 오랜 시간이 지난 후에야 차를 살 것이며, 애프터 서비스를 지속적으로 제공하는 것은 귀찮은 일이기 때문이다. 이러한 경우에 자동차 판매상과 고객 사이에는 아무런 피드백 관계가 존재하

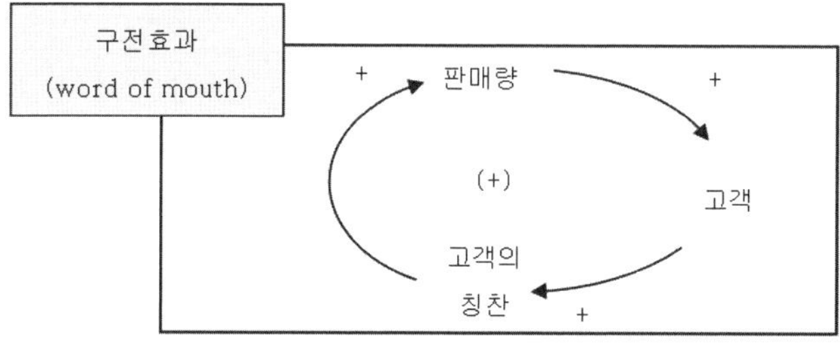

〔그림 14〕 **판매의 구전효과**

지 않는다. 그러나 자동차 판매왕은 자신과 고객 사이에 양의 피드백 루프를 구조화시켰다. 고객을 지속적으로 관리함으로써, 고객에 의해 고객이 증가하는 선순환을 창출한 것이다. 이러한 양의 피드백 루프를 종종 '구전효과(word of mouth)'라고 한다. 고객의 입에서 입으로 상품(자동차 판매상)에 대한 칭찬이 전달되면서, 그 상품(자동차 판매상)에 대한 수요가 급증하는 것이다.

거꾸로 상대방을 억제하기 위해서는 음의 피드백 루프를 설계하여야 한다. 미국과 소련의 무기경쟁이 치열하게 전개되던 때의 일이다. 미국과 소련 모두 다량의 핵무기를 개발하였다. 서로가 서로를 전멸시킬 수 있는 능력이 있었다. 이러한 상황에서 소련이 핵무기를 미국에 발사했다고 생각해 보자. 미국의 전멸은 시간문제이다. 이 때 미국이 소련으로 핵무기를 발사해야 하는가, 말아야 하는가? 미국마저 핵무기를 발사하면, 온인류의 멸망을 가져온다. 그러나 핵무기를 발사하지 않는다면, 미국의 멸망으로 끝난다. 나만 망할 것인가 모두

멸망할 것인가를 선택해야 한다. 이는 매우 불안정한 상황을 가져온다. 소련은 미국 대통령의 양심을 믿고 핵공격을 감행할 수 있기 때문이다.

이러한 위험을 피하기 위하여, 미국은 음의 피드백 루프를 강제로 도입하였다. 즉, 소련이 핵무기를 발사하면, 자동으로 미국의 핵무기를 소련을 향해 발사하도록 하였다. 소련이 핵무기를 발사하여 공격하면, 자동으로 미국의 보복공격을 당하여 소련이 멸망당하게 되는 음의 피드백 루프를 설계한 것이다. 이제 핵공격은 음의 피드백 루프에 의해 보복되도록 구조화되었기 때문에, 소련은 더 이상 핵공격을 감행할 수 없게 되었다. 음의 피드백 루프를 도입함으로써 상대방의 공격을 저지할 수 있었던 것이다.

게임이론에 'Tit for Tat'전략이라는 말이 있다. 상대방과 반복하여 게임을 수행한다고 생각해 보자. 상대방에게 협조할 수도 있고, 배반할 수도 있다. 상대방 역시 나에게 협조할 수도 있고, 배반할 수도 있다. 서로가 서로를 배반하는 경우가 가장 나쁜 상태이다. 상대방이 협조하는데 내가 배반하면 나에게 가장 좋은 상태이다. 그리고 상대방도 협조하고 나도 협조하면 최상은 아니지만 만족할 만한 상태이다. 이러한 게임상황에서 가장 우수한 전략으로 판명된 것이 바로 Tit for Tat이라는 전략이다. 이 전략은 아주 단순하다. 처음에는 무조건 상대방에게 협조한다. 그리고 그 다음부터는 상대방이 하는 그대로 대응한다. 상대방이 협조하면 협조하고, 상대방이 배신하면 나도 반드시 배신하는 것이다. 처음에 협조함으로써 상대방의 협조를 이끌어내고, 배반하는 상대방에게는 확실히 보복함으로써 상대방에게 배신하지 못하도록 하는 전략이다.

음의 피드백 루프를 통하여 상대방의 공격을 상대방에게 되돌리는 메커니즘을 종종 부메랑효과라고 한다. 속된 말로 '물귀신작전'이라고도 한다. 상대방이 쏜 화살이 다시 상대방에게로 되돌아가는 부메랑효과가 구조화되어 있을 때, 상대방은 함부로 공격할 수 없다. 이러한 점에서 철저한 보복은 역설적이게도 전쟁을 예방하고 평화를 지키는 지렛대로 기능할 수 있다.

12 시스템 재설계 2: 피드백 루프의 창조적 파괴

엘스터(Jon Elster)는『율리시즈와 사이렌: 합리성과 비합리성에 관한 연구(*Ulysses and the Sirens : Studies in Rationality and Irrationality*)』라는 유명한 저서를 통하여 율리시즈의 모험에 관하여 소개하고 있다. 율리시즈는 수 많은 모험을 이겨내야만 했다. 율리시즈에게 부과되었던 또 하나의 모험은 바다에 사는 요정이 부는 사이렌을 들어야 하는 과제였다. 언뜻 보면 쉬운 과제였

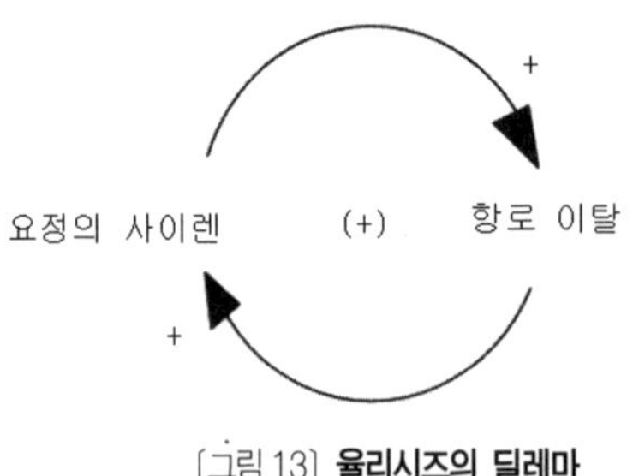

〔그림 13〕 **율리시즈의 딜레마**

지만, 가장 어려운 과제 중의 하나였다. 요정의 사이렌을 들으면, 사이렌에 이끌려 그 쪽으로 배를 몰게 되고, 결국은 난파하여 죽게 된다. 율리시즈는 사이렌을 듣기는 들어야 하되 살아야 했다.

이러한 율리시즈의 딜레마를 양의 피드백 루프로 해석할 수 있다. 요정의 사이렌을 들으면 항로를 이탈하여 요정에게 더 가까이 가게 되고, 요정의 사이렌에 취하게 되어 더욱더 항로를 이탈하여 돌아오지 못한다는 것이다. 율리시즈는 양의 피드백 루프가 만드는 악순환의 덫에 걸려 빠져나올 수 없는 상황에 빠진 것이다.

그러나 율리시즈는 멋진 해결방법을 고안해 냈다. 율리시즈는 자신을 돛대에 묶었다. 그리고 부하에게 자신이 무어라고 명령하더라도 계속해서 노를 저어 원래의 항로대로 가라고 명령하였다. 그리고 부하의 귀를 막아 자신의 명령과 사이렌을 듣지 못하게 하였다. 이렇게 스스로를 구속함으로써(self-binding) 율리시즈는 요정이 유혹하는 사이렌을 들으면서도 항로를 이탈하지 않고 목적지에 도착할 수 있었다.

율리시즈의 전략은 양의 피드백 루프의 사슬을 깨뜨려 버리는 전

략이었다. 그러나 시스템 자체를 깨뜨릴 힘은 율리시즈에게 없었다. 그렇다면 어떻게 악순환의 사슬을 끊을 수 있는가? 아무리 힘이 없는 사람이라고 할지라도, 파괴시킬 수 있는 것이 있다. 바로 자기자신이다. 율리시즈는 자기자신의 결정권한을 포기함으로써 양의 피드백 루프를 끊을 수 있었던 것이다.

율리시즈의 방법은 자기 스스로의 행동을 제약함으로써 악순환의 덫에서 탈출하는 전략이다. 이러한 전략은 마약에 중독된 환자가 사용하기도 한다. 마약에 중독된 환자는 자신의 의지로는 마약의 유혹에서 벗어날 수 없다는 사실을 안다. 율리시즈 역시 자신이 요정의 유혹에서 벗어날 수 없다는 점을 알고 있었다. 율리시즈와 마찬가지로 마약 중독자는 치료 시설에 찾아가 스스로를 감금시킨다. 자신의 자유의지를 버림으로써 악순환의 덫에서 헤쳐 나올 수 있다.

세계 곳곳에서 테러범이 민간인을 납치하고 정부를 상대로 하여 협상을 시도하고는 한다. 그런데 납치범의 요구를 들어 주지 않는 것을 원칙으로 정하여 철저하게 지키려는 국가가 있다. 설사 납치된 민간인이 희생될 가능성이 높다고 하더라도, 납치범의 요구를 무조건 거절한다. 납치범과 협상할 수 있는 정부의 재량권을 처음부터 차단시키는 것이다. 이는 양의 피드백 루프를 파괴시키기 위한 전략으로 이해될 수 있다. 납치범의 요구를 들어 주어 민간인을 구하는 경우, 이후에 더 많은 납치범이 등장하여 더 많은 민간인이 피해를 당한다. 민간인을 볼모로 하는 협상은 성공할 수 없다는 원칙을 철저히 지킴으로써, 납치의 악순환을 깨뜨릴 수 있는 전략이다.

실패의 악순환에 빠지는 경우, 이 악순환에서 벗어나는 효과적인 전략은 스스로의 의사결정을 제약시키는 것이다. 도박을 하다가 큰 돈을 잃어버린 사람은 잃어버린 돈을 만회하기 위해 더 큰 도박을 감행하고, 결국은 도박의 수렁에 빠져들어 헤어나지 못하고는 한다. 투자기관의 펀드 매니저 역시 이러한 난관에 봉착할 때가 있다. 자신이 투자한 주식 값이 갑자기 떨어진다. 자신이 초래한 손실을 만회하기 위하여 더욱더 모험적인 투자를 하게 되고, 결국은 더 큰 손실을 초래하고는 하는 것이다. 투자기관에서는 이러한 악순환을 방지하기 위하여 일정한 수준의 위험이 있는 상품에는 투자를 하지 못하도록 한다. 이러한 제도는 펀드 매니저의 결정 권한을 제약함으로써 악순환의 늪에 빠지지 못하도록 하려는 조치라고 이해할 수 있다.

스스로 빠져 나오기 어려운 악순환에 갇혀 있을 때, 탈출할 수 있는 유일한 방법은 스스로를 버리는 것이다. 그것이 자살을 의미하는 것은 아니다. 자신의 자유의지, 스스로에게 대한 믿음을 버리고 스스로의 운명을 타인에게 전적으로 맡기는 것이다. 기독교인은 하나님에게 스스로를 전적으로 맡긴다. 사방이 다 막혀 있어, 더 이상 아무런 길도 보이지 않을 때 기독교인은 여호사밧 왕이 했던 기도를 기억

"버려야 할 것이
무엇인가를 아는 순간부터
나무는 가장 아름답게 불탄다."

　도종환, 「단풍드는 날」에서

한다. "우리를 치러 오는 이 큰 무리를 우리가 대적할 능력이 없고, 어떻게 할 줄도 알지 못하옵고, 오직 주만 바라보나이다(『역대하』 제20장)." 자기 스스로를 포기하는 전략은 최후의 전략이기도 하지만, 때에 따라서는 최고의 전략이기도 하다. 스스로의 힘에 의지하기를 멈출 때에, 가장 강력한 힘이 제공하는 피난처에 들어갈 수 있기 때문이다.

13 시인과 시스템 사고

약한 자만이 전략을 생각할 수 있다. 약한 자만이 피드백 루프를 체감할 수 있다. 약한 자만이 겸손할 수 있고, 약한 자만이 스스로를 포기하고 희생할 수 있다. 이러한 시스템 사고의 본질을 처절하리만큼 아름답게 노래한 시인이 있다. 어둠이 깊어 가는 새벽에 별빛이 가장 밝게 비추이듯, 군사정권의 억압이 극심하던 때에 시인들은 한숨을 토하듯이 시를 써내려 갔다. 김수영 시인의 '풀'이라는 시를 음미함으로써 이 책을 마무리하고자 한다.

풀

김수영

풀이 눕는다
비를 몰아오는 동풍에 나부껴
풀은 눕고
드디어 울었다
날이 흐려서 더 울다가
다시 누웠다

풀이 눕는다
바람보다도 더 빨리 눕는다
바람보다도 더 빨리 울고
바람보다 먼저 일어난다

날이 흐리고 풀이 눕는다
발목까지
발밑까지 눕는다
바람보다 늦게 누워도
바람보다 먼저 일어나고
바람보다 늦게 울어도
바람보다 먼저 웃는다
날이 흐리고 풀뿌리가 눕는다

〈거대한 뿌리, 민음사, 1974〉

풀과 바람 사이에는 피드백 관계가 없다고 할 수 있다. 바람이 부니 풀이 눕는 것이고, 바람이 멈추니 풀이 일어나는 것일 뿐이라고 할 수도 있다. 그러나 시인은 풀과 바람의 관계에 감춰진 피드백 루프를 노래하고 있다. 풀은 바람보다 더 빨리 눕고, 바람보다 더 빨리 일어나는 것이다. 바람이 독재자라면, 풀은 민중이다. 바람이 강자라면, 풀은 약자이다. 바람은 하늘 위를 날아다니지만, 풀은 한없이 겸손하여 발목까지 발밑까지 눕는다. 그러나 거세게 밀어 닥치던 바람도 결국은 풀섶에 부딪히고 그 세찬 기운도 잦아들기 마련이다. 그리고 풀이 바람보다 먼저 일어선다. 바람이 그칠 것이라는 소망을 간직한 채 누워 있다가 바람이 채 그치기도 전에 일어나 승리의 노래를 부르는 것이다. 보통사람의 눈에는 바람의 일방적인 횡포가 보일 뿐이지만, 시인의 눈에는 바람에 대응하는 풀의 처절한 움직임이 보이는 것이다. 약한 자의 겸손한 마음이 전략의 출발점이라면, 남들이 보지 못하는 피드백 루프를 노래하는 시인의 눈이야말로 전략의 궁극적인 지향점이라고 할 것이다.

■ 참고문헌

다음에 추천하는 책들은 독자들의 시스템 사고의 폭과 깊이를 확장시키는 데 큰 도움을 줄 것이다.

김도훈, 문태훈, 김동환, 『시스템 다이내믹스』, 대영문화사, 1999.

김동환, 『김대중 대통령의 시스템 사고』, 집문당, 2000.

Anderson Virginia, Lauren Johnson, *Systems Thinking Basics: From Concepts to Causal Loops*, Pegasus Communications, 1997.

Axelrod, R., *Structure of Decision: The Cognitive Maps of Political Elites*, Princeton University Press, 1976.

Forrester Jay W., *Collected Papers of Jay W. Forrester*, Productivity Press, 1975.

Forrester, Jay W., *Industrial Dynamics*. Cambridge, The MIT Press, 1961.

Kim, Daniel H., *Systems Archetypes: Diagnosing Systemic Issues and Designing High-Leverage Interventions*, Pegasus Communications, 1992.

Maruyama, M., "The Second Cybernetics: Deviation-amplifying mutual causal processes," *American Scientist* 51: 164-179, 1963.

Meadows D.H., "System Dynamics Meets the Press," *System Dynamics Review*, 5, pp.69-80, 1989.

Meadows, D.H., "Whole Earth Models and Systems," *Coevolution Quarterly*, Summer, pp.98-108, 1982.

Meadows, D.H., D.L., Meadows, J. Randers, W. Behrens, *The Limits to Growth*, New York: Universe Books, 1972.

Morecroft, J.D.W., J.D. Sterman (eds), *Modeling for Learning Organizations*, Productivity Press, 1994.

Richardson George P., *Feedback Thought in Social Science and Systems Theory*, University of Pennsylvania Press, Philadelphia, 1991.

Richardson George, P. (ed.), *Modelling for management I: Simulation in Support of Systems Thinking*, Dartmouth Publishing Company, 1996.

Richardson, George P., A. Pugh, *Introduction to System Dynamics Modeling with DYNAMO*, Cambridge, Mass.: MIT Press, 1981.

Roberts N., D. Andersen, R. Deal, M Garet, W. Shaffer, *Introduction to Computer Simulation: A System Dynamics Modeling Approach*, Addison-Wesley Publishing Company, 1983.

Senge, Peter M., *The Fifth Discipline: The Art and Practice of the Learning Organization*, Doubleday/Currency, 1990(안중호 역, 1996, 『피터 셍게의 제5경영』, 세종서적).

Sherwood Dennis, *Seeing the Forest for the Trees: A Manager's Guide to Applying Systems Thinking*, Nicholas Brealey Publishing, 2002.

Sterman, John, *Business Dynamics: Systems Thinking for a Complex World*, Irwin/McGraw-Hill, 2000.

Weick Karl. E., *The Social Psychology of Organizing*, Addison-Wesley Publishing Company, Massachusettes, 1979(배병룡, 김동환 역, 1990, 『조직화 이론』, 율곡출판사).

■ 부록: **시스템 사고의 기본틀**(Toolbox)

순서(부·장)	구 조	특성
1 **음의 인과관계** (3:5, 3:7)	 ↑ 가격 ——————→ − 수요 ↓	반대방향으로 변화
2 **양의 인과관계** (3:5, 3:7)	 ↑ 수요 ——————→ + 가격 ↑	같은 방향으로 변화
3 **상호의존성** (3:21)	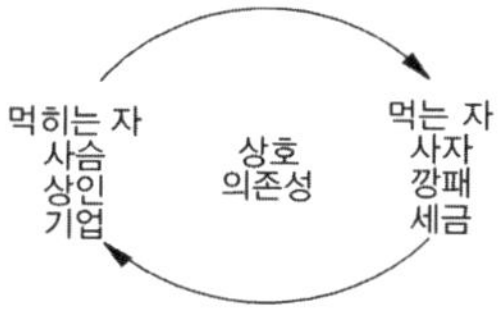 먹히는 자 / 사슴 / 상인 / 기업 — 상호의존성 — 먹는 자 / 사자 / 깡패 / 세금	일방적 지배가 아닌 상호의존적 관계
4 **음의 피드백 루프** (4:9)	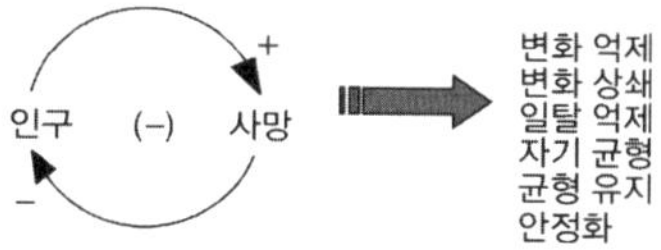 인구 (−) 사망 → 변화 억제 / 변화 상쇄 / 일탈 억제 / 자기 균형 / 균형 유지 / 안정화	음의 인과관계가 홀수
5 **양의 피드백 루프** (4:9)	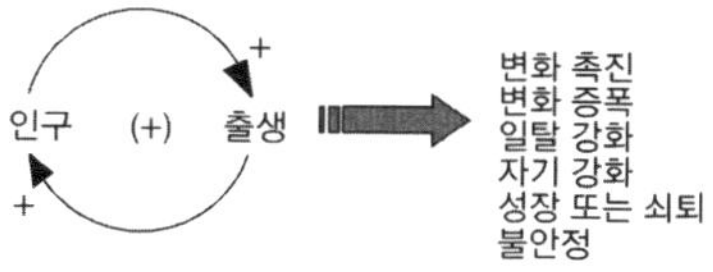 인구 (+) 출생 → 변화 촉진 / 변화 증폭 / 일탈 강화 / 자기 강화 / 성장 또는 쇠퇴 / 불안정	음의 인과관계가 짝수
6 **지배적 피드백** **루프의 전환** (4:12)	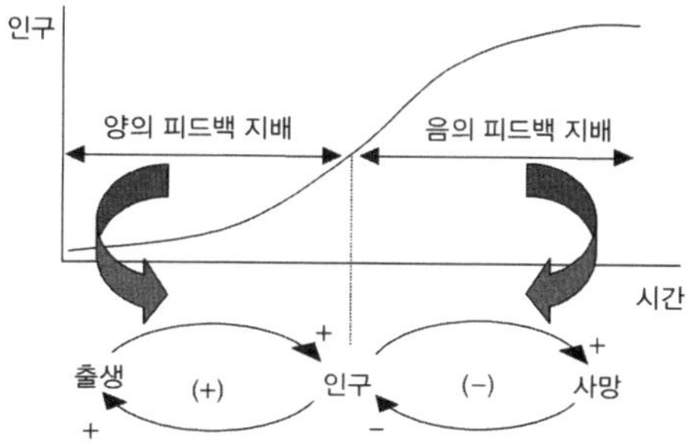 인구 / 양의 피드백 지배 / 음의 피드백 지배 / 시간 / 출생 (+) 인구 (−) 사망	S-커브 또는 Sigmoid 커브

순서(부:장)	구 조	특성
7 **시장메커니즘** (4:13)	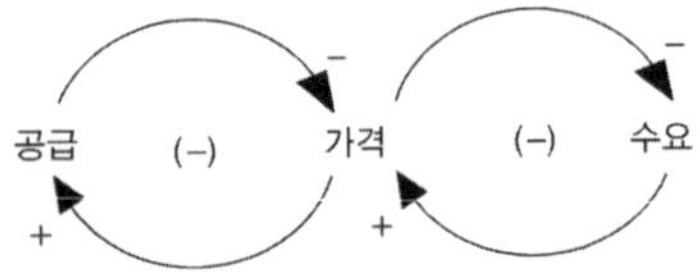 공급 (−) 가격 (−) 수요	두 개의 음의 피드백 ⇒ 안정
8 **대기행렬 시스템** (4:13)	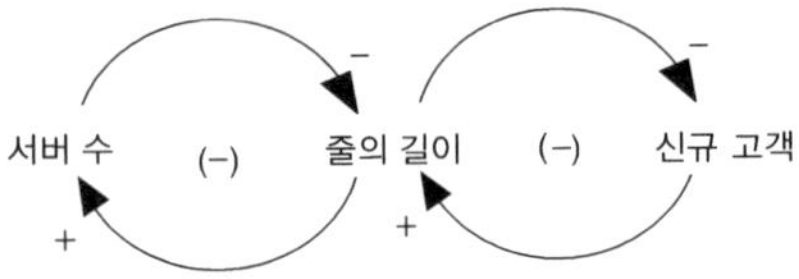 서버 수 (−) 줄의 길이 (−) 신규 고객	가격지표 없을 때 시장보완
9 **투기시장** (4:14, 3:18, 4:23)	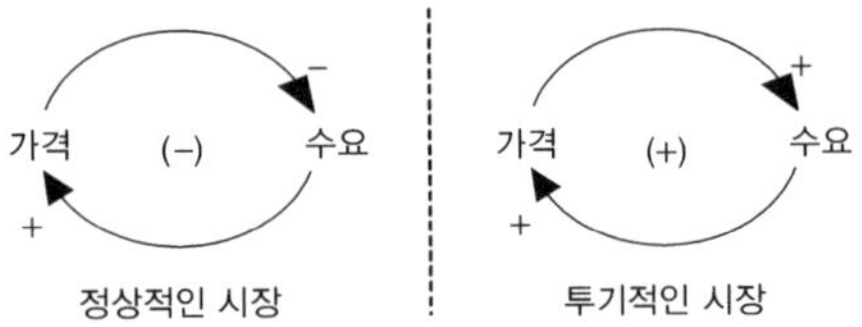 가격 (−) 수요 가격 (+) 수요 정상적인 시장 투기적인 시장	수요부문에 양의 피드백 루프
10 **양의 피드백 루프와 임계질량 및 티핑 포인트**	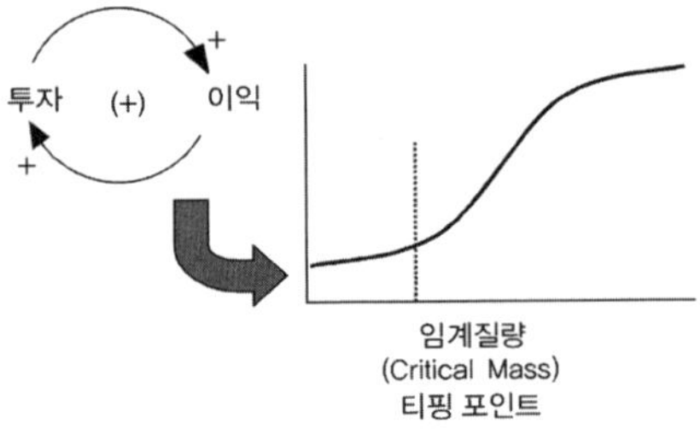 투자 (+) 이익 임계질량 (Critical Mass) 티핑 포인트	임계질량을 초과해야 성장 가능
11 **네트워크 외부성** (5:6)	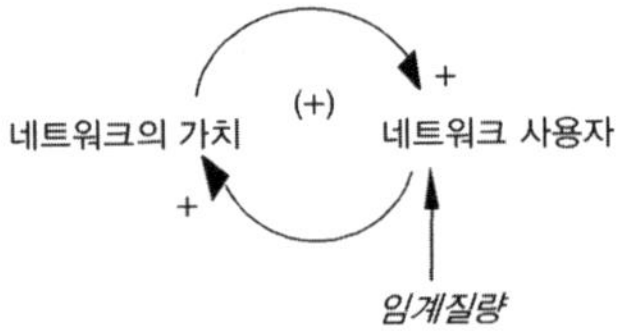 네트워크의 가치 (+) 네트워크 사용자 *임계질량*	임계질량을 넘기기 위한 전략 ⇒ 무료 거짓말
12 **선순환과 악순환** (4:17)	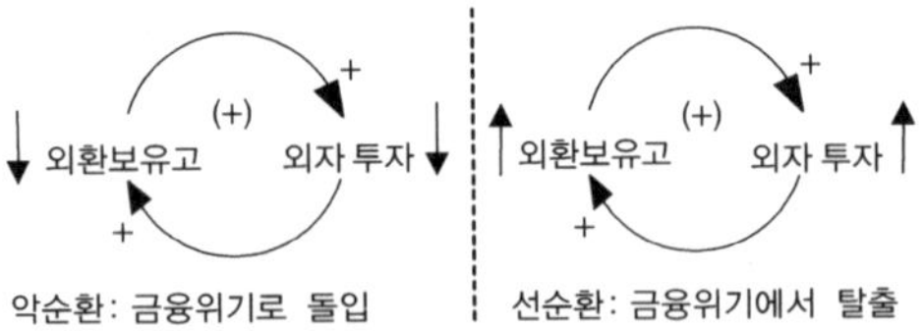 외환보유고 (+) 외자 투자 외환보유고 (+) 외자 투자 악순환: 금융위기로 돌입 선순환: 금융위기에서 탈출	동일한 양의 피드백 구조에서 발생

순서(부:장)	구 조	특성
13 **성장의 한계** (4:18)	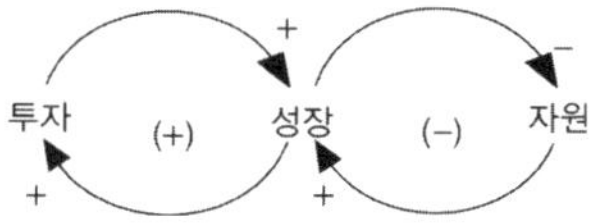 투자 (+) 성장 (−) 자원	초기에는 양의 루프 지배, 후기에는 음의 루프 지배
14 **음의 피드백 루프를 통한 통제** (4:19)	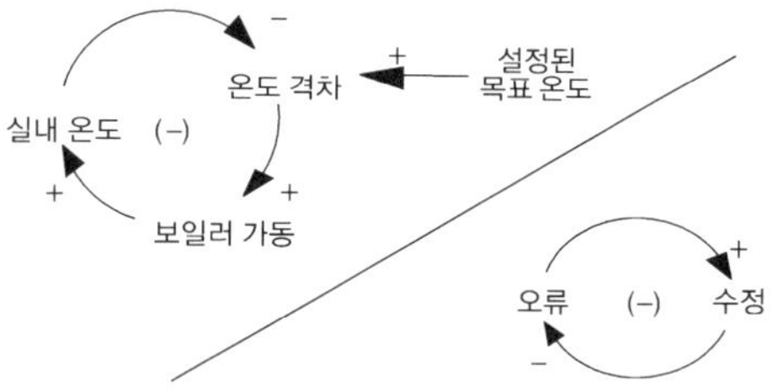 온도 격차 ← 설정된 목표 온도 실내 온도 (−) 보일러 가동 오류 (−) 수정	통제는 음의 피드백 루프에 의해 이루어짐
15 **음의 피드백 + 시간지연 ⇒ 과도행동** (4:20)	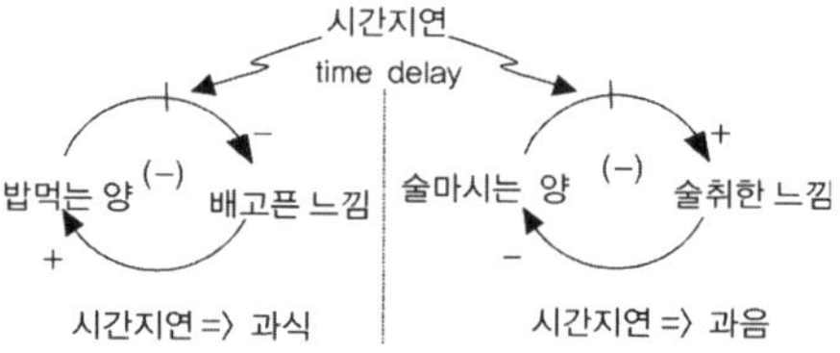 시간지연 time delay 밥먹는 양 (−) 배고픈 느낌 술마시는 양 (−) 술취한 느낌 시간지연 ⇒ 과식 시간지연 ⇒ 과음	억제신호를 늦게 받기 때문에 과도한 정책
16 **음의 피드백 + 시간지연 ⇒ 파동** (4:21, 4:22)	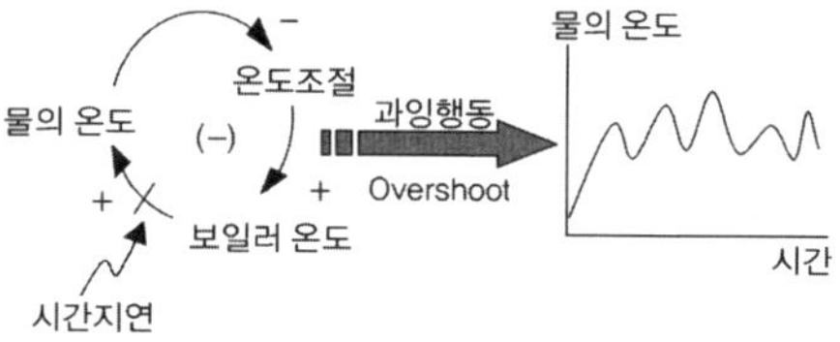 물의 온도 물의 온도 온도조절 (−) 과잉행동 Overshoot 보일러 온도 시간지연 시간	돼지파동, 마늘파동 등의 공급부문의 파동현상
17 **음의 피드백 + 시간지연 ⇒ 전략** (5:7)	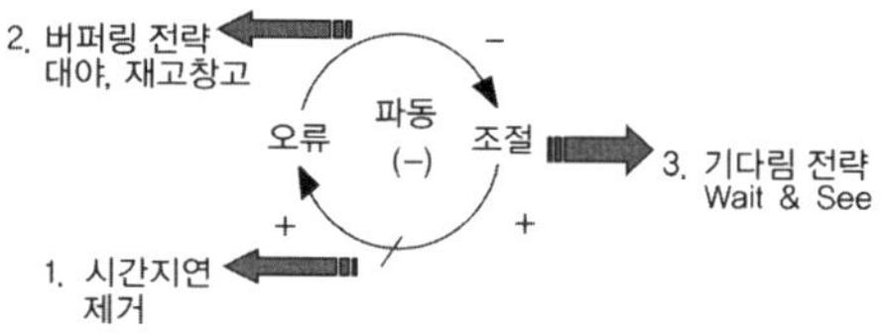 2. 버퍼링 전략 대야, 재고창고 오류 파동 (−) 조절 3. 기다림 전략 Wait & See 1. 시간지연 제거	과도한 행동을 지양하고 전략적 대응 모색
18 **처방의 부작용** (4:24)	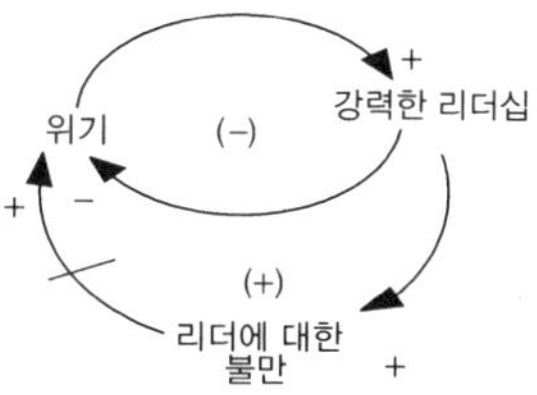 위기 (−) 강력한 리더십 (+) 리더에 대한 불만	단기간에는 상단의 음의 루프, 장기적으로 전체에 걸친 양의 루프(희생양)

순서(부:장)	구 조	특성
19 **응급처방의 악순환** (4:25)	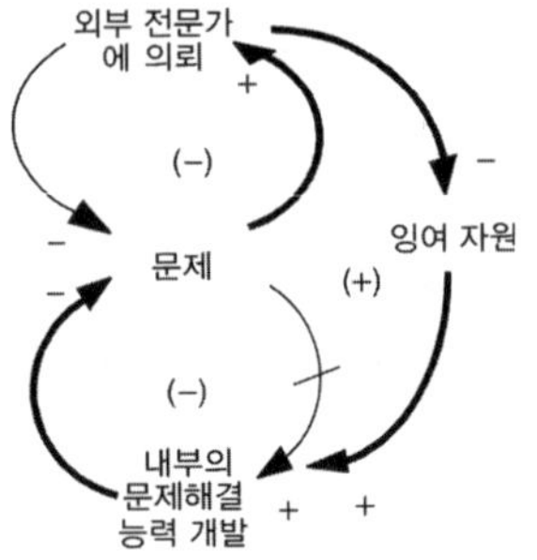	단기적 응급처방에 중독됨
20 **목표의 후퇴** (4:26)	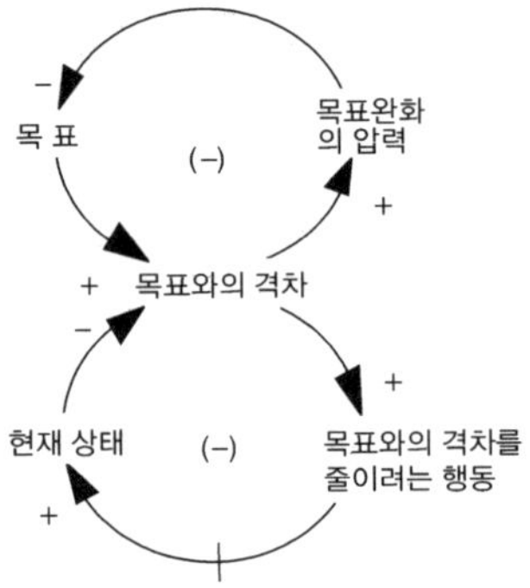	개구리 신드롬
21 **과열경쟁** (4:27)	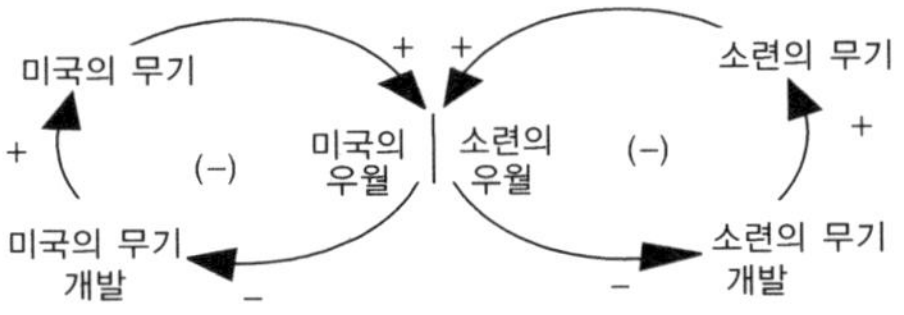	무한 루프에 의한 과열경쟁
22 **빈익빈 부익부** (4:28)	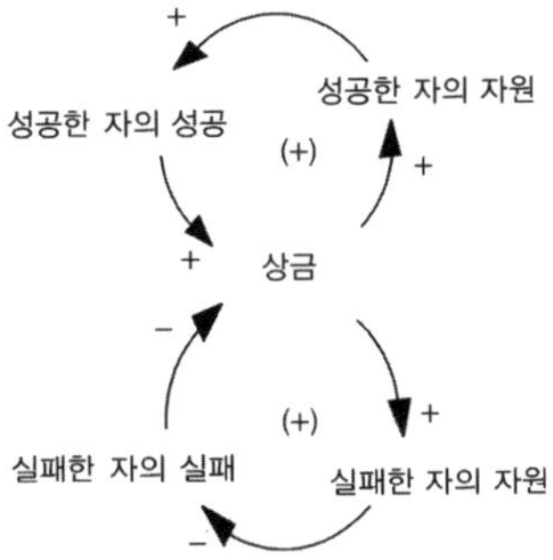	모두 양의 피드백. 그러나 한 쪽은 선순환, 한 쪽은 악순환 ⇒ 급격한 빈부격차

순서(부:장)	구 조	특성
23 **빈익부 부익빈** (4:28)		성공적인 부문에서는 음의 피드백, 실패하는 부문에서는 양의 피드백 ⇒ 사회 전체의 실패
24 **자기실현적 예언** (4:29)		관념과 실체간 양의 피드백 루프로 연결 ⇓ 미래예측시스템 이 성공하는 영역
25 **자기실패적 예언** (4:30)		관념과 실체간 음의 피드백 루프로 연결 ⇓ 미래예측시스템 이 실패하는 영역

순서(부:장)	구 조	특성
26 **시스템 저항** (5:2)	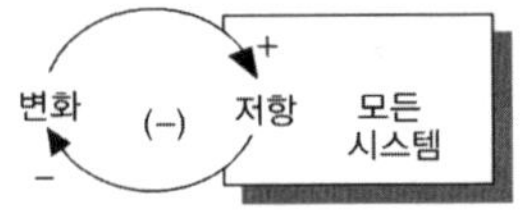 변화 (−) 저항 모든 시스템	상대방의 저항을 미리 예상
27 **약자의 폭력** (5:5)	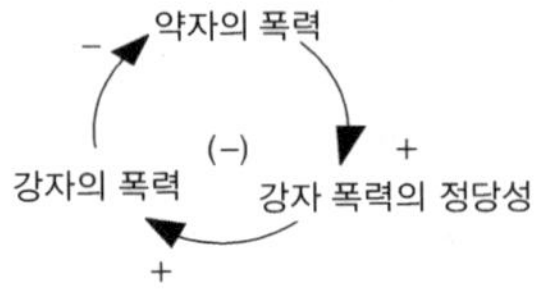 약자의 폭력 / 강자의 폭력 / 강자 폭력의 정당성 (−)	약자는 폭력의 늪에 빠짐
28 **약자의 비폭력** (5:5)	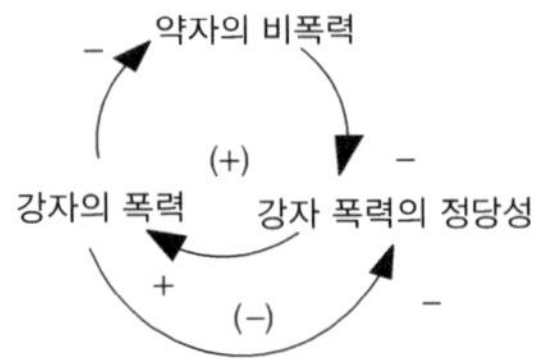 약자의 비폭력 / 강자의 폭력 / 강자 폭력의 정당성 (+)	강자는 폭력을 행사하지 못하여 무기력하게 됨
29 **전략 개입의 타이밍** (5:9, 5:10)	타이밍 — 시스템(상대방)의 저항을 최소화 / 파워 운용 — 양의 피드백 루프: 초기에 개입 / 음의 피드백 루프: 기다림 전략	지배적 피드백 루프의 전환여부를 관찰해야
30 **피드백 루프의 창조 및 파괴** (5:11, 5:12)	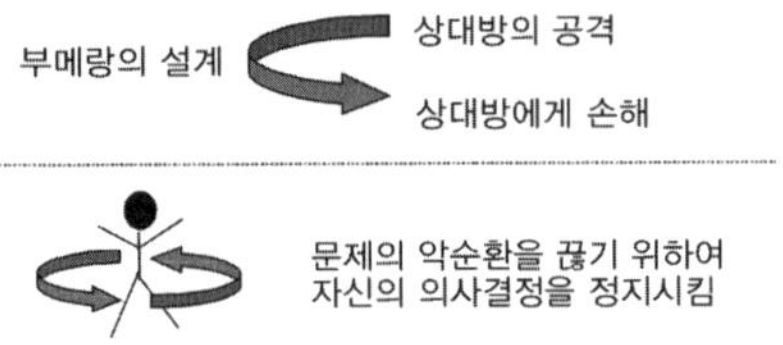 부메랑의 설계 → 상대방의 공격 / 상대방에게 손해 / 문제의 악순환을 끊기 위하여 자신의 의사결정을 정지시킴	창조적 설계와 창조적 파괴가 동시에 필요함

■ 찾아보기

(ㄱ)

가격조절 메커니즘 …………… 164
간디 ………………… 108, 265
갈등 ………………… 91, 93
강자의 폭력 …………… 268
개구리 신드롬 …………… 212
개인의 행동 …………… 216
객관적 실체 …………… 228
거꾸로 된 U커브 …………… 114
거울 ………………… 125
거짓 ………………… 96
겸손 …………… 258, 264
경쟁기회 …………… 50
고정관념 …………… 101, 115
곡선 …………… 23, 43, 89
공간적인 비대칭성 …………… 93
공생관계 …………… 120
과감한 전략 …………… 278
과열경쟁 …………… 214
과잉행동 …………… 187, 189
과장 ………………… 288
관계 …………… 27, 64, 67, 85, 156
관계의 순환 …………… 28
구전효과 …………… 302
구조 …………… 55, 64
구조주의 …………… 65, 69, 78
귀납 ………………… 79
균형 ………………… 43
그린스펀 …………… 290
금융위기 …………… 118

(ㄴ)

네거티브섬 게임 …………… 91
네트워크 외부성 …………… 273
노인과 바다 …………… 297
노자 …………… 255, 279

(ㄷ)

다이어트 …………… 125, 253
단순한 구조 …………… 72
대마불사 …………… 226
데이터 …………… 79
도박 …………… 47, 307
도전 ………………… 54
돌발적으로 나타나는 특성 145, 217
동 ………………… 191
동력 ………………… 130
동사 ………………… 80
동태적인 문제 …………… 35
돼지파동 …………… 195
딜레마 …………… 305

(ㄱ)

기다리는 전략 …………… 283
기독교 …………… 70, 307
기하급수적 성장 …………… 172
기하급수적인 증가 …………… 152
기회 ………………… 48
김대중 대통령 ……… 118, 135, 137
김영삼 대통령 …………… 102
꽉 막힌 변수 …………… 94

(ㄹ)

래퍼곡선 ……………………… 121
루머 …………………………… 233
리더십 ………………………… 203
리차드슨 ……………………… 184
리치몬드 ……………………… 103

(ㅁ)

마오즈 ………………………… 135
마지막 잎새 ………………… 231
마하티르 총리 ……… 118, 135
맥락의 흐름 ………………… 85
맬더스 ………………………… 152
먹는 자와 먹히는 자 …… 121
메도즈 ……………… 13, 39, 108
명사 …………………………… 80
모델 …………………………… 38
모순된 인과관계 …………… 113
목표의 후퇴 ………………… 212
무기경쟁 ……………………… 215
무력감의 악순환 …………… 234
무위 …………………………… 279
문제해결 ……………………… 131
물귀신작전 …………………… 304
물류시스템 …………………… 281
미미한 원인 ………………… 169
민주주의 ……………………… 243

(ㅂ)

배수진 ………………………… 257
벤처기업 ……………………… 289
변곡점 ………………………… 161
변수 …………………………… 65

변화 ………………… 21, 44, 246
변화에 저항 ………………… 252
보복 …………………………… 127
보복공격 ……………………… 303
복잡성 과학 ………………… 73
복잡한 행태 ………………… 72
부동산시장 ………… 51, 167
부메랑효과 …………………… 304
부분 ……………… 84, 88, 145
부작용 ………………………… 256
부작용과 희생양 …………… 201
불교 …………………………… 70
불안정 ………………………… 26
불확실성 ……………………… 46
비대칭적 인과관계 ………… 90
비선형 인과관계 …………… 87
비폭력 ……………… 100, 265
비폭력운동 …………………… 265
빈익부 부익빈 ……………… 225
빈익빈 부익부 ……………… 219

(ㅅ)

사건 …………………………… 67
사슬 …………………………… 29
사이먼 ………………………… 37
상관관계 ……………………… 77
상극 …………………………… 29
상생 …………………………… 28
상호의존성 ………… 26, 120
상호작용 ……………………… 25
새옹지마 ……………………… 106
생각의 지도 ………………… 82
생명 …………………………… 42
선두주자 ……………………… 277
선순환 ……………… 177, 275

성경 ······ 49, 53, 91, 125, 169, 225,
　　　　　259, 261, 263, 264, 266
성장시스템 ················· 161
성장의 한계 ··············· 181
셍게 ················· 14, 39, 279
소로스 ················· 52, 118
솔로몬 ··················· 49
쇼잉 영 ··················· 171
순환 ···················· 27
숨겨진 인과관계 ············ 105
스스로를 구속 ············· 305
스터만 ·················· 138
시간적인 비대칭성 ··········· 93
시간지연 ·············· 187, 191
시그모이드 커브 ············ 160
시뮬레이션 ················· 12
시스템 다이내믹스 ··········· 12
시스템 사고의 절차 ·········· 33
시스템 재설계 ········· 300, 304
시스템의 변화 ·············· 22
시스템의 저항 ············· 255
시인 ··················· 308
시장실패 ················· 198
실패하는 처방 ············· 202

(ㅇ)

아웃소싱 ················· 210
악순환 ·············· 177, 275
안정 ···················· 26
안정적인 시스템 ············ 164
앙등효과 ················· 214
약자 ··················· 258
양(positive)의 인과관계 ······· 76
양의 피드백 루프 ··········· 148
언어 ···················· 80

엘리어트 파동이론 ··········· 53
엘스터 ·················· 304
역동적인 타이밍 ············ 297
역설적인 인과관계 ··········· 99
역전되는 관계 ············· 114
연쇄반응 ················· 175
연역 ···················· 79
열등요인 ·················· 96
예수 ················· 70, 109
예측 ········· 62, 89, 140, 240
오류수정 ················· 185
요동 ············· 43, 166, 191
요셉 ···················· 53
요소 ················· 27, 64
요요현상 ················· 253
용기 ··················· 237
우등요인 ·················· 96
원 ····················· 27
유행 ··················· 158
율리시즈 ················· 304
음(negative)의 인과관계 ······· 76
음모론 ·················· 251
음양 ···················· 25
음양오행론 ················ 28
음의 피드백 루프 ··········· 148
응급처방 ················· 206
응전 ···················· 54
의사결정 ········· 127, 130, 140
의인화 ·················· 142
이데올로기 ··············· 186
이론 ···················· 79
이문영 ·················· 265
이해 ················· 63, 74
인과관계 ········· 65, 75, 77, 80
인과관계의 극성 ············ 87
인과관계의 형태 ············ 87

인과적 사고 ……………………… 33
인과지도 ………………………… 85
인내심 …………………………… 193
인생무상 ………………………… 48
인식의 세계 ……………………… 230
인지적 한계 ……………………… 86
인지지도 …………………… 82, 134
인터넷 …………………………… 176
일반시스템 이론 ………………… 184
일탈강화 ………………………… 150
일탈억제 ………………………… 150
임계 질량 ………………………… 181
임계질량 …………… 174, 179, 275
잉여자원 ………………………… 209

(ㅈ)

자기강화 ………………………… 149
자기균형 ………………………… 150
자기실패적 예언 …… 237, 286, 287
자기실현적 예언 …… 228, 285, 288
자료-독립적 …………………… 17
자연 …………………………… 43
자원 ………………………… 181, 221
자원배분 ………………………… 166
재고시스템 ……………………… 282
저항 ………………………… 240, 251
저항적 …………………………… 249
전략 ……………………………… 246
전략시점 ………………………… 247
전략의 발견 ……………………… 33
전략적 사고 ……………………… 36
전략지점 ………………………… 247
전문가파동 ……………………… 197
전체 ………… 84, 85, 88, 145, 217
전체의 행동 ……………………… 216

정신적인 모델 …………………… 82
정책 개입시기 …………………… 292
정책 타이밍 ……………………… 296
정책지렛대 ………………… 246, 271
정태적인 문제 …………………… 35
제도 ……………………………… 221
제로섬 게임 ……………………… 91
조정파동 ………………………… 54
좌익과 우익 ……………………… 186
주관적 관념 ……………………… 228
주식시장 ………………………… 51
주역 ……………………………… 22
주인과 노예의 변증법 …………… 264
줄 조절 메커니즘 ………………… 166
중독 ………………………… 206, 306
증권시장 ………………………… 167
증상 ……………………………… 207
증폭 ………………………… 170, 178
지도 …………………………… 83, 85
지도자 ……………………… 136, 203
지렛대 지점 ……………………… 33
지배적 피드백 루프 ……………… 154
지배적 피드백 루프의 전환 …… 157
직선 …………………… 43, 51, 52
짐떠넘기기 ……………………… 208
집단적인 행동 …………………… 238

(ㅊ)

창조적 파괴 ………………… 100, 304
최소 요인의 법칙 ………………… 97
추상의 세계 ……………………… 102
추상적인 사고 …………………… 103
축소 ……………………………… 288
충격파동 ………………………… 54
측정 ……………………………… 126

침술 ·············· 249

(ㅋ)

카네만 ·············· 90
컴퓨터 시뮬레이션 ·············· 20
키신저 ·············· 135
킹 ·············· 109, 265

(ㅌ)

타이밍 ·············· 163, 247, 291, 294
타이밍의 상호조절 ·············· 299
태극도 ·············· 23
토인비 ·············· 54
통계 ·············· 16, 17
통제 ·············· 184
통제지점 ·············· 249
투기 ·············· 118, 198
투기시장 ·············· 111, 233
투기적 시장 ·············· 166
트버스키 ·············· 90
티핑 포인트 ·············· 175

(ㅍ)

파괴 ·············· 92
파국이론 ·············· 92
파동 ·············· 23, 42, 198, 280, 283
파동경영 ·············· 55
파동의 사고 ·············· 33
패턴 ·············· 67
평가 ·············· 127
포리스터 ·············· 12, 39, 248
포획 ·············· 277
프로이트 ·············· 230

플라톤의 동굴 ·············· 104
피그말리온 효과 ·············· 241
피드백 ·············· 27, 126
피드백 구조의 무지 ·············· 138
피드백 구조의 인식 ·············· 133
피드백 루프 ·············· 30
피드백 루프의 극성 ·············· 149
피드백 사고 ·············· 33, 124

(ㅎ)

학습 ·············· 71
행복 ·············· 143
행태 ·············· 64
행태주의 ·············· 65, 78
헤겔 ·············· 264
현상의 순환 ·············· 28
협동 ·············· 25
혼돈이론 ·············· 73
회복 ·············· 92
희생 ·············· 265
희생양 ·············· 68

(기타)

80대 20 ·············· 97
JIT ·············· 281
S커브 ·············· 160
Tit for Tat ·············· 303